Ito Akihiko

伊藤明彦の仕事 1

未来からの遺言

ある被爆者体験の伝記

シナリオ

被爆太郎伝説

水平線

本書は、伊藤明彦『未来からの遺言――ある被爆者体験の伝記』（青木書店、一九八〇年／岩波現代文庫、二〇一二年）と、同『シナリオ 被爆太郎伝説』（窓社、一九九九年）とを合冊したものである。後者の本文中に挿入されている写真（撮影＝春田倫弘）は、内容に直接かかわるものではないため、本シリーズの編集者の判断でカットした。

伊藤明彦の仕事　1

未来からの遺言　ある被爆者体験の伝記

シナリオ　被爆太郎伝説

目次

未来からの遺言　11

被爆太郎伝説　229

未来からの遺言

ある被爆者体験の伝記

この物語の主人公と、周辺の人々の本名をあかすことはできません。

その理由は、この文章を最後まで読んでくだされば、お判りいただけると思います。

いまから九年前収録され、ある場所に眠っている三巻の録音テープ。

このテープのなりたちをめぐる事実を、自分の記憶が正確なうちに書きとめておくために。

そしてもしできることなら、この文章を読んでくださるあなたにも、この録音テープをめぐるふしぎを、私といっしょに考えていただくために。

私はこの文章を書きました。

出会い——集会場にて

——その人、吉野啓二さんにはじめて私があったのは、一九七一(昭和四六)年一一月一三日のことでした。この文章を書きはじめている七九(昭和五四)年一〇月のおよそ八年前のことです。土曜日でした。

その日東京港区の芝公園に近い中退金ホールという会場で、私はひとりの婦人の被爆者がくるのをまっていました。

そこは、日本原水協の主催によって、「アムチトカ島核実験抗議・沖縄協定批准反対・被爆者援護法要求・中央全都道府県代表者集会」という集まりが開かれる予定の会場でした。

一〇年間働いていた長崎放送の職場を去ってから、私に一年四ヵ月がすぎていました。東京港区にある、小さなニュースの通信社に勤めるようになってから七ヵ月目、友人数人と小さなグループ「被爆者の声を記録する会」を作って、とりあえずは東京に住んでいる被爆者を対象に、ほそぼそと録音作業をはじめてから四ヵ月目でした。

広島・長崎・ビキニで実際に核兵器に被災した人たちを訪ねて、そのとき、見、聞き、体験したこと、そのときいらい身の上におこったこと、感じ、考えつづけていることを、その人たち自身の言葉と声で語ってもらって、それを録音に収録すること。収録テープは、将来建設されなければならない、公立の「原水爆被災記念資料館」に寄贈させてもらい、公的な力で保存・公開してもらうこと。それが、私たちが作った小さな会の目標でした。

被爆者の体験をその人々自身の声で残しておきたい。その声は文章や写真、数字やデータでは伝ええない、被爆と被爆者についてのなにかを、未来にむかって語りかけるのではあるまいか。被爆地で一〇年間ラジオ記者をつとめた私の胸のなかに、それはぼんやりと宿ってきたひとつの予感でした。

まっていた婦人の被爆者は、まもなく会場に現われました。

東京都の被爆者組織が、私に紹介してくれた被爆者のひとりでした。私は録音への協力を頼み、婦人は了承しました。

録音の日どりもきめてもらいました。

用件がすんで、

「どうせ話をきくのなら多いほうがいいんでしょう? この人なんかもどうかしら。」

婦人はそういって、そばにいたひとりの男の人を私にひきあわせてくれました。

その人が吉野さんでした。

六時半からの開会にはまだ間がありました。窓の外はもううす暗くなっていました。東京の晩秋の夕暮は、長崎より一時間は早くくるように感じられました。参加者は、三百人くらい入りそうな会場の六分か七分くらいの席に着いて、雑談をしたり、挨拶をしあったりしながら開会をまっていました。

明るさをました蛍光灯の光の下で、私はその人のほうをむき、その人をみました。

小学生のように小柄な人でした。四〇歳くらいにみえました。色は黒いほうでした。身長のわりに頭が大きく、額が広く、その下に奥目が窪んでいました。やせて、こめかみの肉はうすく、青く血管が浮いてみえました。頰は細く、唇はうすく、あごはとがっていました。頭髪はベトナムの人々がよくそうしているように、高く刈り上げ、前にたらしていました。

気の毒なようにみすぼらしい身なりであることにも、すぐ気がつきました。自分で洗濯したものとひとめで判るよれよれのYシャツを着け、ネクタイはしていませんでした。うすねずみ色の上衣。折り目のない黒っぽいズボン。その上にはおった灰色のコート。一度も磨いたことがないのかもしれない、黒の短靴。そのどれもが着古され、はき古されていました。

このような連想が吉野さんにたいして失礼であることは充分承知しています。しかし吉野さんの第一印象がどのようなものであったかを知っていただくために、私は自分が感じたことを事実のままに書かないわけにはいきません。

吉野さんとむきあったとき、私は水上勉の小説「雁の寺」の主人公慈念、作者によって「軀が小さく」「陰気で」「片輪のようにいびつに見え」「頭の鉢が大きく」「額が前にとび出し」「ひっこんだ奥目のどこかにかなしみに充ちた光りがあふれている」——そう描かれた、少年僧慈念を思いうかべたのです。

のちにたしかめたところでは、吉野さんの身長は一五一センチ、体重はこのとき四〇キロでした。これは最近の数字で比べると、中学一年生女子の平均的な身長・体重とだいたい同じです。

私は自己紹介し、私たちがはじめている作業のことを説明しました。

すこし話してみて、すぐに、その人にかなり重度の吃音があることもわかりました。

その人——吉野さんの吃音を、ここに文字にうつして再現することも、吉野さんにたいしてたいへん失礼になるでしょう。しかし吉野さんがどういう人であるか——、というより、吉野さんが負うてきた人生がどのようなものであるかを理解していただくために、すくなくともこのときの最初の会話についてだけは、その失礼をおかすことを許していただかなくてはなりません。この重度の吃音で、吉野さんはのちに五時間以上にわたって、その被爆体験を語ったのです。

被爆した人たちが体験したこと、それからこれまであゆんできた人生を話してもらって、録音に残しておきたい。そうすればこれから先々も、原爆とはどんなものか、被爆者とはどんな人々か、伝わっていくだろう。原爆を二度と使わせないことに役立ててもらえるかもしれない。私はそんなふうに説明しました。

吉野さんは私たちの試みの意図をそくざにのみこんであいづちをうったのですが、それを吉野さんの発音どおりに言葉にうつすとこんなぐあいでした。

「そ、そ、そうですねえ、も、もう、ひ、ひ、ひつような、ことですねえ。か、か、かぞくが、し、しんだ、ときの、よ、ようすや、なんかを、ですねえ。こ、このままだと、わ、わたしたちも、こ、こまかい、ことは、わ、わすれていくし……ひ、ひ、ひばくしゃだって、いつまでも、い、いきている、というわけに、い、いきませんからねえ……。」

吃音の人がだれでもそうであるように、最初の音がどうしてもでてこないため、発音につまってまぶたが閉じたり開いたりするのです。そしてちょうどにわとりが、呑みこみにくいものをやっと呑みくだすときのようすでのどと首を動かして、ひとつの言葉を発音することができるのです。が、すぐに次の言葉の発音につまってしまいます。首の腱と顔の筋肉の苦しそうな動き。前後にゆれる広い額。こめかみの血管のふくらみ。口元にたまる白い唾。それをみれば、その人にとってものをいうことがどれだけ努力を要する作業であるか、判るのです。

それは初対面の者には、強い印象を与えずにはおかぬ容姿とそぶりでした。もしこの人が被爆者であることを知らなかったら、私は吉野さんを、脳性小児まひの後遺症がある人か、なにかの先天的な障害のある人だと思ったかもしれません。

吉野さんの発音をうつすことはもうしませんが、私たちの会話はこんなふうに進行しました。

「吉野さんはどちらで被爆なさったんですか。広島ですか、長崎ですか。」

「長崎です。長崎の城山におったもんですから。」

「そうすると爆心からずいぶん近いところですね。ご家族の皆さんはごぶじだったのでしょうか。」

「お父さんも、お母さんも、兄さんも、姉さんも、皆、死んでしまいました。」

「ご自分のほかに、どなたか、ごぶじだった方はいないのですか？」

「いいえ、だれもいません。だれも帰ってこなかったです。」

「いまはどなたかとごいっしょに？」

「ひとりで、アパートを借りています。病院にかよっています。身体がわるいもんですから。」

きけば生活保護を受けているということでした。


——この人にはぜひ話をお願いしてみたい。私は思いました。

あの日、あのときの話だけに終らぬ被爆体験。正確にいえば被爆者体験。その後の年月、ひとりひとりの生活のなかに刻まれてきた被爆の傷跡。それを、その人の心の内面、人間らしい感情を、最も直接的に表現する、その人自身の声によって記録し、表現したい、そう考えていた私には、吉野さんはぜひ話をしてほしい境遇の人に思えました。

被爆で全滅した家族のただひとりの生きのこり。独り暮らし。病弱。たいへんみすぼらしい身なり。生活保護。東京にいる。この人について判ったのはそれだけでした。が、それで充分でした。

それでも私はちょっとためらいました。

このように重度の吃音の人に質問をあびせ、答えを求めてよいものだろうか。しかもそれを録音したり、あとに残したりしてよいものだろうか。その一問一答が、この人にとっては拷問とおなじに感じられてしまう心配はないだろうか。ケロイドに悩む被爆者に、写真をとらせてほしい、と求めるのとおなじように、そんな頼みじたいが、この人を傷つけることになりはしないだろうか。

しかし結局、私は吉野さんにお話をお願いすることにしました。

その理由は――、というより、その前提になったのは、吉野さんが実にすばやく、私たちのこの試みの意味をのみこみ、理解を示したことでした。

そのときからおよそ八年の間、私と友人たちは約二、〇〇〇人の被爆者にあって、私たちの試みの趣旨を説明し、協力をおねがいしました。そして約一、〇〇〇人の方々の同意をえて、録音をとらせていただきました。同じくらいの数の方々からは同意をいただくことができず、録音を断わられました。

感銘ぶかい、忘れられぬ話をしてくれた被爆者は、さいしょにあって協力をお願いしたとき、同意してもらえるまでに要した時間が短かった。お願いし同意してもらえるまでに長い時間が必要だった場合、感銘深い話をしてもらえた例は多くなかった。

このことを、いま、私は経験によって知っています。

吉野さんの場合も、この経験則に完全に一致していました。

しかしそれにしても、この八年の経験のうちで吉野さんのようにすばやく、私たちの試みの意図を理解してくれた人は、ほかにさがしあたりません。

このことを、いま、私はこの夕方のふしぎなことのひとつとして思い返すのです。

私はお願いし吉野さんは承諾しました。私たちはそれから、私が録音機を持って吉野さんの住まいを訪ねていってもよい日時をうちあわせました。

自分は通院中で、長い時間、話をすることには医師の許可が要ると思う、場合によってはいちどきに話す時間を制限してもらわなければならないかもしれない、吉野さんはそういいました。

私は同意し、そのほうが自分としても安心だ、と答えました。

会話のなかで、吉野さんの言葉の語尾が、

「(家族は)いましぇん。」

「(電話は)ありましぇん。」

と九州ふうに訛るのを、私は実になつかしくききました。

それから私はふと思いついて、こんなことをたずねました。

「長崎市役所の、いまは何課におられるかなあ、あの吉野さんは、ご親戚かなにかではないんですか?」

じっさい、私が知っている長崎の吉野さんは、背丈こそもっと高くはありましたが、やせて、頭が大きく、額が広く、髪を刈りあげた顔全体の感じが、どことなく、この吉野さんに似ていました。

私はそれをつけくわえて説明しました。

「いいえ、知りましぇん。」

吉野さんはひとこと答えただけでした。

それは同郷の人とあったときにだれでもがする、ごくたわいない質問でした。もし、ふたりの吉野さんが親戚か、知りあいででもあれば、私たちは共通の知人をもっていたことになるわけですから、録音に先だって、すこしは自分に親しみを持ってもらえるかもしれない、そんな期待も私にはありました。

ところがその次に吉野さんにあったとき、自分に似ているその長崎の同姓の人が、被爆のその日から行方の知れない自分の兄ではないかと考えて、ひと晩眠れなかったということを、私はきかされたのです。

自分のたわいない質問が、吉野さんの一夜の安眠をうばうという意外な結果になったことを知って、私は恐縮しました。

他の者にはうかがい知れぬきびしい体験を胸にひそめている人々にとって、どのようななにげない会話や質問も、鋭いやいばになることがあることを知って、粛然としました。

この事実。

たわいない私の質問のせいで、一夜眠ることができなかったと吉野さんが語ったこの事実。

八年たったいま、このことをこの日のふたつめのふしぎなこととして、私はつくづく思いおこすのです。

まもなく集会ははじまりました。

私たちはそれぞれの席にわかれました。

被爆者である吉野さんは集会場の真中の席へ。もともと、この集会に参加するためにきたのではなかった私は最後列へ。

あとから考えると、この夜の集会は、主催者にとってはかなり力を入れたものであったように思われます。

著名な学者や運動家などが、ずいぶんこの集まりに参加していました。

しかし私には、集会そのものについてあまりはっきりした記憶がありません。

集会の参加者が少ないことを気にした主催者団体の事務局長が、うしろの壁を背に傍観者然としてつっ立っていた私のそばにやってきて、

「新聞記者が写真をとるときだけでも席にすわっててよ。枯木も山の賑わいなんだから。」

そう冗談のようにいったこと。

集会の議長団を紹介するとき、その事務局長がすべての人に「先生」の敬称をつけたこと。そんな断片的なことが記憶に残っているだけです。

八年前にちょっと傍聴しただけの集会です。あたりまえかもしれません。

この集会の正式な名称も日時も、この文章を書くために図書館にいって新聞の縮刷版を調べてた

しかめました。

ただこの日は、はじめて吉野さんに出会った日として、私の記憶に残っているのです。明るさをました蛍光灯の光の下の吉野さんの特異な風貌とその身なり。会話のひとつひとつ。それを私はありありと思い出すことができます。

吉野さんと正面からみあって、少年僧慈念を連想したことを、昨日のことのように思いだします。

吉野啓二被爆を語る

東横線の中目黒駅から駅前の商店街を一五分くらい歩くと、低い丘の上に小さな家がごちゃごちゃと建てこんだ、住宅密集地になります。

吉野さんが住んでいるアパートは、その一角にありました。

だだ広くどこまでもひろがった東京の、どこにでもある住宅密集地の、どこででもみることができる、粗末な作りの木造アパートでした。

玄関に作りつけられた、大きな汚れた下駄箱。住人の名前を書いて貼りつけられた紙が、ところどころはがれたベニヤ造りの新聞・郵便受け。そのままではすれちがえそうにない、狭い、冷え冷えした廊下。建て増しをくりかえしたためらしく、不自然な構造でとりつけられている階段。貧乏な学生やあまり裕福でない独身者が住みついているらしい、賃貸アパートでした。

吉野さんの部屋はそのアパートの二階にありました。

三畳間で、奥の一間分がガラス戸の出窓になっていました。半間の押入れがついていました。窓側には小さな本箱が置かれ、わずかな本や雑誌、LPレコードなどが並んでいました。『学習の友』『音楽の友』などの雑誌や、『空想から科学への社会主義の発展』の解説書、『蟹工船』『一九二八・三・一五』の文庫本などが目につきました。

入口に近い一角には段ボール箱が横向きに置かれ、そのなかにジャガイモやキャベツ、玉ねぎ、それに何枚かの皿と丼、卓上用の醤油びん、サラダ油、アジシオのびんが収められているのがみえました。玉ねぎのいくつかは畳の上にこぼれだしていました。畳の上には新聞紙がちらばり、ベニヤ板の将棋盤がほうってありました。壁の釘やハンガーには、シャツ、ズボン、先日の古ぼけたコート、雨傘などがぶらさげられていました。

そのほかには家具のない部屋でした。が、部屋の真んなかに小さな電気ごたつをおいて、吉野さんが窓を背に部屋の奥に、私が入口を背に向かいあって座って、こたつの横に録音機をおくと、もう部屋はいっぱいの感じでした。

私がはじめてこの部屋を訪れたのは、あの集会場で吉野さんにあってからちょうど一〇日目。底冷えのする寒い日でした。もう初冬に近い曇り空の下を、冷たい風が吹いていました。

吉野さんが医師によって許された一回の会話時間は一時間ということでした。この日と、翌一二月の八日と二八日、つごう三回私は録音機を持って、この部屋を訪れました。毎回、医師の制限時間はオーバーしてしまいました。

遠くの高速道路をたえまなく自動車が走っていく、地鳴りのようなかすかな響き。東横線の電車が遠くを通りすぎていく音。表の道路で遊んでいる子供の声。窓の外のトタンぶきの庇を猫が歩いていく音。猫の啼きごえ。通りすぎていくゴミ収集車のチャイム。ちり紙交換車の声。そんなもの音をバックにしながら、録音は五時間余になりました。

録音のまえに私は、私が質問をするための準備として、吉野さんの生年月日、当時の住所、家族、被爆の場所、家族の被爆状況、そのご現在までの吉野さんの生活のごく大筋を、あらかじめきかせてもらいました。

その大筋をきくための問答がどのように行なわれたのか、録音以前のことですので、いまは知ることはできません。

ただ私の手元にはそのときのメモだけが残っています。そこでまずそのメモの内容から紹介します。

吉野さんが語ったところによると——。

吉野さんは一九三五(昭和一〇)年一月一日長崎市の城山町で生まれました。

父は吉野竹蔵といい、三菱重工長崎造船所の幸町工場で働いていました。

母はやよひといいました。

吉野さんは七人兄弟の末っ子で、三人の兄と三人の姉がいました。

長兄が三菱造船の飽ノ浦の工場で働いていたほかは、五人の兄・姉ともまだ学校の生徒でした。

一家は城山町一丁目に住んでいました。

父、母、兄、姉たちの正確な年齢、二番目の姉をのぞく他の兄姉たちの名前は、よく判りません。

一九四五（昭和二〇）年八月九日、吉野さんは当時城山国民学校四年生で、自宅に近い、爆心から九〇〇メートルの防空壕で被爆しました。それほどひどい負傷はしませんでした。が、数日後から、放射能によるはげしい急性障害に襲われ、その後遺症状が甚だしく、それから一五年間、病院で寝たままの生活を送りました。

母は同じ城山の壕で被爆死しました。父と兄、姉たちとはその後あったことはありません。二番目の姉、早苗がただひとり生き残り、吉野さんの看病にあたってくれていましたが、一九五三（昭和二八）年七月、急性の白血病で世を去りました。

吉野さんは翌年東京の東大病院に転院、一九六〇（昭和三五）年六月、被爆してからほぼ満一五年目に退院しました。

その年神戸の工場に雑役係として就職しましたが、くりかえし工場で倒れ、翌年神戸医大附属病院に入院、そこから再び東大病院に送られました。

一九六二（昭和三七）年暮に東大病院を退院し、浅草のお寿司屋さんに働き口をみつけましたが、そこでも身体の具合が悪くなり、浅草寺病院に入院、失職しました。

翌年退院後、簡易旅館、生活相談所、一時保護所などを転々としたあげく、その年の暮目黒区にある社会福祉法人愛隣会に入居、生活保護を受けるようになりました。

この間、東京都内のあちこちの病院に通院しました。

一九六六(昭和四一)年民医連の代々木病院に入院、六九(昭和四四)年一一月厚生大臣による医療認定を受け、いわゆる「認定被爆者」となりました。

一九七〇(昭和四五)年一〇月、つまり私が吉野さんにあう約一年前に代々木病院を退院して、目黒のいまの部屋をみつけ、入居しました。

そして現在も生活保護を受け、自炊しながら通院生活を続けている——。

これが、録音に先だって吉野さんが語ってくれた、吉野さんの来し方についての大筋でした。

このおおよそのメモの時間的順序に従って、私は吉野さんに質問し、吉野さんは語りました。吉野さんがひと通り語ったあと、ところどころで区切りをつけて、吉野さんが話したことについて判らなかったこと、足りなかったことを確かめ、それから前へ進む、録音はこういう方法で進行しました。

吉野さんが語ったことを最も忠実に再現しようとすれば、五時間半ほどの録音テープをおこした、速記録の全部を紹介するほかないでしょう。しかしそれでは、あまりに長い、読みにくい文章になってしまいましょう。

ここでは、全体の話の流れのなかで、重要ではないと思われる部分をはぶきながら、吉野さんと私との問答のおおよそを記すことにいたします。文字にうつすことはむろんしませんが、吉野さんの言葉のすべてが、あのはげしい吃音によって語られたことはいうまでもありません。

一日目――被　爆

「はじめに原子爆弾にあう前のことからおきかせくださいませんか。吉野さんが育ったのはどんなご家庭だったのでしょう。子供時代の楽しかったこと、いまでも忘れられないこと、どんな思い出が残っているのでしょうか。」

私はききました。

両手をこたつのふとんのなかにつっこんだ前かがみの姿勢で、吉野さんは語りはじめました。

一一月二三日、曇天。風の強い、初冬の昼さがりのことです。

「さっそくいいんですか。あの、そのことについてなんですけど、いまも話したように、僕は七人兄弟の末っ子だったんですね。家族の……親父にしても、お袋にしても、ほんとうにあの、よくしてくれましたし、それから姉たちも、兄たちも、僕が末っ子だったせいかもしれませんけど、やさしくしてくれてましたですね。僕が友だちと喧嘩して泣いてくると、どうしたの、どうしたの、といって、たいへんだったんですよ。

楽しかったことというのは、よく、兄姉《きょうだい》たちとピクニックにいったことですね。長崎は山が多いから、よくピクニックにいって、栗を拾ったり、昆虫をとったり、飛行機をとばしたりしたんですよ。飛行機とか、グライダーとか、作って飛ばしたりするのが、兄貴たちも、私もだい好きだったものですからね。それに親父までが加わって、飛行機の作り方を教えてくれたりしましてね。和やかな家庭だったと思うんですよ。本当に、ああいう戦時体制ではあったけど、生活環境としては、平和だったんですよねぇ。

私は国民学校にいってたころは、健康でピチピチしていたんですね。一年生のときから四年生までずっと皆勤だったんですよ。体操とか、算数とかが好きでね、そんな時間は本当に張切ってましたけどね。で、とくに、体操の時間なんか、駆けっこするのが得意だったもんですから、ですから、友だちと走りだすと、こっちのほうが先頭にいたもんだから、みんなですね、あとからついてきて、ネズミ小僧だー、なんていって追いかけてきて……。」

この駆けっこにはよほど愉快な思い出でもあるのでしょうか、このとき吉野さんは愉快そうに笑い声をあげました。それは半ぶん得意そうな、半ぶんてれたような、ふ・ふぇ、ふ・ふぇ、ふ・ふぇ、という、特徴のある笑い声でした。

城山国民学校の校庭に上級生が作った芋畑で芋掘りの手伝いをして、大きな芋を掘りだして喜んだことがある、吉野さんはそんな思い出も語りました。

「でもね、そのうち兄さんや姉さんは、全部報国隊にいくようになりましたから。二番目とか、三番目の兄さんなんかも、姉さんを含めて、皆ね、全部ですね、軍需工場のほうに動員されましたから。だから、昭和二〇年に入ったころには、もう、はっきりいって、兄さんたちとはつきあうことができなくなったんですよね。兄さんたちは、もう、缶詰にされた状態だったわけですからね。帰ってきても夜遅くなってからでしょう？　だから、兄さん、て呼べる日はなかったんですよ。いま、思いだすと。それだけでもね（吉野さんはここでちょっと涙声になりました）、いまこそ涙は出ませんけど、あのときは本当によくですね、僕、独りぼっちになって、淋しかったですよねぇ。

だけど親がね、そんな淋しがっちゃ駄目だとかいって、慰めてくれましたし、友だちがいましたからね。それでなんとか、自分の気持を支えていたと思うんですよ、そのころ。」

このころ吉野さんの両親は、吉野さんと、同じ城山国民学校にいっている、すぐ上の姉だけでも、田舎へ疎開させようと考えたことがあるそうです。吉野さんは両親がそんな会話をしていることを耳にした記憶がある、と語りました。しかしこの疎開は、兄たちや吉野さん自身の反対で実現しませんでした。

長崎の市街地は、原子爆弾が投下されるそのときまで、他の都市がうけたような、集中的な焼夷弾攻撃をうけたことがありませんでした。空襲の怖ろしさを、長崎市民は、ほんとうには知らされていませんでした。

それに城山町は軍需施設や市の中心街から離れた郊外の住宅地でした。被爆の直前、市の中心部から城山へ疎開してきた家族も、少なくなかったのです。

吉野さんの話によれば、一家も、原子爆弾、当時の言葉でいえば新型爆弾の怖ろしさはもちろん、通常爆弾や焼夷弾による空襲の怖ろしさも知らないまま、八月九日をむかえたようです。

「それでは、吉野さんが被爆した日のことをきかせてくださいますか。その日、朝起きてからの一日のできごとを、覚えているかぎり、話していただきたいのですが……。」

「そうですね、あの朝僕が起きたのは七時ごろだったと思うんですよ。お父さんも、兄さんも、みんなもご飯を食べよう、ということで食べて、食べ終ってあとかたづけをして、で、みんな、全部、ひとりずつ、順々に仕事にいきよったもんですから……そういうことだったんですけども。そしたら親父がですね……もう、親父も、兄さんも、もういったんですね。それで僕たちももう八時半すぎたころだったですから、学校にいかないと遅くなるからということで、……その日はちょっと遅刻したんですよね。

いって、ちょうど一一時前になって、あのう、なにかですね、きたぞう、ということになったんですね。飛行機がきたぞう、と。それでもちろん空襲警報は発令されましたけど、発令されたんですけども、いったん解除になって、警戒警報だけになったんですね。それでもいちおう危ないからということになって、学校では避難させたんですね。上学年の人たちは、まだ五、六年は残っていたんですけど。

僕が家に帰ってきて、お母さんから、いま、飛行機がみえたから外に出ては駄目だ、早く壕にいきなさい、ということでですね、いわれて、防空壕に入ってですよね、それでもやっぱり子供ですよね、もう、本当にあの、まわりの子供たちと、隠れんぼやったり鬼ごっこやったり、色んなことして遊んでたんですね。

そして、そのときに、あの、ピカッと光ったものを、感じて、そしてあの、それと同時にですね、爆発をですね、あれをみたんですよ。

それで僕は伏せたんですね。それで伏せて、ひょいと上のほうをみたらですね、お袋が、なにかあの、壁にぶつかってんですね。壁にぶつかるはずがないのに壁にぶつかってるもんですから、だからとんでいきましてね、母の肩をたたいたら、ど、ど、ど、ど、と、崩れていったんですけどもねぇ。

で、それからあのう、それからやっとのことで僕も這いだして、で、防空壕のなかから這いだしたときに――、なのかどうか知りませんけどね、やっぱり爆発があったときに、ガスを受けてたんでしょうね。それで外まで這いだして、やっとこさ、その、自宅《うち》まで、山を登って自宅まで駆けのぼったときには、自宅はなかったし、それからあの、近所はもうほとんど丸焼けだし、なんか泥まみれになった人たちばかりが、あっちこっちとんでいったりなんかしてね、も、一生懸命、みんな、なんかあのズタズタとですね、足やズボンとか破れたままの姿で、ほとんど裸になった状態で、通っていったんですよ。」

私はききました。

「そのときご自宅の丘からみた、まわりのようすはどうだったのでしょうか。ご自宅はどんなふうになっていたのでしょうか。」

「ようすはぜんぜん。ほとんどさいしょは、あれだけ晴れていたのに、ガスのようなものがたちこめ、しばらくの間晴れなかったんですよね。情景はただ、家はほとんど焼け落ちているし、煙突が

四、五本立っているていどで、三菱製鋼所も『熔鉱炉』が半分落ちかけているようになっているし、落ちこんでいるし、大洋製氷会社のれんが塀が、なにかそのときの記憶としては残っているんですね。

それから浦上の天主堂も表のほうだけが残って、あとは落ちこんでいたし、城山小もですね、丘の上から呆然と見渡したんですけど、あんな丈夫な、鉄筋コンクリートで固められていた、国民学校が飴のように曲っているのが、すぐ丘の上から見渡せるんですね。

自宅は、ぜんぜん、あとかたちもないです。

水道管が折れ曲って、ぐにゃぐにゃになっていて、なかには溶けていて、それからあの、瓦もガラスのような状態になっていて、それを記念品に持っていたんですけどね、いまはもういらないと思って持っていませんけど。」

「いったん自宅のあとへ帰られて、それからどうされましたか……。」

「それで僕はその、裸で通っていく人たちのなかに、姉さんたちがいるんじゃないかと思ってですね、姉さんとか、兄さんが、まじっているんじゃないかと思って、その列のなかに入って探したんですけど、どうしても探しあてないんですね。ですからあの、これじゃしかたがないと思って、またその隊列のなかからぬけだして、そしてもういちど、自宅へ帰ってみたんですね。それでもだれもこないんですよ。

ですからこれはしょうがないと思って、あきらめなくちゃ駄目かな、と思って、そこで一夜すごそうかな、と思っていたら、そしたらあの、近所の深堀さんという方が夕方とんでこられてですね。

あんた、耳を怪我してるよ、と。早くね、自分の妹がいる稲佐のほうにいこう、ということでですね。それからでも姉さんやなんかは探せるだろうということで、いっしょにその深堀さんという方におんぶしてもらって、そしてあの、稲佐のほうにいったんですけどね。ですけど、稲佐のほうには、もう、その深堀さんの妹の家はもうカラッポになっているんですよ。やっぱりあの、避難してますからね。ですからあの。

ただそのときですねぇ、城山の、自宅のあとのまわりは、あちこちからうめき声がきこえていたし、僕の頭から消え去らないのは、その、赤ちゃんを自分の身体に抱いて、お母さんは死に絶えているんですね。それでも、赤ん坊に飲ませる牛乳びんを、飲ませようとして、口のなかにはめているんですよ。それを子供がゴクゴク飲んでいて、その赤ちゃんは無傷のまま助かっていたと、いうようなこともあったです。」

窓の外の風はいっそう強くなりました。吉野さんのうしろのガラス窓が鳴る音にまじって、ときどき、低く電線がうなる音がきこえてきました。

前かがみに、吃音をしぼりだすように語る吉野さんの奥目は、しだいに光をおびてきました。それはすべての被爆者があの日を語るとき、いつしかその目に宿ってくる光とまったくおなじものでした。その目の光を、怒りとか、悲しみとかいう言葉だけでは表現しきれません。語られている言葉だけでは表わしつくせないものが語り手の胸の中にめらめらと燃えていることを、きく者にうすうすと感じさせる目でした。

「あのときのことは口ではいいあらわせません。」「どんなに大げさにいっても、ほんとうにあったことほど大きくはいえません。」「みたもんじゃなければ判りません。」この言葉を、そのご何百人の口からきいたことでしょうか。それを経験したものからしないものへ、あったとおりに伝達できる条件が、被爆の惨状についてはないらしいのです。被爆者がそれを語るときの目の光、語気、語調、感情の高まり、何十年たっても被爆者がそれを語ってやまないという事実そのものからだけ、私たちは「ほんとうにあったこと」を、うすうすとさとるほかないらしいのです。

「ほんとにその日は、僕も、晩の暮れまで、その赤ちゃんをなんとかしてやりたい、と思いながら、やれずですね。それと、深堀さんの妹さんのところにいっしょにいく途中に、家の下敷になって、下から、小さな四、五歳の子供さんを抱いて、お母さんが、なんとかして自分の子供だけでも助けてやろうと思ってるんですがね。もう、お母さんは梁の、梁を背中に負ってるんですね。折れて、下敷になってるんですね。それでも、自分の娘だけを、赤ちゃんを、赤ん坊を出そうとしてやってるんですよ。だけど僕はもう、国民学校のまだ四年生ですからね、力がないんですね。いくらはごうと思っても、はぐことができないし、だからもう、しょうがなくて、深堀さんからも、もう、他人《ひと》のことはいいから、早く、もういかんと駄目だから、といわれてですね、人のだんじゃなかったですよねぇ。もう、夢中で逃げだすことが、もう一本道だったですからね。だからもう、逃げだすのに必死だったんですよ。

そして、そこで、その妹さんとこにいって、いったんだけどもだれもいないし、しかたないんで、その深堀さんが妹さんとこにあるお米なんか持ってきて、外で炊いて、で握り飯に握って、かごのなかに入れてたんですよね。

そしたら、そこにまただんだん避難してきた、黒ずんだ人たちが、とんできて、僕がひとつも食べないうちに、その握り飯にかじりついて、そして食べていった記憶があるんですけどね。

そして、その深堀さんのところで、僕の耳のところに、赤チンキを塗ってもらって、なんとか、その一夜をすごしたんですけど……。」

八月九日の話はここでひとまず終りました。私は吉野さんのためにここで録音機を止めてすこし休んでもらいました。

「吉野さん、お茶でも飲みましょうか。私、お湯をわかしてきますよ。」

そのとき、私はそういって、吉野さんさえうなずけば、室の外にある共用の炊事場にいくつもりで腰を浮かしかけました。が、吉野さんの表情をみて、きまりの悪い思いで座りなおしました。吉野さんはお茶を飲む習慣がなかったらしいのです。急須も、お茶の葉も、客のための湯飲みも、吉野さんの日常生活には縁がないものだったようです。

翌日、深堀さんとわかれて、まず三菱造船の飽ノ浦工場にいるはずの長兄を訪ねていった、しかし兄にはあえず、兄の居場所を知っている人もいなかった。吉野さんはまた語りはじめました。

吉野さんはその日もう一度自宅の焼跡に帰ってみますが、肉親は誰も帰ってきませんでした。吉野さんが兄や姉の姿を求めて、避難していく人々の列を探していると、通りがかった兵隊が吉野さんの耳の包帯から血がにじんでいるのをみつけて、救護所へ連れていきます。それは岩屋山のふもとの、小さな貯水池のそばにある救護所でした。

「救護所のようすは、ほんとうになんともいえないですね。ちょっと口にだせないですよねぇ。いまでも脳裡から離れていませんけどね。

ほとんどの人たちは手から足から、それから背中、身体にいたるまで、火傷を負っているし、またガラスの破片が、突き刺さったまま、そのまま残っているんですね。そしてそれが取れないまま死んでいる人もいますし、どこから運びこまれてくるのか、ちょっと見当もつきませんけど、死んだ人も運びこまれてくるんですよ。

もうとにかく、凄くて、でもう、目をむき出したりですね、そこのなかから膿みたいなものが流れ出たり、たったあの、一日しかたってないのに、その、もう、小さな蛆虫《うじむし》がわいてる人もいたんですね。ほんとに、あのときのことはいま思い出してもゾッとします。そこで僕も耳とか、背中とか、肩の傷に、赤チンキなんか塗ってもらって、手当をうけたんですけど、僕の傷なんかそこでは怪我のうちに入らないんですよね。」

吉野さんはその救護所で父の知人にあい、父の遺体が三菱造船幸町工場の職場にあることを知らされます。吉野さんはその知人に連れられて幸町工場の焼跡を訪ねますが、そこでみせられたのは父の面影をまったく失った、黒こげの遺体でした。

その遺体を父と認めたくなかった気持を、吉野さんはくり返し語りました。

「ほんとうはその、耳とかなんとかの傷があったんですけど、とにかく肉親にあえるんだったらと思ってとんでいったんですね。そしたらあの、肉親の、ほんとは自分の親父のはずの、親父が、どうしても判らなかったんですよ。これが君の親父だといわれても、黒焦げになっていて、ブクブクふくれていて、自分の親父の輪郭にはぜんぜん似ていないんですよね。それから身体全体のようすからいってもですね。ただね、あるのは、その名前札が、洋服の裏のところに、吉野という名前はもう焼けているんですけど、ただ、竹蔵という名前がついてるだけですね。

それで、これだけで、君の親父だといわれても、これが僕の親父だということはいえない、そんなはずはない、いや、だけど君のお父さんここで働いていたんだから間違いない、ということで押し問答ですね。

それでも結局、その場でですね。死んだ人たちをいっ、しょ、たくに(吉野さんはいっしょくたという言葉をこんなふうに発音しました)、その僕の親父と指摘された遺体もいっ、しょ、たくに、地面の上に薪を並べて、その上に人を並べて、その上にまた薪をおいて、それで焼いてですね、その骨をもってきたんですけどね。ほんとうにいまでも、あれが親父だったんだろうか、あのなかに親父の骨が入っているんだろうかと、八月になると毎年のように、思い出しますけどねぇ。」

吉野さんの話によれば、吉野さんに放射能障害の症状があらわれたのはそれからでした。

鼻血・歯ぐきからの出血が最初のきざしでした。やがてはげしい下痢もはじまります。吉野さんの記憶では、それは被爆後三日目のことでした。

「で、そのときになって、その日になって、みんなですね、もう、ほとんどの人が下痢症状をおこしているし、それからあのう、私も白血球がずっと減っちゃいましてね、で、そのときに兵隊さんと、看護婦さんがですね、とにかく長崎医大に運ぼうということになって、長崎医大にいったんですけど。

長崎医大では、最初はベッドに寝かされなかったんですね。廊下のなかに、廊下のところに寝かせるのが精いっぱいだったんですね。そしてその日は一日終ったんですけど、もう、そのときもね、もう廊下もごったがえして、そしてもう、ただ、看護婦さんがやっと、ひとりひとりのところにいって、赤チンキを塗ってやるのが精いっぱいで、先生がまわるのは重症の患者だけだったんですね。ただ、そのときに、僕の知ってる先生がいて、長崎医大に、僕の親父を知っていた先生がいて、こんな所においていたんじゃ可哀そうだから、ということで、あの、僕を、あのう、ちょうど人が亡くなったあとのベッドですね、そこにあの、移してくださって、わりとそのベッドは、わりにその、ほかのベッドよりは頑丈だったんですね。そして、ほかのところの病室なんかもう、窓が破れていたんですけど、その病室だけはどういうわけか、原爆の落ちた方向と違うせいだったかもしれませんけど、ガラスは割れていなかったんですね。で、そこだけは無傷のままで残っていて、そこに入院させられたんですけどね。で、そして、そのまま、あの、気を失ったんですけどね。」

「そのときのご自分のお怪我のようす、症状などは、どんなだったのでしょうか。」

「怪我は耳と背中です。それと左腕ですね。それから足にも、左足にも、まだ傷が残ってますけど。

すこしケロイドが。

それと症状は、もう、身体じゅうが、痛くて痛くてたまんなかったしですね。それからあの、もう、なにか食べものをもってこられるんだけども、食べものをみるのも、イヤだったし、それから人をね、みるのが、イヤでイヤでたまらなかったんですよ。もう、なんていうのか、すごくね、僕ね、そういう状況のなかでたたきのめされていたもんですからね。

で、だからそういう状況で、二回も三回も意識不明の状態をくり返していたわけなんですよ。」

「そしてずっと医大病院におられたわけですか？　ほかのご兄弟の消息はきかれませんでしたか？二番目のお姉さんでしたか、ごぶじだったのは……。」

「最初姉さんとめぐりあったことを申しあげれば、私が長崎医大に入院していることを姉さんがきいてきたらしいんですね。で、姉さんはもう、無傷のままだったんですよ。で、で、入ってきて、で、僕に、

〝いいの、どうしたの、身体は大丈夫なの〟

といって、ほんとにそのときはですね、姉さんの手を握って抱きあって泣きましたけどもねぇ。

で、そのときに姉さんが、

〝ぶじでよかったね、でも、うちの跡にいったけど、あんたがいなかったし、みんなどうしたんだろうかと思った。あんたは学校から帰ってきて、ちゃんと家にいなかったんだろうか、親のいうことをきいていたんだろうかと思った〟

というようなことを、くり返しくり返し、僕にいいきかせるんですね。

で、僕も、

〝いったん帰ったんだけどもね、二度も三度も帰ってみたんだけども、姉さんや、家族のものにはめぐりあわないし、ただ、お母さんが死んだことだけはね、これはもうハッキリしてる、と。それとね、親父がね、死んでいることも判ったから、その遺骨もらってきているよ〟

といってですね、姉さんに渡したら(ここで吉野さんは思わず涙声になりました)、姉さんはその遺骨箱にしがみついて泣くんですね。泣くんですけど、僕は涙がでないんですよ。どうしてかというと、いまね、いったように、ぜんぜん、その竹蔵という名前だけで、君の親父だときめつけられましたから、だから僕にはまだ信じられなかったんですね。」

「お姉さんはそのときはじめてご両親が亡くなられたことを……。」

「え、知ったんです。それでがっかりしたんですね。僕はとにかく無我夢中で逃げて、お母さんの遺骨は、あとから町内の人が焼いてくださってて、僕が長崎医大病院にいるということをきいて、で、あとから届けてくださったんですよね。ですから、あの、その遺骨をふたつね、姉さんに出したら、姉さんが泣いたんですよね。」

「それは何日目ごろのことだったんでしょうか?」

「姉さんにあえたのはちょうど終戦日なんです。ええ、一五日です。」

「ほかのご兄姉の消息は……。」

「消息は判りません。ぜんぜん。いまですら。兄さんがどうなったのか、いちばん上の兄さんがどうなったのか、まだいないのか、いるのか、それさえ判んないです。いれば、ほんとに、飛んでいってあいたいくらいですよ。ほんとにね。

僕もあっちこっち、あのころ、あのう、なんとかですね、探してやろうということで、探してくれた人もいましたけどね、なんとも応答もないし、とうとう、探しあてることはできなくて、行方不明になったままですね。

だから姉さんもね、いつまでも、くよくよしてもしかたがないから、とにかくみんながね、無事に帰ってくることを祈りながら、とにかく、病院でいっ、いっちょね、内職しながら、生活していこうということになったんですけどね。

それでも姉さんはまだ、一二か一三くらいですね。そんな年齢でやっていこうっていうんですから、ちょっと、なにができたろうかと思うんですよねぇ。

で、それで、やっと姉さんがですね、あの、その姉さんの友だちかなんかよく知りませんけど、とにかく人におそわって、内職する、刺繍を編むですね、もう終戦になった当時でしたけど、刺繍はまだ、あの時点においては、通用していたんですね。兵隊さんたちとかなんかに贈るための、刺繍ですね、アレをやっていたんですよ。終戦になっても。

それを人に売っては、それでなんとか治療代にあてて……だけど治療代なんかそれから出るはずがないでしょう？　だから困ったんですけどね。」

吉野さんの第一日目の話はここで終りました。

次に訪ねてきてもよい日をきめてもらって、私は冷たい風のなかを帰りました。街を「知床旅情」のレコードが流れていたのを思いだします。

正直にいえば、せっかく、吉野さんの気分ものってきたようなのに、話の途中で帰らなければならないのを、私は残念に思いました。吉野さんの話を、まだまだききたりませんでした。

しかし吉野さんがかなり疲れてきたことも、正面に向かいあって話をきいている私にはよく判りました。吉野さんの吃音はだんだん判りにくくなり、ひとつの発音を吐きだすたびに、両まぶたがとじられる度数も繁くなってきていました。薄い唇の両はしに白い唾がたまって、ロレツがあやしくなってきているのも判りました。これ以上はお願いできないと判断して、私は最初の日の話を終ることにしました。

それでも、その当時まだ健康で、身体が弱い人への思いやりがたりなかった私は、そのとき、畳の上に将棋盤があるのに目をとめて、

「吉野さん将棋やるんですか? 僕と一番やってみませんか?」

と誘ってみました。

もうすこし、吉野さんと仲良くなって帰りたい。まだそんな未練があったのです。

吉野さんは立てひざをして、両腕をうしろにつき、休んでいました。

「いいえ、もう、腰が痛くて、ほんとはもう、横になりたいくらいです。」

その返事には、私の猥れを許さない、コツンとした固い響きがありました。

二日目――姉さん

録音機をさげて、二度目に私が吉野さんのアパートを訪れたのは、太平洋戦争がはじまってから、ちょうど三〇年目の記念日でした。一二月八日、先日とはうってかわって、風のない、小春日和のおだやかな一日でした。

二日目の録音に先だって、吉野さんは被爆の瞬間のことをもういちど話させてほしいと私にもとめました。

話しもらしたことがあるかもしれない、

「もし、そうだったらたいへんですからね。」

というのです。

二日目の録音は、八月九日のことをもういちど、吉野さんに話してもらうことからはじまりました。

「防空壕のなかに入っていて、原爆が落ちた瞬間ですね、あの、物凄い光と、それからあの、その光が、異様な光を発して、それがたったの数秒のうちに光が消えて、で、もう、そのあとに、爆発音ですね、もの凄い大きな爆発音が、おこりましたもんですから、それで直撃を受けたのかなと思って、まあ、防空壕のなかに伏せたんですよね。かくれんぼするどころの騒ぎじゃなくて、伏せたんですけどもね。

そういう点を訂正してもらえればよろしいです。」

「お母さんはそのときどこに?」

「お母さんは防空壕の入口のそばで近所の人と話していたんですね。で、話していたんですけど、爆風で吹きとばされたのかもしりませんけど、壁にぶつかってですね、防空壕の壁に。で、あのう、やっぱり、骨があのう、身体がですね、こんな風に、なんか、腰を曲げるような格好でいたもんですから、お母さん、といって手をついたとたんですね、お母さんの身体がですね、崩れ落ちるような格好で崩れ落ちちゃって(ここで吉野さんはちょっと涙声になりました)、これで、お母さんも死んだのかなあ、と思ってですねぇ。」

あとからききくらべてみても、被爆の瞬間のようすについて、最初の日に吉野さんが語ったことと、二日目に語ったこととのあいだに、それほどの違いがあるようには思えません。

このエピソードは、意味がないことのようにも思えます。

それでもこの事実を私が書きとめておくことにするのは、やはり、このエピソードには、ある意味が存在するのではないかと感じるからです。

ふたつの話のあいだにどんな違いがあるかということよりも、吉野さんがそういう要求をしたということじたいに、私はその意味を感じます。そのような要求をした被爆者は、私の経験では、ほかにひとりもいないのです。

さて、それでは長崎医科大附属病院に収容された吉野さんと、お姉さんのその後を吉野さんにうかがいましょう。

「あの、姉さんの場合はですね、私といっしょに、あのう、ベッドの下に、ござをひいて、そして、病院からもらった毛布を一枚着て、そこに寝泊りしてたんですね。そしてまた起きては、刺繍を編んだりして僕の病院の費用にあてていたんですよ。それからあのすこしですね、すこしずつ、生活費用が出てたわけなんですけどね。ですけど、そいじゃほんとにまだね、充分なものじゃなくて、生活のあてにするようなこともできないしですねぇ。

それからずっと、姉さんはですね、だいたい八月の末ごろまでは、そういうふうにして刺繍を編みながら、やっていたんですけど、だんだんとね、あの、刺繍も人に通用しなくなったんですね。あの、通用しないというより兵隊さんもいませんから。

だからもう、こんどはほかのものを覚えなきゃならないということから、ほんとにね、人のまねをやって、で、あのう、編物を始めたんですけどね。その編物を教えてくれた方が、長崎医大にいまでもいらっしゃると思うんですけど。あのう、いまいらっしゃるかどうか、ちょっと判りませんけどね。

で、それでいくらか、あの、生活費を稼ぎ始めたんですけどね。それでも毛糸があるのも一時的ですしね。それにみんなもう、裸一貫で焼けだされた人たちばっかりですからね。だからもう、編んだといってもいくらのお金にもならなかったと思うんですよ。

そのころのことですけどね、病院で出る、その、おかゆに芋が入っているんですよね。芋を、こう、きれいに刻んだやつがね。それがおかゆに入っていて、それを食べさせられていたんですよ。私はずいぶんわがままをいいましてねぇ。姉さんに。こんなもの食べられない、なにか新しいもの買ってこい、なんていって、姉さんにしがみついて怒ったんですよね。

姉さんはもう、それにはどうしようもなくてですね。で、あのう、なんとか米を仕入れてくるから待ってらっしゃいといって、で、あのう、田舎のほうにいったようでしたですけどね。そして、それがあの、九月の一五日だったと思うんですけど。ハッキリ覚えてますけどね。で、そのときお米を、あの百姓さんから、自分で編んだ毛糸とね、あの、交換して、お米をもらって来たんですね。で、その百姓さんがとても親切な方だったらしくて、あのう、ほんとうは一升のところを三升くらいにして、わけてくれたらしいんですよ。で、姉さんはそれを喜んでもって帰ってですね、すこしずつでも、それを食べて、体力をつけていこうね、っていって、そのお米を炊いてくれて、僕に食べさせてくれたんですね。

そのかわり姉さんはですね、芋食ってるんですよねぇ……。」

胸にこみあげてくるものがあったのでしょう。吉野さんは思わず絶句し、その口は泣くまいとして、ゆがみました。

「その姿みてですねぇ、僕もね、ほんとうにいけないことといってしまったなあ、と思ってね、姉さんに済まなかったと思って、それからあんまり、わがままもいわなくなったんですけどね。

そのときの情景はですね、ほんとうに、いまでもハッキリとですね、思い出されますけどねぇ。」

「そのときの吉野さんにはどんな症状があったんですか?」

「私の健康状態はですね、あのう、悪性貧血といって、貧血が激しくて、で、あのう、もう、便をするたびにですね、もう便に血がまじって、黒い便が、出てくるし、歯ぐきからもね、血が出てくるし、それからもう、うおっと、吐いちゃうんですね、血をですね。それからあの鼻からも血がね、やっぱり思わぬときに出てくるんですね。びゅうっと。そしてそれがしばらく続くんですよ。そういう状態が続いていたんですけどね。」

「倦怠感も……。」

「え、もちろんありましたですね。倦怠感とかなんとかいうのはもう、身体にですね、もう、ちゃんともう、自分の身体に、なにかもう、原爆が落ちた瞬間からおきていて、で、あの、身体がだるくてだるくてですね。で、だるいばかりじゃなくて、あちこち痛いんですよね。

だから、ベッドのうえに寝ていても、身体をかえたりすることさえできなくてですね。一生懸命、姉さんに、すがって、身体を横向きにさせてくれだのなんだのっていってですね、ずいぶん無理いったと思うんですけどね。」

「お姉さんはそのあとも編物をして?」

「いえ、あの姉さんは、あの、編物できてたのが、その年の一一月、一二月ころまでですかね。それから先はもう、編物を編む、材料がなくてですね。で、あのう、姉さんはしばらく失業したような状態になって、それからなにかの仕事に、いくようになったんですね。

その仕事がなんだったのか、あの、焼跡の整理だったのか、なんだったのか、僕もハッキリ覚えてませんけど。なにかそういう仕事を、手伝いにいっていたようですね。

で、そのなかから、毛糸を編むときよりかはすこしは収入が多くなったんですね。

それでもやっぱり、病院の費用が多くかかるんですよね。ですけど、もう、病院の先生たちも、僕のお父さんを知っていた関係もあって、それはね、そういう点では、あの、便宜をはかってくれた点もあったんですけど。」

「被爆前にお姉さんがいってらした学校は女子師範でしたね? そのときおいくつだったか覚えておられますか?」

「はい、あの、ええと、一三歳か一四歳だったと思うんです。昭和二一年になってましたから一四ですかね。一四歳でしょうね。」

「それから二八年に亡くなられるまで、お姉さんは外に働きにいってらして……。」

「そうですね、あの、私が具合がまあ、ふつうにね、きょうは機嫌がいいなあ、と思うときは、姉さんは出かけていって、仕事してたですね。

で、そのとき、昭和二二年の五月ころからですね、あのう、町で、働くようになったんですよ。なにか、失対事業かなんか、そういったみたいなものの仕事を、やりはじめたんですね。

なぜ学校にいかないの、っていってもですね、もう、あんたの病院の費用だけでいっぱいだから、学校にはいかない、と。で、あの、とにかくね、あんたの病気治すことが先決だから、ということで、姉さんは仕事に出かけていくんですね。

ただ、私が機嫌が悪い場合、身体の状態が悪いとか、そういう日は姉さんは休むんですよ。そうすると一ヵ月に一五日か二〇日くらい働きにいかれればいいほうなんですね。

で、あれが、二三年の何月までですかね、一〇月ころまで続いたんですかね。そういうふうにしてやってたんですけど、姉さんもやっぱり身体が悪くなって、一時、寝こんだ時期があるんですね。で、姉さんが寝こんだんで、僕を看護する人がいないし、姉さんを看護する人がいないんですね。だから、いっしょに、同じ部屋に、ベッドにふたり、並べさせられたんですね。だから、も、どっちも姉弟《きょうだい》でありながら、も、仲間割れしたような格好になってしまって、顔、見あわすことさえイヤで、あの、反対むきになって寝ていたような状態が続いたこともあったんですね。それが六ヵ月続いていているんですね。二四年の二月ころまで、そんな状態だったと思うんですよ。

それから、あの、姉さんは一時よくなって、そしてまた、仕事しにいったんですね。で、そのときにはあのう、なにか一般の、あのう、ふつうの会社員のような、いまでいえばパートですね、パートのような仕事にいって、で、段々と収入をあげていったようですね。

で、そうしながら、私のためにガスコンロですね、そういったものを買ってきてくれたり、それから、町のようすを話してくれたりしてたんですよ。

で、そうして、僕にね、早く退院して、もう一度学校にいかんとね、なんていってたんですけど、学校にいかれるはずがないんですね、ずっとあの、悪性貧血が続いていたためにですね。

僕はねぇ、そのころ、姉さんが帰ってくるのが、もう、楽しみのひとつだったんですよ。で、姉さんが帰ってくると、すぐ、おみやげのお菓子をですねえ、目の前にぶら下げて、ホラホラ、ホラホラ、じゃらしてですね、なんか猫にさせるようなことを、僕にさせるんですね。

すると僕は、手は両方とも動きますからね、その、お菓子をとろうとして、充分に手をあげることはできないんだけども、それでもあの、やっぱり、手を、一生懸命、こうこう、こうこう、伸ばしたりなんかしてですね。」

吉野さんは実際に両腕を目の前で大きく動かして、お菓子にとびつこうとするしぐさをして、実に愉快そうに、笑いました。その、姉さんとの楽しいひとときの思い出が、いちどによみがえってきたようでした。

「あの、こんなふうにして、姉さんのお菓子にですね、とびつこうとして、あのう、あのう……。(笑)

そうすると姉さんがですねえ、冗談半分に、犬に、ワン公に投げるみたいに、お菓子を、袋からだして投げるんですよね。で、で、姉さんがポンと投げちゃ、僕がそれを口で受けとめようとして、口を、こうこうやってですね……。そんなことをずっとしながら、ふたりで生活してたんですけどもね。」

「お姉さんは外のようすについて、どんな話をしてくれたんでしょうか？　吉野さんにとってお姉さんにきく話はずいぶん楽しみだったんでしょうね？」

「そうですね、楽しみにしてたですね。僕にはもう、外のことはぜんぜん判らないですからね。あの、要するに、あの、昭和二〇年八月九日からのことはですね。

姉さんの話で僕に印象的だったのは、あの、焼跡に、トタン屋根のバラックが、一軒一軒たちはじめたこととかね、占領軍が来て、私が住んでたところも、ブルドーザーで片付けてしまったことかですね、自分の勤めてる会社の人のなかには、ケロイドをみせないように、暑い夏の盛りでも、長いシャツ着てる人がいるとかね、よくね、そういう話をしてくれたりしてたですよ。

それから日本軍は、もう、敗戦と同時にどこかへ消えてしまって、なんにもね、長崎市のためにはやってくれなかったと。で、そのころは姉さんはアメリカ軍には感謝の念でいっぱいだったんですね。」

「おふたりで、ご両親とか、ご兄姉のことを話されることはなかったでしょうか？」

「いえ、それは、一回だけなんですね。僕の記憶では。

いちど、あの、姉さんが、みんながいればねぇ、あの、兄さんや、姉さんや、それから両親がいればねぇ、というようなことをもらしたことがあったんですけどね。僕が止めろ、とかなんとかいったんじゃないかと思うんですよ。ほんとうに、僕は、肉親の話をすることじたいがね、もうイヤだったし、だいいち帰ってこないものを、帰ってくるようなことで話をしたところでどうにもなりませんからね。だからもう、そんな話することやめとけ、ってですね、いったことがあるんですよ。

いま考えてみればですね、姉さんにたいしては残酷ないい方だったかもしれませんけども、だけどあのころはね、私自身も、ほんとうに、肉親の話をされることがですね、イヤで、人から話をされることじたいがイヤだったし、思い出すことじたいもイヤだったんですよ。

で、ですから、私は昭和二五年の春ごろから、あの、カーテンを、ベッドのところにカーテンをして、もう、外がみえないようにしたんですよ。

というのはですね、あのう、小学生の、僕たちくらいの小学生がですね、あのう、歩いて、あの散歩してるでしょう? 昭和二三年、二四年、ちょうど僕が中学に入るころですかね。それが、外が、みえるのがイヤでですね、姉さんに、怒って、カーテンをしろ、といって、あの、カーテンをつけさせたことがあったんですね。

そしてあの、最初にカーテンをとりつけたときはですね、なんかあの、ボロキレを針で縫って、つないだものをさげてたんですけど、看護婦さんがそれをみて、それじゃみっともないから、ということで、病院のですね、真っ白いカーテンを、あの、もってきてくれて、はじめてあの、病室にですね、カーテンをとりつけたんですよね。そして昼のさなかでも、カーテンをしめきって、外の情景が、もう、判んないようにしたんですけどね。

それでもときどき、外があの、どんなふうになってるだろうかと思って、なつかしくて、姉さんがいないときに、カーテンをちょっと開けてじーっとみてたら、姉さんにみつかって、おこられちゃって、あんたもそうなんでしょう、やっぱり気になるんでしょう(笑い声)っていわれて、笑われたこともあるんですよねぇ。」

「吉野さんがずっと寝てらした時期というのは、同じ年の人たちが小学校を卒業して、中学、高校へ進んでいった時期ですね?

身体はいっこうによくならないし、焦る、という気持はおこらなかったんでしょうか。」

「もう、なんともなかったですね。もう、自分はね、もう、どうしようもない、というような、あきらめがあったんだろうと思うんですよ、そのときには。

もう、とにかくベッドの上にね、起きあがることができないんですからね。

だから、あんまり口惜しいという気持はなかったですね。もう、自分はいけないからと、半分はサジ投げかけていたんじゃないかと思うんですね。

ただね、僕、あの、なんといったらいいですかね、窓から、学校にいってる友だちをみていると、もう、知らず知らずのうちに涙がでてきていたんですよねぇ。」

吉野さんはここでまたちょっと涙声になりました。

「ただあの、昭和二六年でしたですかね、あのう、新制中学の生徒さんたちが、あのう、僕のところに見舞品をもってきたんです。たしか果物だったと思うんですけどね。

しかしあのう、僕は、それを受けとる気にならなかったんですよね。そしてそれを放りだしたことがあるんですよ。ベッドの下にですね。そしたらその人たちはびっくりしちゃってね、立ちすくんだまま、僕にはなんにもいわずに、帰られたことがあるんですけどね。

ちょっと、いまでは、その気持は僕にも判んないですけど。なにかこう、歯がゆいような感じですね。なんていったらいいですかね、ま、自分が、学校にいけないという、ひとつは劣等感からかもしれませんけど。

自分はほんとうは、学校にはいきたいんですよね。いきたかったんですけども、これじゃいけないしですね。

ベッドの上には立てないし、足なんかもですね、あのう、ふつうの被爆者のように、歩けるんじゃないんですよね。もう、足が平べったくなっちゃってるんですね。いまこそ、すこし、目にみえないくらいですけど、冬になって、痛くなると、すこしチンバひくていどですけど、もうそのときはですね、あの両足ともね、垂直にまがって、足が、もう、うえに、自分の身体にぴたっと着くような状態になって、もう……そんな状態だったですからね。

ただそのときね、その、お見舞にきてくださった中学生がね、あの、折鶴をもってきてくれたんですね。で、折鶴は、なんとなしに僕は、あの、一匹だけ、こう、ひきぬいてですね、自分のベッドのところに、あのう、一匹だけ、とっておいたんですけど。

そのころは、あのう、早く治りたいという気持は、まだなかったですねぇ。

もう、先生からいわれてましたからね。もう、アンタはね、一生これじゃもう駄目だ、と。一生でしょう？　そのころは僕も一四か一五のとしごろですからねぇ。だから先生から一生といわれても、いったいどういうことを指すのか、判りませんでしたからね。」

「いま思えば、お姉さんにはずいぶんわがままをいったり、困らせるようなことを……。」

「ええ、ずいぶんいいましたですねぇ、ずいぶんいったと思います。

とくに昭和二〇年から、二四、五年ころにかけてのあいだはですねぇ、姉さんに無理難題を押しつけたと思います。

僕、どちらかというと甘いもの好きですからね、砂糖がないのに、砂糖買ってこい、なんていったりして、ずいぶん姉さんを困らせたと思うんですねぇ。砂糖買ってこい、っていったことはちゃんと覚えてるんですよね、ハッキリね。

それからあのう、あそこはあのう、ミカンの産地もあるんですよね。ですからミカン買ってこい、なんていうようなことというと、姉さんはただ黙って、涙ぐんでですね、（吉野さんはここでちょっと涙声になりました）なんにもいわなかったんですよね。

そしてあのう、看護婦さんからいわれたんですけどね、アンタ、あんまり姉さんに無理難題押しつけちゃ駄目よ、姉さん外で泣いてたよ、っていわれたことがあったんですね。（吉野さんはまた涙声になりました）それを思うとですね、どうしたらいいか、判んないですけどねぇ。

姉さんは学校の先生になれるはずだったと思うんですけど、僕を置きざりにしてはいけなかったんだろうと思うんですよねぇ。

もし姉さんが先生になっていたら、少なくとも、先生の保険のほうで病院にもですね、かかれたと思うし、姉さんはあの、死ななくてもよかったと思うんですよね。

ですけど僕はそういうことをねえ、いいだせなかったし……僕から姉さんにね、いってくれって、いうことをいえばよかったのに、僕はもう姉さんにね、しがみついて、生きてたんですよねぇ。

姉さんがいないと、もう、不安でならなかったんですよ。だいたい姉さんが会社にいくということじたいにね、僕は反対だったんですよ。

医療費なんかどうにかなるから、ほっとけ、なんて、ずいぶん姉さんに無理いいましたからね。

姉さんはたぶん、師範学校には、どうしてもいきたかったし、卒業したかっただろうと思うんですけどね、僕がずいぶん、無理難題を、押しつけたと、いまでも思うんですよ。」

「それではお姉さんが亡くなられた前後のことを、お話しいただけますか。」

「そうですね、それはあの、昭和二八年のことですね。

あのう、そうですね、二八年の一月だったと思うんですね、姉さんの顔色がすぐれないんです。僕からみていてもですね。

姉さん、具合が悪いんじゃないの、っていったんですけどね、姉さんはただ黙ってましてね、なんともいわないんですねぇ。

姉さん、診てもらったほうがいいよ、って勧めたんですけどね、ですけど、そのときはぜんぜん応じなかったですね。

それから三月だったですか、ひな祭りの、三月三日のときに、姉さんがあの、町からあの、菱餅ですね、あれを買ってきて、それとおひなさんを、ふたつばかりもってきて、それを飾ってたんですけどね、めまいがしたようすで、ふらふらっ、としてるんですよね。

だからそのときも、姉さん、そんなことじゃ駄目だ、すぐね、先生にいって、かかったほうがいいんじゃないか、っていう話をしたんですよね。

それでも、そのときも、あまり応じようとしなかったんですね。

私が病気したら、誰があんたをみるの、あんたは吉野の家を継がなきゃならないのよ、っていうようなことをいってね。なんとしてもね、あんたは早く、治さなきゃならないから、っていうようなことしかいわないんですね。

で、そして五月がすぎたころだったと思うんですけど、そしたら急に、姉さんの顔色が悪くなってですね、なんか茶かっ色のような、どす黒い顔色になってきたんですね。

だから、姉さん駄目だ、寝なきゃ、っていったら、それじゃ、と姉さんがいってですね、それから診察にこられた先生に、あのう、私も診てくださいって頼んで、診てもらったら、先生の顔色が変ったですね。

それから心電図やなんかそばでとって、姉さんは別の部屋に連れていかれたんですよ。

結局入院させられたんですね。

医者から、君の姉さんはどうも病気が重い、と。だからすこしは我慢するんだよ、っていわれましたからね。

それで驚いたんですけどね。

それでも、僕はなにをしようとしても、なにすることもできないでしょう? だから、ま、とにかく姉さんが無事でね、いることを、あのう、毎日毎日いのって、手を組んで泣いてたんですよねぇ。

そしたらあのう、姉さんの状態が、どうもおかしいよって、看護婦さんがいってきたんですね。僕はねぇ、どうしても姉さんの顔みたいからって頼んで、担架に乗せてもらってですね、姉さんの部屋に連れていってもらったんですよ。

いったら、姉さんは僕の名前を呼んでるんですよね。一生懸命ですね。で、姉さん、僕、そばにいるよ、っていったんですけどね、僕も担架の上から起きえませんからねぇ。

だから、ただ横向くだけがせいいっぱいで、姉さんの手をとるにもですね、ちょっと担架の台のほうがベッドよりも高いんですよ。それで、手が届かなくて、も、あとちょっとのところで届くところが届かなくて、どうもですね、あのう、なんていったらいいですかね、どうすることもできなかったんですけどねぇ。

ただ、そういうふうにやってるうちにですね、一回だけ、姉さんの手を握ったんですよ。そしたら、姉さんの手が、ほんとうは暖かいはずの手が、冷たいんですよ。もう驚いちゃったですね。で、で、姉さんの手はなぜこんなに冷たいんだ、って、あの看護婦さんにいったら、もう、手をつながないほうがいいって、看護婦さんにいわれてですね、そして僕の部屋に帰ってきたんですけどねぇ。そのときから輸血がはじまったようですね、輸血が……。

そしてあの、二八年の七月のですね、二一日ですか、あの、とうとう、世を、去ったんですけどねぇ。

で、遺骨は、僕のひざもとに抱いたんですけど。僕は起きあがることもできませんからねぇ、姉さんを送ることもできなかったんですよ。」

「亡くなられたというのは、どなたがしらせてこられたんですか?」

「それはあの、先生がいってこられましたです。姉さんは亡くなりましたからって。そして三時間くらいたってから、三時間くらいだったと思うんですけど、あのう、遺骨をですね、遺骨をもってこられたわけですからね。

だからそれこそ、簡単な葬儀だけだったろうと思うんですよね。僕の部屋で葬式やろうと思っても、僕自身が起きえませんからね。

ただ、あとから僕の部屋に、看護婦さんが何人かきて、拝んでくれましたけどね。そのほかには、なにもなかったように思いますよねぇ。」

「その簡単な葬儀にさえ、参列できる肉親はどなたもいなかったわけですね?」

「そうですねぇ。あの、うちの親戚関係はぜんぜん判んないんですよね。あることはあるらしいいんですけど。宮崎とかなんかにですね。

ですけど名簿なんかも焼いてますしね。だからちょっと、そういう人たちを呼ぶこともできなかったし、誰も参加することができなかったですね。」

「そのときの吉野さんのお気持はどんなだったんでしょうね?」

「そのときの気持はですねぇ、なにかですね、もう、なんともいえないです。胸がですね、しめつけられるようだったです。

というのは姉さんにはわがまま放題に僕がいってきたんだし、姉さんは僕によくつとめてくれましたからですね。

もう、僕にとってはね、もう姉さんに、なぜああいう無理なことをいったんだろうかということが、もう、いまはね、胸がせまる思いでおりますねぇ。」

「お姉さんはそのときおいくつですか?……二二歳くらい?」

「そうですね。二二です。」

――遠くから、高速道路を車が通りすぎる、低い響きが伝わっていました。ほかには物音がしない、静かな午後でした。初冬の弱い陽ざしが、窓ガラスに梢のうすいかげをうつしていました。三畳間に向かいあって座っている、吉野さんと私のあいだに、ちょっとのあいだ、沈黙が流れました。

私はききました。

「吉野さん、お姉さんの生涯を考えてみられて、いまどんなお気持をもたれるでしょうか？　お姉さんはわずか一三歳くらいのときに被爆して、ご両親、兄姉を亡くされ、寝たきりの弟さんひとりを残されたわけですね？　勉強したい自分の望みは捨てて、一生懸命働いて、看病に明け暮れて、とうとう力尽きて、弟さんのゆく末を案じながら、二二歳の若さで亡くなってしまわれたわけですね？　そのお葬式にきてもらえる肉親もいなかったわけですね？　吉野さんは、このお姉さんのご生涯を、どう思われるでしょうか？」

吉野さんの顔は赤くなり、こめかみの血管はふくれました。広い額の下にひっこんでいた吉野さんの奥目は怒りに燃え、とびだしそうになりました。その怒りは、姉を殺し、自分をこのような境遇に置いた、原子爆弾にたいする怒りというより、触れるのがいちばんつらい心の傷口に指先を突っこむような、私の無遠慮な質問にたいする怒りのように、私には感じられました。

吉野さんの吃音はひときわひどくなりました。

「もう、それをいわれることじたい、もう、ちょっと、僕にとっては残酷すぎますよね、ハッキリいうとですね。

だってそうでしょう？　姉さんが親がわりになって僕のためにやってくれたんだからですね。だからそういう意味でもね、ほんとうに、気持のうえからもね、あんまりふれられたくないというのが僕の気持ですよね。

いまでもですね、そういう、姉さんが、わずかの若い生涯を、しかも青春時代には、おそらく友だちとも遊びたかっただろうし、そういうなかでもさいしょから、刺繡から、編物を始めてですね、そして労務に出て、それからやっと、会社勤めになったいきさつもありますからね。

だから、そういうことを考えてみただけでも、いかに姉さんが、僕のためにいろいろと力をつくしたかということが、わかると思うんですよね。それもせいいっぱいだったと思うんですよね、姉さんにしてみればですね。

僕はわがまま放題のことばっかりいってきたんだけども、ほんとうに姉さんにしてみればせいいっぱいだったんだと思うんですよ。

それを、自分の病気のことまで隠してきていますからね。自分の病気が、もうあることは判っていながら、なにもね、病気のことについては触れなかったし。他人《ひと》からそういうことをきかれることじたい、もう、どうしようもないですよね。どう答えたらいいかも判んないですよねぇ。

ほんとにですねぇ。いまでもときどき思うこともあるんですよね、姉さんさえ生きていてもらえたら、って思うこともあるんですよね。

ですけど、そう思ってもしょうがないしですね。いまはもう死んで、居ませんしね。あのときだって、そういうことだったと思うんですよね。ほんとうに、僕のために、最大の力をつくしきって、死んでいったわけですからねぇ。」

語るほどに、次々と胸にこみあげてくるものがあるのでしょう。吉野さんの顔は赤くなり、特徴のある奥目にはいっぱいの涙がたまりました。泣くまいとする気持をおさえきれず、時々、ふるえ声になりながら、つかえながら、吉野さんはそう語りました。

私は自分の残酷すぎた質問を後悔しました。しかし感情のきわまった吉野さんのこの言葉が、どれだけの数字的なデータよりも、原子爆弾の本質を人々に伝えるうえで役立つにちがいない、そう思って、心のなかで吉野さんに許しを乞いました。

ところで姉の死によって天涯孤独の境遇となった吉野さんの身のうえに、その翌年、東大病院への転院という大きな運命の転換が訪れます。

長崎医大のある教授の紹介によって、東大病院から先生が長崎を訪れ、自分をみていった。そののち自分にも充分には事情が判らないまま、長崎医大(正確にはすでに長崎大学医学部になっていたと思いますが)附属病院から、東大病院へ転院させられることになった、吉野さんはそう説明しました。

「で、その先生がみにこられて、じゃあやっぱり東大で治そうということになったんですね。で、それにはどうしたらいいかということだったんですよ。

で、まだ、日本の航空機もやっとそのころ、国内線ができたていどで、まだまだあの、いまのようにああいうジェットとかなんとかいう飛行機が飛んでたわけじゃないですからね。ですからあの、そのときにですね、あの、あれは昭和二九年のなん月だったですかね、ちょっと覚えてませんけどね、だいたい暖かだったと思うんですよ、もう、気候のいい時期だったと思うんですけど、そのときに、あの、長崎から、車で大村飛行場まで連れていかれたんですね。で、大村市の飛行場から、あの、板付を経由して、東京まで運ばれて、で、ほんとうは羽田飛行場におりるはずだったんだけど、曇りだったのか、なにかでおりられなくて、で、立川飛行場までひき返してですね、それで立川飛行場でおりて、あれはなにか、アメリカのジープが先導したんですね。あれはどういうわけだったのかちょっと判りませんけどね。アメリカのジープが先導して、そのうしろに救急車がくっついて、それで東大病院に連れていかれたんですね。で、そして、東大病院のほうの第一号館に入院したんですけどね。」

「吉野さんが東大病院に移られた前後に、例のビキニの水爆実験があって、日本人の漁船員が被害を受けるということがあったと思うんですが、このことについては、ご記憶に残っていることがあるでしょうか?」

「え、、そのことについては、もう、ハッキリ覚えてますですね。

それはですね、あのう、僕が入院させられていた部屋のなかに、そのとき、その横に、隣りにいた人がかなり進歩的な人だったらしくて、僕のところに新聞を持ってこられたんですね。ビキニの水爆実験のことを報道した、日本の新聞とか、『ニューヨークタイムス』を翻訳したものとかですね。それから看護婦さんのなかで、いろんな新聞の切りぬきを、たぶん『アカハタ』だったんじゃないかと思うんですけど、僕のところに持ってきて、説明をしてくれたりしたんですよ。

それとあの、第五福竜丸の久保山愛吉さんですね、久保山さんはあの、実をいうとあの方はあの、国立第一病院に入る前に、東大病院のほうにこられたことがあるんですね。で、そのときにあの、その進歩的な人が、僕のところに連れてこられたんですけどね。

で、そのときに久保山さんの話をきいたりなんかして、そんなことでね、ほんとうに戦争があってはならないということを、噛みしめるようになったんですけどね。

しかしそのころはそれを、どういうふうに人に訴えたらよいかという手段は知らなかったですね。ただ、自分の心のなかで怒っていただけだったし、原爆の体験もぜんぜんいわないしですね。看護婦さんに、原爆の体験を話してごらんなさい、っていわれたことがあるんだけども、もう、そんな話はきかないでくれ、いやだから、というようなことで、逃げまわっていたんですよね。」

「ところでどのところでうかがったらよいのか、よく判らなかったんですけど、吉野さんは、学校には小学四年までしか。」

「ええ、そうです。」

「いく機会がなかったわけですね？」

「はい。」

「その四年間も戦時中のことで、落ちついて勉強できるというような……。」

「ええ、ことじゃなかったですね。」

「いま、いろいろお話をうかがっていても、吉野さんはずいぶんいろんなものを読んだりね、勉強したりしていらっしゃるように思うんですけどね。

この長い入院生活のなかで、どんなふうにして勉強してこられたんでしょうか。

それと、いくら勉強しても、やがて身体がよくなって、その勉強が役立つ、という、そういう確実な希望が持てない時期にもね、努力して、勉強してきた、そのお気持を話してくださいませんか？」

「そうきかれると困っちゃうなあ。」

吉野さんは笑いながら答えました。

「どう説明したらいいですかねぇ。僕にもよく判らないですねぇ。

やっぱり自分が小学校の四年生までしかいっていないということですからね、だからあのう、すこしでもなにか勉強したいという気持が、心にはあったと思うんですね。

だから、長崎のときから、もう、あの、すこしずつ、あの、いわゆるその算数とかね、それから国語とかいう本を、読んではいたんですね。

あのう、長崎のときにはあのう、長崎医大の先生が、それからあの、東大に入ってからは、やっぱりですね、東大の先生たちがいっしょになって、ま、先生といっても主にインターンの人たちがね、教えにきてくれていたんですね。

算数とか国語とかですね、それも一時間か三〇分ていどで、教えてくれていたんですけどね。

たしかにそのベッドに寝ているということはね、本読んだりするのはね、たいへんなんですよね。

だいいち手に本をもってですね、三〇分ももって読むことはできませんからね。

だからあとの三〇分は先生と看護婦さんが、読んできかせるとか、そういうことでやってきましたからですね。

だから漢字も……それからあのう、文章もまずいしですね。

そういうふうに、最大限努力したということでもないですからねぇ。ただ、自分のできる範囲内でやってたということで……、ま、先生たちがやってくれたということ、先生のほうから与えてくれたということでしょうね。自分から意識的に進んで入ったということではないですね。」

吉野さんがいまその鑑賞を最大の楽しみにしている音楽にめぐりあったのも、東大病院ででした。看護婦さんが枕元でヴァイオリンを弾いてきかせてくれた、シューベルトのセレナーデ。それが、吉野さんが生まれてはじめてきいたクラシック音楽でした。

「あとで失恋の曲だったということを知ったんだけど」と苦笑しながら、その曲を忘れられず、看護婦さんにくり返しくり返し弾いてもらったこと。それがやみつきになって、ベートーベンの「第五」「第九」のレコードを枕辺で聞かせてもらったこと。その看護婦さんはいまでも文京区の春日町あたりにいると思うこと――などを吉野さんは語りました。

こうして、吉野さんの話は、一九六〇（昭和三五）年東大病院を退院して、被爆して一五年目に、はじめて病院の外の世界へ足を踏み出したいきさつをむかえます。それは波乱に富んだ吉野さんの半生のなかでも、とくに印象深い部分のひとつです。

吉野さんは語りだしました。

「そうですね、あのう、そのいきさつですけど、まずその前から、話をしたほうがいいと思うんですけどね。

あの、三三年ですね。昭和三三年のあれは六月ですか。六月にはいってからですね。あのう、東大病院に住んでいる用務員の人たちの子供たちね。小学生とか、小さな子供たちですね、そういう人たちが表に出て遊んでるのがみえるわけですね。それをみてるとね、とてもあのう、自分が寝てることがですね……。

もう、いままではあきらめムードだったんですけども、なんとかしてね、なんとかして早く起きてね、あんなにみんなしゃんしゃんして歩いてるのに、僕だけが、歩けないはずがない、ということで、あの一生懸命努力して、そうですねぇ、あの、ベッドからですね、あの、自分からころげ落ちたりなんかして、それであの、病室内を這いまわりはじめたんですよ。

それを看護婦さんがみて、先生、吉野さんが這いまわってるよ、ということで、なにか、いいにいったらしいんですね。で、先生がとんでこられたんですね。で、そしたら先生は黙って、それをみ、い、い、みてあるんですね。

這うこと、ひとつひとつ這うことですね、あの、も、一〇センチずつ這うことが、もう困難の、まあなんといったらいいですかね、極にあったんですけどね。で、とにかくもう、それを一〇センチでも這うことをね、も、赤ん坊でもやれるんだからということで、自分もあの、やり始めたんですね。

それをみて先生が、お前はあきらめろ、と、そんなして這いまわったところでね、お前の顔に傷がつくだけだ、と、頭に傷がつくだけじゃないかと、だから、あきらめろ、といってですね、あの、看護婦さんからあの、すくわれまして、そしてベッドに寝かされて、縛りつけられたんですよ。もう、足が動けないようにですね。

そしたらこんどはこっちはですね、なにも食わないという主義を（吉野さんは愉快そうに笑い声をあげました。それは例の、特徴のある笑い声でした）とったんですね。もう、断食をやる、というようなこと、やりましてね。それを数回、くり返すうちにですね、それじゃお前は勝手にしろ、ということになって、で、あのう、勝手にして、そしてあの、またベッドから落ちるようにして、一〇センチでも二〇センチでも這うようになったんですよ。

そしてあの、ちょうど三〇センチくらい這えるようになったらね、そしたら身体が痛くて、あっちこっち痛くて、動けなくなったんですね。それをみて看護婦さんが、ホラみてごらんなさい、やっぱりそうだったでしょう、というようなことになって、またベッドに抱きあげられて、縛りつけられて、二ヵ月くらい、そんな状態が続いたんですね。

それでもなんとかして這いたいということで、ベッドから、こんどは、こんどはもう、うまくですね、こんどはふとんをかかえこんで下に落ちるようなことをおぼえるようになったんですね。

そしてあのう、三〇センチでも四〇センチでも這うようになったんですけどね、それをみて、先生が、あのう、やっぱり君はそれほどまで歩きたいのか、と、どうしてそういうふうな気持になるのか、といわれたんですね。

だからあのう、僕はあのうこうなんだと、あんな小さい子供がすぐ病院の下のところで遊んでるじゃないかと、そんなことでね、僕がいつまでもね、病院に居《お》るわけがない、といって、先生にくってかかったんですね。

そしたら、いいじゃないか、と、病院に一生いたっていいじゃないか、ということだったんですね。で、先生があのう、いろんな内臓（の標本?）とかなんかもってきてですね、君にはこういう病気がある、とか、肝臓にはこういう障害があるとか、もってこられたんだけど、そんなのにね、もう無とん着なんですね。

先生がお前をね、なんとかして、まあ、歩けなくてもね、車椅子にのって、検査ができるていどにはしてやりたいから、ということでいわれたんですけど、いや、僕はもう、病院なんかにもういたくないんだ、といって、あのう、そうですねぇ、一二月までがんばりとおして、そして、そういうことをしてるうちに、あのう、先生のほうが、もうお前には参った、と、じゃあとにかく訓練しようということになったんですよ。機能訓練ですね。

で、はたして機能訓練ができるかどうか、僕自身、自信がなかったんですけど、そしてあのう、整形外科のほうにまわされちゃって、そして整形外科と内科と外科の先生ですね、先生たちがいっしょになってですね、あのう、僕の身体を、あちこち、もう、全身ですね、マッサージをしてくれたりするなかで、自分がベッドのうえに起きれたんですね。それが昭和三四年の二月ですけどね。二月の二一日、ハッキリ覚えてますけど。

で、そいでですね、やっと起きあがることができて、で、すぐにね、あのう、先生からですね、起こされて、であのう、あれはなんですか、歩行車ですね、歩行車に、じゃ、あの、立ってみな、ということになったんですね。ですけどそのころじゃ、まだちょっと難しいんですね。ベッドにやっと、起きれるようになったていどですからね。

で、歩行車にすがったものの、歩行車から姿勢が崩れるようになって、落ちこんじゃうんですね。ですから、君はやっぱり駄目じゃないのかなあ、というようなことだったんですけど、それでも僕が歩きたいから、ということでね、それじゃあ、あのう、みんなのいる部屋のほうがいいだろう、と、君がベッドから落ちてもね、そうすれば、その、みんながみてくれるだろうから、ということになって、それであのう、大部屋のほうに移されたんですね。

で、大部屋に移されてからはですね、あの、まわりの、ベッドの患者さんたちが、ほんとうに、こころよく、あつかってくれたんですね。みんな、年の多い人たちばかりで、よくね、僕の実情もつかんでる人たちだったもんですから、僕がベッドから落ちようとすると、もう、すぐ僕のそばにきて、僕をかかえて、ベッドからおろしてくれてですね。

で、そして、始まったんですけどね。それで、やっと、そして、あの、三四年のあれは九月だったと思うんですね、九月か一〇月だったと思うんですけど、あのう、どうにか歩行車にね、手をかすことができるようになったんですよ。

で、看護婦さんが三人付いて、ずうっと、あのう、そうですね、五メートルくらい歩いたんですよ。それでも汗びっしょりなんですね。で、汗びっしょりで、もう、歩くのが嬉しいんだけども、もう、五メートルばかり歩いたあとがね、も、どうにもなんなくて、またですね、あの、歩行車から、手をはずすようになって、看護婦さんの、看護婦さんの手にですね、すがりつくような状態だったんですけどね。

で、そうしていくなかで、五メートルから一〇メートル、歩行車を使ってですね、歩けるようになったし、それからあのう、車椅子に乗って、自分でハンドルをまわしながら、廊下をね、もう、あっちこっち動きまわるようになったし、それがいちばん嬉しいんですね。

ただ、ベッドから、あの、ベッドからですね、車椅子に乗るときがちょっと困難なんですね。ちょっと、車椅子のほうがベッドより高いわけですよ。整形外科のベッドも案外高いんだけども、それより車椅子のほうが高いんですね。だから、車椅子に乗り移るのにですね、まずそうですね、三〇センチくらいのすき間が空いてるんですよね。

だからもしかしてそのすき間から落ちてしまうかもしれない状態だったんですけど、そこの大部屋の人たちの付添いさんが、座ぶとんを並べて、そしてあの、僕が落ちぬようにですね、してくれたりして、そして、それであの、車椅子を使って、病院内を回りはじめたんですね。

やっと、そのときに、あの、生きるという喜びを、感じとったですね。

それからですね、あの、うしろのほうから、最初は自分でまわして、ハンドルをまわしていたと思っていたら、うしろのほうから先生がちゃんと付添ってですね、車椅子を押してくれてるんですよ。あれぇ、先生、押してんじゃないか、っていって(笑い声)カンカンに、怒ったことがあったたんですけどね。

で、そしてあの、三五年に入ってからは、あのう、もう、いちおうですね、あの、歩くようになったんですね。たった、ほんの二年たらずで、歩くようになったし、その努力というのはですね……。いまからいうとですね、あれだけ、自分が生きてきたかったのに、いまはですね、人間らしい生活をしていないんですけどね。

そのときの気持は、とにかく、自分で歩いてみなければ判らん、ということが第一だったですね。あのう、社会復帰したいとか、そういうことじゃなくて、とにかく歩いてみることが先決だ、ということが頭にあったように思いますね。それで、歩けるようになったわけですからね。

とにかく自分が、外に出たいということですね。

ただ、とにかく外に出たい、という気持ですね。だから先生もしかたなく、僕を出したと思うんですよ。」

あの日から実に一五年ぶりに、吉野さんが病院の外の世界に第一歩を踏みだしたのは、一九六〇(昭和三五)年六月のことでした。

三池争議、安保闘争の年でした。秋には浅沼事件がおこりました。戦後一五年目、蓄積されてきた矛盾がある決算の時期をむかえ、日本の社会・政治が鳴動をくり返しているころ、吉野さんは医師、看護婦に見送られて、ひっそりと病院を去りました。

退院した吉野さんの行く先は神戸でした。

東大病院の先生のあっせんで、神戸製鋼所で雑役工として働くことになった。神戸には看護婦さんがついてきてくれた。神戸医大の内科部長にも紹介状を書いてもらった。

神戸に行くことになった事情を、吉野さんはそう説明しました。

吉野さんの口ぶりからすると、東大、神戸医大、神戸製鋼所病院を結ぶ医師のつながりによって、吉野さんは半分は社会復帰の訓練を受ける場所として、その職場のあっせんを受けたらしく、私には感じられました。

神戸製鋼所での身分は正規の本工でしたが、職種は雑役で、灘工場に所属し、工場の中をほうきで掃いたり、鉄くずを手押車に乗せて捨てにいったりするのが吉野さんの仕事でした。仕事は無理にしなくてもいい、掃きたいときに掃けばいい、というのが工場長の指示でした。

――二日目の吉野さんの話はここで終りました。

さいごに私はききました。

「吉野さん、そのときのご自分の初任給を覚えておられますか?」

「初任給はですね、いくらだったかしら……ええっと、二万いくらかじゃなかったですかね、二万八千円くらいじゃなかったかと思うんですよ、初任給は。

というのは僕に病気がある、ということと、それからまたいつね、また、病気するかも判らん、ということで、多くは望まずに入社したもんですからね、ふつうだったら、三万か四万くらい、もらってたかもしれませんけども。」

この日は前の日よりもいっそう、一時間の制限時間をオーバーしてしまいました。

中目黒から東横線で渋谷へ、渋谷からバスで芝の自分の下宿へ、もう夕暮近くなった師走の雑踏を、私は録音機をさげて帰りました。

それから二〇日後、年の暮がせまった二八日に、私はもう一度、録音機を持って吉野さんのアパートを訪ねました。

そのとき私は、東京にいる姉のひとりに頼んで、サンドイッチとおせち料理を作ってもらい、持っていきました。

吉野さんに、姉に作ってもらった食べ物を、私は食べてもらいたかったのです。

長崎市立高女の四年生として被爆した、感激屋の私の姉は、私が吉野さんの境遇と私の気持を説明すると、たちまち張りきって、吉野さんがいちどには食べられそうもないたくさんの料理を作ってくれました。

中学生になった姉の次男坊、私の甥が、

「母さん、やる気になってるね。」

と冷やかしたほどでした。

ところで、二日目の録音のさいごで、吉野さんは神戸製鋼所の初任給が、二万八千円くらいだったといいました。

それは多すぎる、それはきっと吉野さんの記憶ちがいでしょう。その日私はそういって帰りました。

それというのも、吉野さんが東大病院を退院して神戸製鋼所に就職した一九六〇(昭和三五)年という年は、私が大学を卒業して長崎の民間放送局に入社した年でした。

私の初任給は一万二千円、試用期間中六ヵ月は一万一千円でした。地方の民間放送がテレビをはじめてからまだ二、三年という時期でした。この初任給は、当時の大学新卒者の相場としては、よいほうとはいえませんでしたが、極端に低いという額でもありませんでした。

初任給が、背広上下一着のねだんと同じくらいという、サラリーマンの安月給ぶりをすこし自嘲的に歌った、「一万三千八百円」という流行歌がはやっていたころです。

安保闘争の高まりのなかで岸内閣は退陣しましたが、「池田は嘘を申しません」という、高度成長経済政策への進軍ラッパが鳴り響くまでには、まだすこしの時間がありました。

一万二千円、実際は一万一千円の初任給のなかから、仕事の必要上どうしても買わなければならなかった小さなトランジスタラジオの支払いを、月々千円ずつさしひかれるのが私にはかなり負担に感じられた、そんな時期です。

おたがい、つましい生活をしていたころです。

神戸製鋼所という大企業であったとしても、吉野さんの健康状態と肉体的な条件、学校教育を受けることができた年数、などを考えると、二万八千円くらいという初任給は明らかに記憶ちがいだと私には思われました。

これはなんでもないことでしょう。十何年も前の給料の額を吉野さんが正確に覚えていなくても、どこにふしぎがありましょう。

二万八千円くらいというのはちょっとした思い違いでしょう。

ただ、三日目に録音に訪れたとき、吉野さんが、

「あの額はやはり、間違ってはいなかった、自分は全国金属という労組に手紙を書いて、昭和三五年ころの工場労働者の初任給を問いあわせて、だいたい、自分がいった金額と同じくらいだという答えを得た。」

と、こう主張したことは私を驚かせました。

鉄鋼労連ではなく全国金属だったわけもよく判りませんが、それはともかく、巨大な官僚組織でもある大きな労働組合が、こういう問いあわせに、すばやく返事をくれるものでしょうか。

そしてその内容は、吉野さんの主張を裏付けるものだったのでしょうか。

私はふしぎに思いました。

これもまた、たいして意味のないエピソードかもしれません。

しかしそれでも、私がここに書きとめておくことにするのは、そうですね、私にはこのエピソードにも、意味があるような気がするからです。

それでは三日目の問答をきいていただきましょう。

三日目――クモの穴

「神戸では寮に入って、製鋼所に勤めていたわけですね？」

「はい。」

「どんな仕事だったのか、はじめて働いたときはどんなお気持だったか、工場生活のようすをきかせていただけますか？」

「そうですねぇ、あの、仕事をするときはですね、あの、さいしょ出勤するときには、もう、嬉しくてですね、もう、心が浮き浮きしましてねぇ。これで就職できたんだ、と思ってですね。でも就職してみたら、あのう、現場といってもあの、雑役のほうをね、させられたんですねぇ。で、実をいうと、ほんとうはがっかりしたんですけどね。もうちょっと、線材鋼とか、電気炉とか、そういうところにでも、あの、僕はいきたかったですね。そして将来は、その、自分の身につくような、旋盤工でもやろうかなぁ、なんて思っていたんですけども、いや、君は病人なんだし、さいしょからそういうことは望んできていないはずなんだから、雑役でもしてみろ、と。東大病院のほうから、これは被爆者で、使いものにならんだろうけれども、なんとか使ってね、そしてあの、社会復帰させてくれ、ということで頼みがあったそうですからね。

で、そこはですね、いろんなものがあったんですよ。電気炉もあったし、それから線材鋼ちって、線ですね、ながあい線とか、それから鉄道のレールとか、そういうのを作ってたんですね。

で、僕の仕事というのはですね、あのう、雑役といって、まあスクラップですね、鉄のくずとかなんとかを車で、あの車はなんていったですかね、その車で、あの、入れて、そこまでもってくんですね。で、それには四人くらいのおじいちゃんたちがついて、いっしょにやっていたんですよ。それから、ひまがあるときは、あの、便所の掃除から、工場内の掃除とか、そういうことをやってたんですけどねぇ。」

「肉体的にはかなりきつい仕事……。」

「そうですねぇ、きつい仕事ですねぇ。工場内に入ってって、そのくずをかき集める、そのスクラップがもう、固まっちゃってるんですよ。それをね、あの、スコップで掘りおこして、車に入れるわけですね。だから、ちょっとやすっとじゃ動かないんですね、僕ひとりじゃ。だからま、イヤなこともですね。なんだお前は、男のくせに力をだしきらんのか、といわれてですね、ずいぶんイヤなこともあったですよ。ほかの、六〇すぎくらいのおじいちゃんでも、けっこうスコップを、こう、やりますからですね。僕なんか、それ、やれませんからね。」

それでも、神戸での工場生活の前半は、吉野さんにとっては未来への希望をもつことができた、充実した日々だったようです。

工場で鋼材の点検をする係員の娘さんを見染め、同僚に気持を伝えてもらったけれど、生活力をあやぶまれ話が進まなかったこと。好きなクラシック音楽のレコードを三〇〇枚揃える計画をたて、貯金をして、ぼつぼつ買い集めはじめたこと。知人をつうじて、ショスタコヴィッチの当時市販されていなかったオラトリオのレコードを手に入れ、大いに自慢にしていたこと。通っていた診療所の人たちから誘われ、安保条約に反対する集会や、原水禁大会のデモ行進にはじめて参加したこと。しかし内心ではチンプンカンプンだったこと。そんな思い出を、吉野さんは楽しそうに語りました。

しかし希望は長く続きませんでした。

疲れ、発汗がおこりはじめ、翌年九月と一一月職場で倒れました。職場の健康保険を継続してもらって神戸医大病院に入院したのがその年暮のことです。のち東大病院に移されて約一年を送りました。雑誌『音楽の友』を購読し、病院をこっそりぬけだして音楽の演奏会をききにいく、比較的自由な入院生活でした。はじめて被爆の体験を語り、看護婦さんたちに深い感銘を与えたのも、原水爆禁止運動に積極的な関心を持ちはじめたのも、この入院生活でだったと、吉野さんは語りました。

吉野さんが二度目の退院をしたのは一九六二(昭和三七)年暮のことです。

「そのときはいくらかお金を持っていらしたんですか?」

「ええ、そうですねぇ、二万か三万か持ってたですね、たしかね。三万か二万か。」

「それからどうされました?」

「それからね、台東区を、あの、あれは浅草ですね、あそこをずうっとあの、歩いたんですよ。で、ときわ食堂とか、初音《はつね》寿司とか、そういうところをまわってね、とにかく自分で、自分の身体にあったような仕事をしようと思ってですね。とにかく就職しないと金がないもんだから、だから、その、初音寿司本舗という寿司屋さんに、住みこみで就職したんですね。で、そこではですね、米をしこんで、釜にかけて、で、できあがれば下ろして、それであの、大きな、樽みたいなものがあるんですね、そのなかに入れちゃって、そのなかにミリンと、砂糖少々と入れてですね、シャリというんですけどね、そのタネつけをやるわけですよ。

そのときはもうぜんぜん、隠していましたからね。僕が被爆者だ、ということは。ただあの、病気しがちだっていうことはいってましたけど。あの、おやじさんも、それからその、板前さんですか？　板前さんも親切だったんですよ。だけども結局、ガスのね、ガスの臭いところで仕事するもんだから、鼻血出したんですね。鼻血を。それからお店の人がびっくりしちゃったんですね、アンタ、なんの病気があるの、っていわれてですね。

それであの、あそこのあの、浅草寺病院というところにいったら、も、早く入院したほうがいい、ということをいわれちゃってですね。で、四ヵ月ですか、四ヵ月くらい入院したんですね。そして退院したんですよ。

そのときね、あの、アンタね、アンタのいまの状態では仕事はできないよ、といわれたんですけどね、もういちど、お寿司屋さんにいってみたんですよ。ところがもう、自分がいったときには人がきてましてね、だから止めざるを得なくなって、それからあの、簡易旅館に入ったんですよ。で、それがたった五千円だったと思うんですよ。残り金がですね。」

そのとき、簡易宿泊所で知りあった人から教えられて受診したのが民医連の診療所でした。診療所の世話で東京厚生生活相談所、一時保護所などを転々としたあげく、目黒区の社会福祉法人愛隣会に入居、生活保護を受けるようになりました。そうして東京都内のあちこちの病院に通院したのが吉野さんのそれからの三年間でした。

一九六六(昭和四一)年から四年間、民医連の代々木病院に入院、六九(昭和四四)年一一月、被爆者医療法にもとづく厚生大臣の医療認定を受け、いわゆる「認定被爆者」となりました。

――吉野さんはそれから、吉野さんが原水爆禁止運動や、社会・政治運動への関心を深め、積極的に行動するようになった、経過を語りました。

吉野さんは分裂した三つの原水禁団体に、運動のすすめ方と、被爆者援護法制定についての自分の意見を記した手紙を送ったり、原子力潜水艦の横須賀寄港に反対する行動に参加したりしました。また東京の被爆者組織である「東友会」とのつながりも深めました。

その過程で日本原水協にたいする親しみと支持の気持を強め、運動が分裂していったことには深い悲しみを感じました。

吉野さんが日本共産党の熱心な支持者になっているらしいことも、私にはわかりました。

一年前に代々木病院を退院して、このアパートの三畳間に移り、生活保護を受けながら、自炊し、通院し、闘病し、活動し、好きな音楽を経済的に許される限りで鑑賞するのが、吉野さんの現状でした。

私はその吉野さんの現在を、すこしたちいってききました。

現在身長は一メートル五一センチ、体重は四〇キログラムであること。

病名は原子爆弾後障害による無気力症候群、自律神経失調症、再生不良性貧血によるアレルギー疾患、出血性素因、副腎皮質機能障害、慢性肝機能障害など、数えると二四にもなり、八〇種類の薬を飲んでいること。

生活保護費は冬のあいだの加算を入れて二万四、四二五円で、これから六、〇〇〇円の部屋代を払うこと。お金がないためにいちばん残念なのは、好きな音楽をききにいったり、歌舞伎をみにいったりできないこと。一時入っていた労音も止めてしまったこと。最近ではイ・ムジチ室内合奏団と第九交響楽団をききにいったくらいで、そのために必死の思いで一、〇〇〇円ずつ貯金したこと。

そのために、来客があったときいがい、電気炬燵はできるだけつけないようにして、電気代を節約していること。医師から必ず摂るように指示されている、にわとりの肝とか、肉とか、牛乳を、充分に食べられないでいること。

認定を受けている吉野さんの場合、通院のための都営交通機関の無料乗車券と、特別手当、医療手当が支給される、しかしその手当にはできるだけ手をつけずに貯金し、生活を再建する日にそなえていること。

吉野さんはそれらのことを語りました。

吉野さんのアパートを訪れた、この三日目がどんな天気の日だったのか、私にはいまはっきりした記憶がありません。二日目のように、晴れた、暖かい日ではなく、たぶん冷たい、寒い、どんよりと曇った年の瀬だったような気がします。

私たちの問答も、とうとう終りにたどりつきました。小さな電気炬燵をあいだに、向かいあって背中を丸めている、吉野さんと私と、ふたりのあいだには、三日がかりの作業をとうとうやり終えたという、ほっとした空気が流れました。

私はさいごにききました。

「月並みな質問ですけど、吉野さんの現在の生き甲斐はなんでしょうか？　これから生きていくうえで、どんな希望を持っていますか？」

吉野さんは答えました。

「ま、将来にたいする希望といったら、社会を変革する以外にないですねぇ。これのひとことにつきる、と思っていますよ。それ以外に、ちょっと考えられないですねぇ。いまのままの状態だったら、私たちはもう、全部亡びちゃうんじゃないかと思うんですよ。だんだんと被爆者は高齢化していますからね。

僕も三七歳になりますからね、一月で。

生き甲斐といったら、それこそ社会を、政治をですね、変革するということになるんじゃないですかねぇ。そのひとことだけで、いいきれるんじゃないかと思うんですよ。

まあ大きな、大きな希望といったら変かもしれませんけどねぇ、小さな希望かもしれませんけど、それ以外には、なにもないですよねぇ。」

「吉野さんが社会の変革を生き甲斐と感じることと、吉野さんが被爆して、これまで二六年、原爆のために苦しんでこられたこととの関係、それをご自分ではどう感じておられますか?」

「それをいわれるとちょっと困っちゃうんですけどね。困っちゃうというのはですね、あまり、そういうことには、僕自身もですねぇ、まだまだ、自分でふっきれるような状態じゃないですからね……。

ですからあのう、なんといったらいいですかね……まあ、その、なんのためにね、自分が被爆しなければならなかったんだろうか、っていうこと、これはあの二六年間、とくに思い続けてきたことのひとつですけどね。

いまの、現実の生活も、やっぱり被爆後から端を発してますからね。もし被爆さえ、八月の八さえなかったら、おそらくですね、僕はあの、まだね、家族とともに、いっしょに暮らすことができただろうし、こんな惨めな生活にもならなくてよかっただろうと思うんですね。

将来に託せる希望といったら、いまいったように、社会を変革するということと、それからもうひとつは、自分がですね、もういちど社会に出て、ほんとうにあの、人間らしい生活ができるということですね。

というのはですねぇ、僕ですね、最近ですねぇ、この押入れのなかにクモの巣ができていたんですね。小さなクモなんですよ。

で、小さなクモの巣のところをちょっと手で触れて、網をひっかいたんですね。そしたらそれをですね、そのちっちゃいクモですらですね、編みはじめるんですね。一生懸命ですね。これをみてですねぇ、クモの巣がですね、クモが編んでゆくようなあの自力ですね、なんで僕が、それができないんだろう、そう思ったですね。ほんとうにそう思ったんですよ。

ほんとうにオレは、いままで人間らしい生活をやってきたんだろうか、そう思いましたですねぇ。」

「原子爆弾の効果」——私の被爆者論

吉野さんの、この長い身の上話を読んでくださったあなたは、どのような感想をもたれたでしょうか。

私の感想はきわめて矛盾に満ちたものでした。

私はまずなにより、吉野さんのこの物語に、深い感銘を受けました。

そしてそれまで判らなかった、原子爆弾と人間との関係の本質、つまり被爆者というものの正体が、うっすらと判りました。

吉野さんが「生き甲斐は社会を変革することだ」といいはなった瞬間、これこそが、言葉の正しい意味での「原子爆弾の効果《イフェクツオフアトミックボムス》」だ、と直感しました。

吉野さんの話をきいて判ったことを骨組みとして、私は、自分なりの被爆者論をやがてかたち作りました。

もう、これからどれだけ被爆者を訪ね歩いても、これ以上の話にあうことはないだろう。そのような話がもしあるとすれば、それは広島や長崎にではなく、東北の深い雪のなかか、沖縄のきびしい炎暑の下にあるだろう。そう、私は思いました。

かたわらで私は、この話はほんとうだろうか、と思いました。

その傍証がほしいと思いました。

この録音テープは、結局のところ、だれにもきいてもらうことのできない、「幻のテープ」になるのではないか、という気がしました。

話をききおわった直後に感じた、この矛盾した感想のすべてが、いま思うと、けっして的をはずれたものではなかったような気がするのです。

1

私はまず、吉野さんの話に深い感銘をうけました。

第一にこの話が、鮮やかな情景《シーン》に満ちていることに感じ入りました。

第二に吉野さんの話のなかの最も印象的な登場人物である、「姉さん」の生と死に、心からうたれました。

第三にこの話の内容全体に――つまり、原子爆弾から、人間らしく生き、人間らしく死んでゆくために必要な条件を徹底的にうばわれた人間が、人間らしく生きぬくための営みのあげくとして、最も徹底的に原子爆弾を否定し返す、その高みにたどりついているという、吉野さんの半生そのものに、最大の感動を感じました。

被爆者をたずねてそのお話をうかがい、録音に収録する、この作業にとって、技術的にはふたつのことが、大切な目標になります。

その第一は、人間の感情、人のこころを、「声」のなかにとらえる、ということです。いいかえれば、深く「感情をこめて」話してもらう、私たちの側からすれば、深く「感情のこもった」話をひきだすということです。

原子爆弾を受けた人間の驚き、怖れ、悲しみ、苦しみ、怒り。原子爆弾がもたらしたものを否定し返し克服する、その過程で示される喜びやほこらしさややさしさや――この、人のこころを伝えることをつうじて、被爆の事実を伝える数字も品物も科学的データも、その生命を回復し、いっそう深く、人々に「被爆の実相」を伝えうるのだと思います。

人間のこころを伝え、感情を伝え、それをつうじて「被爆の実相」を伝えるという目的にとって、「声」「ものがたり」「録音」というこの方法は、ゆくゆく、独自の働きと可能性を持つことができるのではないか、というのが、最初にも記しましたが、一〇年間、被爆地のラジオ記者であった私の胸にめばえた予感でした。

目標の第二は、その被爆体験、被爆者体験を、「情景《シーン》として」話してもらう、私たちの側からすれば「情景《シーン》として」語られるように話をひきだすということです。「具体的に」「リアルに」「目に浮かぶように」話してもらう、といいかえたほうが、判りやすいでしょうか。

被爆直後の惨状、そのごの被爆者の苦労、それはばく然とは、誰でも知っていることでしょう。被爆者が衣食住の方法を失い、健康を奪われ、生活してゆくために必要な数々の条件を奪われ、苦労を重ねてきた、らしい、きた、そうだ。これは観念としては、いまでは多くの人々に知られていることでしょう。

しかしその苦難の歴史が、どのように具体的につづられてきたか、目にみえるようにアリアリと語られることによって、はじめて被爆者の体験は私たちの体験になりうるのです。被爆者の人生が、私たちの人生として感じられるのです。

こういう、身の上話の魅力は、ひとつは意外性の魅力、もうひとつは情景《シーン》の魅力だ。作業をつうじて、私に判ってきたことのひとつです。

「感情をこめて」「情景《シーン》として」話してもらう、という、この作業の目標にとって、吉野さんの話はそのどちらにおいても成功しました。あとのほうの目標においてとくにそうでした。

ただし被爆以前の生活や、直接の被爆体験そのものについては、吉野さんの話はけっして「第一級」のものとはいえません。この部分についての吉野さんの記憶は多少混乱しているように私には感じられました。ほかの人々の話をぬきんでている、具体性をもっているとも思えません。

被爆以前の生活や、直接の被爆体験については、吉野さんの話を大きくこえた、豊かな、なまなましい感情と情景《シーン》に満ちた録音を、私たちの作業は数多くもっています。

吉野さんの話が最も具体的な情景に満ちているのは、いうまでもなく、その一五年の入院生活についての部分です。

変化に乏しい病院での生活を、年月をおって具体的に語りつづっていくことは難しいことのように考えられますが、吉野さんの話はそうではありませんでした。

ただひとり生き残って敗戦の日救護病院にかけつけてきた「姉さん」が、吉野さんの枕元におかれた両親の遺骨箱にしがみついて泣いたシーン。

吉野さんには白いごはんを食べさせ、自分は芋を食べていた「姉さん」。

砂糖を買ってこい、ミカンを買ってこいという吉野さんの無理難題に、廊下で泣いていた「姉さん」。

窓の外の風景をみたくないといって、病室の窓にカーテンをつけさせながら、こっそり、外をのぞいて「姉さん」にみつかり笑われた吉野さん。

お土産のお菓子を目の前にぶらさげて、犬や猫をじゃらすように吉野さんをじゃらした「姉さん」。ベッドに寝たまま、それにとびつこうとする吉野さん。

「姉さん」の具合が悪くなって、同じベッドに背中あわせに寝かされ、何ヵ月ものあいだ、ひとことも口をきかなかった思春期の姉弟。

見舞いの中学生が持ってきた果物を、自分でもよく説明できない気持から放りだしてしまった吉野さん。そのとき、床にころがった果物や、枕元にとりだされた一匹の折鶴のイメージが、私にはくっきりと浮かんできます。

そして死の床にあって、しきりに吉野さんの名前を呼んでいる「姉さん」と、そのかたわらに運ばれていった吉野さんが、手を伸ばして、「姉さん」に触れようとする、印象的なシーン。

それからまた、東大病院の病室のベッドから、ふとんをかかえてはころげ落ち、床を這う練習をする吉野さん。

三人の看護婦に前後を支えられながら、歩行器にとりすがり、汗びっしょりになってはじめて五メートルを歩いた吉野さん。

一五年の吉野さんの入院生活の物語は、数々の豊かなイメージを私にあたえてくれます。

その溢れでる感情とくっきりした情景《シーン》によって、被爆者の体験は私たちの心に焼きつくものとなる、私たちに被爆とはなにかを伝えるのです。

さいごに、吉野さんが問わず語りに語ったクモの巣の話は、私を驚かせました。

木賃アパートの三畳間の片隅で、破れた巣を一心につくろっている一匹の小さなクモ。そのクモの営みをみつめて、人間らしく生きぬこうという思いを、もういちど自分自身にたしかめている吉野さん。

それは二六年間にわたる吉野さんと原子爆弾との闘いの物語をしめくくるのに、もっともふさわしいシーンであるように私は感じました。

その夕方、雨あがりの雲間からやわらかい日光が部屋のなかにさしこみ、吉野さんの顔とクモの巣を浮かびあがらせ、軒先からトタン屋根のひさしに、雨だれがぽつんぽつんと落ちている――。そんなイメージが、私の胸のなかにアリアリと浮かんできました。

もし吉野さんの話を私が録音構成として作品化するとすれば、それがどのような部分で語られたものであっても、私はこのクモの巣の話を、番組のいちばん最後に配置するでしょう。いや、だれが作品を作ってもそうなるのではないでしょうか。

この話をさいごに置いて、テーマ音楽を導入していけば、もう、どのような説明も必要ないでしょう。そのような話を、吉野さんが実際の録音のちゃんといちばん最後にしたことは、私を驚かせずにはいませんでした。

ところで、それから八ヵ月ほどたったのち、私はひとりの小説を書く女性の訪問を受けました。前の年、ある文芸雑誌の文学賞を受賞した長崎出身の被爆者で、収録したテープをきかせてほしいというのが、その人の依頼でした。

私は吉野さんを含む、長崎の被爆者一〇人を選んで手紙を書き、同意をいただいた何人かの録音をきいてもらいました。

「小説を書くのがいやになった。」

録音をきいて、その人はこういいました。この言葉は、大部分は、私に対するお世辞、外交辞令だったのでしょう。しかし少なくともその一部分には、たしかなイメージをともなって語られた事実の迫真力にたいする、小説を書く人、いわば作り話を書く人の、率直な嘆声がこめられていたでしょう。

2

吉野さんの話のなかで、最も印象的な登場人物はいうまでもなく、昭和二八年に亡くなった吉野さんの「姉さん」です。

吉野さんの話のなかで、というより、被爆者に私がうかがった話のなかに登場してくる、数千人以上の人々のなかで、私にとって最も印象的な人物はこの「姉さん」です。

一〇代のはじめ、原子爆弾によって両親、兄、姉と家・財産のいっさいをなくし、ただひとり生き残った病弱できききわけのない弟の養育と看病に一身をなげうち、ついに自分も白血病におかされ孤独のうちに死んだ「姉さん」。この少女くらい、無名戦士という称号にふさわしい存在はないのではないか、私はそう思いました。

私は「姉さん」の話をきいて森鷗外の「山椒大夫」に描かれた、安寿姫を連想しました。

姉弟ながら怖ろしい人買にとらえられた安寿は、柴刈の途中弟を逃げさせます。

「泉の湧く所へ来た。姉は樏子《かれひけ》に添へてある木の椀《まり》を出して、清水を汲んだ。『これがお前の門出を祝ふお酒だよ。』から云って一口飲んで弟に差した。弟は椀を飲み干した。『そんなら姉えさん、御機嫌好う。きっと人に見附からずに、中山まで参ります。』

厨子王は十歩ばかり残っていた坂道を、一走りに駆け降りて、沼に沿うて街道に出た。そして大雲川の岸を上手へ向かって急ぐのである。

安寿は泉の畔に立って、並木の松に隠れては又現れる後影を小さくなるまで見送った。そして日は漸く午に近づくのに、山に登らうともしない。幸にけふは此方角の山で木を樵《こ》る人がないと見えて、坂道に立って時を過す安寿を見咎めるものもなかった。

後に同胞《はらから》を捜しに出た、山椒大夫一家の討手が、此坂の下の沼の端で、小さな藁履《わらぐつ》を一足拾った。それは安寿の履であった。」

鷗外の筆はこう、その入水を暗示するだけですが、自らの生命をなげうって、弟を逃がし、生き永らえさせた一五歳の安寿の気高い自己犠牲の心が、私たちにはそくそくと伝わってきます。

のちに厨子王が盲《めしい》となったお母さんとめぐりあうのは、だれでも知っている、この物語の結末です。「姉さん」の生命によって生き永らえてきた吉野さんは、なににめぐりあうことができるでしょう。そのなかで「姉さん」の生命はどのようによみがえることができるでしょう。それはきっと、吉野さんと「姉さん」だけの問題ではないでしょう。

吉野さんが私の残酷な質問に答えて、歯をくいしばり、涙をこらえながら語ったように、「姉さん」は亡くなって、もう、どこにもいません。なにをどうしても、原子爆弾によって殺された「姉さん」の生命をつぐなうことは、もうできません。

しかし吉野さんは生き残りました。

そして私に、「姉さん」の生涯を語りました。

こうして、吉野さんの胸のなかに生き続けてきた「姉さん」は、私の胸のなかに、ポツリと、その生命の炎をよみがえらせました。

自分の胸のなかに、一本のロウソクの灯のように、ほそぼそとともった、この「姉さん」の生命を、数多くの人々の胸のなかに燃え移らせることはできないだろうか。

この録音をたくさんの人々にきいてもらうことによって、二〇年近くもまえ、だれにも気づかれず、しかし自分に課せられた任務を力いっぱい果たし、生命のかぎり原子爆弾を否定し返して死んだ、ひとりの若い女性の生命を、いく百千の人々の胸のなかによみがえらせることはできないでしょうか？

子供の頃に読んだ「青い鳥」に、チルチルとミチルが「青い鳥」をもとめ、死んだ人たちが住んでいる国をたずねる場があります。

死んだ人たち、兄妹の祖父母も弟たちも老犬も、死後の国でこんこんと眠りつづけています。

ただ、生きている人々が、その死んだ人たちを思い出すときだけ、死んだ人たちは眠りからさめ、大きく背伸びをして、活き活きと活動しだすのだ——と、お祖父さんは兄妹にそう教えます。ふたりが、こわれて捨てた柱時計を思い出したとたん、その時計はコチコチと時を刻みはじめるのです。キリスト教の国であるヨーロッパにもこんな考え方があるのでしょうか。それともこれはメーテルリンクの創作なのでしょうか。私には判りません。が、この場面は、死んだ人たちと、生きている者たちとの関係を美しくのべたシーンとして、私の胸にやきついています。

「姉さん」の話をたくさんの人々にきいてもらい、孤独のうちに逝ったその人のことを知ってもらうことによって、「姉さん」の生命はきっとよみがえるだろう。「姉さん」の生命を原子爆弾からとりかえせるだろう。そのとき長く長く、「死の国」で忘れられ、眠り続けてきた「姉さん」は、きっと大きく伸びをしてめざめ、活き活きと動きだすだろう。

私はそう思いました。

一九四五(昭和二〇)年八月、長崎に原子爆弾が投下されたときの、自分と吉野さんとの境遇が、たいへんよく似ていることを、私は考えずにはいられませんでした。

吉野さんは一九三五(昭和一〇)年、七人兄姉の末子として生まれ、そのとき、長崎市の城山町、つまり長崎の市街地を大きくふたつに分ける金比羅山の西側に住んでいました。

一九三六(昭和一一)年、八人兄姉の末子として生まれた私は、そのとき、長崎市の上西山町、つまり金比羅山の東側に住んでいました。

長崎への原子爆弾投下をめぐる数々の偶然は、よく知られています。

二発目の原子爆弾を投下するためテニアン島を発進したB29「ボックス・カー」は、さいしょから僚機一機とはぐれるという失敗をしたあげく、第一の目的地・小倉の上空に飛来しました。

しかしそのまえに行なわれた通常の爆撃による火災の煙にさえぎられて、投下の目標を見つけることができませんでした。三回も投下の姿勢をくり返し、弾倉のハッチを開きながら、原爆投下のスイッチを押すことができなかったのです。

そしてガソリンを減らして第二の目的地である長崎の上空にやってきて、長崎の空をおおっていた雲の裂け目を、浦上の上空、つまり金比羅山の西側にみつけだし、大急ぎで原子爆弾を投下して去りました。

テニアンに帰るのにはガソリンが足りなくなって、沖縄へ帰投したのです。

原子爆弾を抱いたまま着陸することはたいへん危険だったし、搭乗員のひとりの言葉によれば、「原爆を落とさないで持って帰ったり、海に落としたりするのは馬鹿げているため」長崎に投下されたらしいのです。

こうして、長崎で被爆したすべての人々にとっての惨劇がはじまりました。

もしこの飛行機が長崎の上空に飛んできたとき、雲の裂け目が金比羅山の西側ではなく、東側にできていたとすれば、現在の吉野さんの境遇は、私の運命そのものとなったでしょう。

そのとき、田舎に疎開していた私は、直接の被爆者とはならなかったでしょうが、私の家族は全滅状態となり、私は入市被爆者（被爆後二週間以内に爆心から一定距離内に入り、放射能をあびた被爆者）となったでしょう。私の疎開がもうちょっと遅れていれば私はおそらく死に、かりに生き残ることができても、現在の吉野さんとは遠くない半生を送ることになったでしょう。

そのかわり吉野さんの家族はおそらく生き残り、吉野さんは私が得たていどの健康や、教育を受け、就職し、自立するための機会にめぐりあうことができたでしょう。

吉野さんが現在の私のようにはならず、私が現在の吉野さんのようにはならなかった、その運命の岐路を分けたものがまったく指先ひとつの偶然であることを考えれば考えるほど、吉野さんの現状を、私は他人事とは考えることができませんでした。

被爆後一三年目に、私の父は爆心地から五〇〇メートルほどの距離にある山里町の一角に土地を買って、老後を送るための小さな家を建てました。翌年父は亡くなりました。私はその次の年から、その家に母と住んで、社会人としての最初の一〇年間を送りました。

私の家の土地の下にも、被爆して亡くなった人々の白骨が埋もれているにちがいありません。家の起工のときに行なわれた地鎮祭では、この土地の下に埋もれているにちがいない、被爆死者たちの霊を鎮めるための神事が特別に行なわれたのです。

被爆者の「声」の収録作業を私は最初、長崎の放送局の仕事としてはじめました。収録した録音の一部の放送がはじまったのは、一九六八(昭和四三)年一一月五日、私の三二歳の誕生日でした。この作業を半年間担当して、私は佐世保支局に転勤しました。翌年、退職しました。

この作業をはじめるようになるうえで、自分が爆心地から五〇〇メートルほどの土地の上で、いわば被爆死者たちの白骨の上で寝起きして、自分の社会人としての最初の一〇年間を送ったことが、決定的な理由のひとつであるように私には感じられます。

いまではすこし思いこみすぎだったように感じるのですが、吉野さんの話にめぐりあったとき、私は自分が吉野さんひとりにあうために、長崎を去って、東京に出てきたような気持がしました。私の家の土地の下に眠っているだれかが私を呼んで、吉野さんにひきあわせたように感じたのです。吉野さんに、姉に作ってもらった食べ物を食べてもらいたかった、私の気持がお判りいただけるでしょうか。

3

吉野さんの話に私がひきこまれた、三番目の、そして最も大きな理由は、吉野さんによって語られた被爆後二六年間の苦難に満ちたその半生が、原子爆弾と人間との関係を、私にはじめてうっすらと教えたからでした。被爆者とはどういう人たちかということも、はじめてうっすらと、私には判りました。吉野さんの話をきいて判ったことを骨組みとして、私は自分なりの被爆者論を形作っていきました。

吉野さんにあう三年前、長崎で被爆者の話の収録をはじめたころ、私は被爆者を、原爆被害者としてだけしか、理解することができませんでした。被爆者は戦後二〇年余というその時期に残っている、最後の、そして最大の「戦跡」なのだ、というふうに考えていました。

吉野さんにあって、原子爆弾と人間との関係がそれだけでないことを感じました。

吉野さんが原子爆弾からどのような被害を受けたか、それは明らかでしょう。

吉野さんは原子爆弾によって、人間らしく生きていくために必要な条件をほとんど全部奪われました。

私たちが人間らしく生き死にするために必要な条件を、ひとつひとつ、指折り数えてみると、吉野さんがそのひとつひとつを、原子爆弾によって奪いとられていることに改めて驚かされます。

吉野さんは自分を育ててくれるはずの家族と家庭を奪われ、家族の愛情を奪われ、住む家、着る物、生活に必要な物質的な条件の全部を奪われました。健康をぎりぎりの限度まで奪われ、教育を受ける機会を奪われ、就職し、自立し、自分自身の家族を生みだしてゆく機会を奪われました。幼な友だちを奪われ、故郷を奪われました。

生き残ったただひとりの肉親であった姉もまた、八年後に、原子爆弾によって殺されました。就職し、自立しようとしたそのたびに、被爆の後遺がそれをはばみました。

三〇代の半ばをすぎてひとり大都会の片隅で、三畳間を借り、生活保護を受け通院しているという現在の吉野さんの境遇そのものが、原子爆弾がどのように人間から、人間らしく生き死にするために必要な条件を奪うか、人間の人間らしさを否定しつくすかということを、あますところなく証明しているといってよいでしょう。

しかし原子爆弾が吉野さんから奪うことができなかったもの、否定しつくせなかったものがひとつだけあります。

それはいうまでもなく、吉野さんの生命です。人間らしく生きてゆこうとする、生命の力といったらよいでしょうか。

この生命の力、吉野さん自身にも説明できない内面の衝動によって、吉野さんは生き、学び、ベッドから立ちあがり、社会に出ていったのです。そうして働き、住む所、着る物、食べる物を奪い返し、友だちを奪い返し、音楽鑑賞のなかに精神的な歓びを奪い返し、とにかくひとりで寝起きできるだけの健康を奪い返しました。原水爆禁止運動や被爆者運動に参加することをつうじて、社会との結びつきを奪い返しました。

吉野さんのこのあゆみのために、「姉さん」の献身はもちろん、医師、看護婦をはじめとする、さまざまの人々とその組織、戦後の日本のいろいろな制度の助力が必要であったことはいうまでもないでしょう。しかし、一粒の種子が芽ぶき成長してゆくその力が、日光や水分、養分という条件に助けられながらも、本来その種子そのものに内在しているように、人間らしい生活をすこしでも回復させたその力が、根本的には、吉野さん自身に内在した生命の力だったと考えることに、同意しない人はいないでしょう。

「一九四五年八月六日　九日　広島と長崎の空に天を裂く閃光がはしった　数十万人の生命は地上から消えた

生き残った被爆者は放射能の病苦と貧困と差別と政治の無視に耐え　ひたすらに戦後の日本

を生きた
その日の記憶をいずみのように鮮烈に抱き　再び核戦争のおきぬことを願い　その苦難がやがて大地にめぶく一粒の麦たらんことを信じて」

これは東京都に住んでいる被爆者たちが、北品川にある万松院東海禅寺の境内の一角に建てた「原爆犠牲者慰霊碑」の碑文です。

まことに吉野さんは、原子野にぽつんと残された、焼け残りの一粒の種子のような存在でした。吉野さんが語った被爆後の二六年は、原子爆弾が吉野さんから人間らしく生き死にするために必要な条件を奪いとっていく過程であったと同時に、吉野さんが人間らしく生き死にしていくために必要な条件を奪い返していく過程、自分の人間らしさをとり返していく過程、そのことをつうじて原子爆弾を否定し返していく過程でした。

いや、こう理解するほうが正確でしょう。

原子爆弾が吉野さんから、人間らしく生き死にするために必要な条件を根本から奪うものだった、そのゆえに、吉野さんがその後も生き続け、人間らしく生き続け、自分の人間らしさを回復しようと努めたその営みのひとつひとつは、抜きさしならず、原子爆弾を否定し返す性質を持つほかなかったのだ、と。

その営みの二六年目の到達点として、私は「生き甲斐は社会を変革することだ」という言葉をきいたのです。

この言葉をきいた瞬間、私はこれが、言葉の正しい意味での「原子爆弾の効果」(effects of atomic bombs)だ、と直感しました。私たちにとって本当の意味で「原子爆弾の効果」とは、被爆者にこのような言葉をいわせたこと、いや、このような意志を持たせたことだ、と直感したのです。

原子爆弾を投下した人たちは、そのごの広島や長崎のようすを調べてまとめた文書やフィルムに"effects of atomic bombs"というタイトルをつけました。effectsという言葉には「影響」という意味もあるようです。しかしどの辞書を開いても、最初に書いてあるのは「効果」という言葉です。事実、このタイトルが日本語に訳されるときは、いつも「原子爆弾の効果」という言葉に訳されています。

いったい、「原子爆弾の効果」という言葉は、被爆者を肉親にもち、被爆地で育った私には世にもふしぎな言葉です。

どれだけの広さの範囲の構造物を、どのように破壊することができたか、どれだけの数の人間を殺し、傷つけることができたか、それが「原子爆弾の効果」だ、というのです。この言葉は、ちょうど「駆虫剤の効果」とでもいう言葉と同じような意味で使われているように、私には感じられます。

しかし「原子爆弾の効果」とは、落とされた人間たちにとってはどのようなものだったでしょうか。ここでくわしくはのべませんが、被爆者のすべてが語ってやまない地獄、これが「原子爆弾の効果」だったはずです。

火の中で泣き叫ぶ我が子を残し、逃げなければならなかったお母さんのそのごの歳月を、永く苦しめてきたようなこと。広島や長崎のひとり暮らしのおばあさんが、いまも死んだ息子を恋しがって泣いているようなこと。出産のたびに、被爆者につながるだれかれが、不安に胸をしめつけられるようなこと。とても数えあげることはできない膨大な人間の苦痛、悲しみ、苦悩の集積が、「原子爆弾の効果」だったはずです。

その点で原子爆弾はたしかに「効果的」effectiveでした。しかし原子爆弾を投下された者、私たちにとって、ほんとうの意味で「原子爆弾の効果」とは、被爆者の、私たちの、被爆の結果と闘う、原子爆弾再投下の試みと闘う、その意志と営みを生みだしたこと、ここに吉野さんに、原子爆弾を否定する究極の結論として、社会変革の意志をもたらしたこと、そのようなことではないでしょうか。

最も根本的に自分の人間らしさを原子爆弾によって否定された吉野さんは、自分の人間らしさを最も根本的にとり返し、原子爆弾を否定し返すことの結論を、社会の変革にみいだすほかなかったと思うのです。

この因と果とのあいだには、ひとすじの必然が貫いてはいないでしょうか。

このような吉野さんを、「被爆者の典型」という言葉で呼ぶとすれば、それは吉野さんが生きてきた年月の重みにたいして、ふさわしいとはいえないでしょう。吉野さんのような人は、人間を否定しつくそうとする原子爆弾と、原子爆弾を否定し返して生きる人間、この原子爆弾と人間との関係の極限を生き抜いている人、と呼ばなければならないのではないでしょうか。

原子爆弾と吉野さんとのこの関係を、原子爆弾＝加害、吉野さん＝被害者、という図式だけでとらえきれないことは明らかでしょう。私は吉野さんの話をきき終ったとき、もう、これから先どれだけの数の被爆者にあっても、これ以上の話にめぐりあうことはないのではないか、と感じました。豊かな感情、躍動する言葉、意外性とクッキリした情景《シーン》に満ちた話には、これからまたいくらでもめぐりあうことができるでしょう。

しかし吉野さんより多く、原子爆弾から奪われることはまずない以上、吉野さんより多く、原子爆弾から奪い返すことはありえない以上、その話の本質において、吉野さんの話を超えるものはないだろう、そう感じたのです。そしてもしあるとすれば、そのような話は広島や長崎にではなく、人間がもっともきびしく人間であることを試されるような環境、たとえていえば東北の雪深い農村とか、沖縄の炎熱の下の基地の片隅とかにあるだろう、そう予感しました。

これもまた私の思いこみすぎでしょうか。しかしこの予感も、吉野さんの話をきき終ったときに私が感じた、他の予感とおなじように、それほど見当のちがっていたものではありませんでした。

――ところで、吉野さんの話をきくことによって私に判ってきた吉野さんと原子爆弾との関係、これを人間と原子爆弾との関係に一般化して考えると、どうなるでしょうか。

ここでもいちばん判りやすい関係は、原子爆弾、その使用が、人間のなかの人間らしさを徹底的に否定する、人間を徹底的に否定するという関係でしょう。

原子爆弾は人間を虐殺しました。
ただ殺したのではなく、まったく人間らしくない状態をともなって殺しました。このことについて、殺された人々の肉親、友人たちの、目撃にもとづく数限りない証言を私たちはもっています。
原子爆弾の使用はまた、生き残った人々が、そのご人間らしく生き、死んでゆくために必要な条件を、あらゆるかたちで奪ったり傷つけたりしました。このことについても、当事者自身による限りない数の証言を私たちはもっています。原子爆弾がもたらした被害の総体は学者によってまとめられ、分析され、それぞれの被害の関係を示す精密な相関図が作られています。

原子爆弾投下の結果がこのように人間を否定するものである以上、被爆した人間がそのごも生きつづけ、人間らしく生きつづけ、自分の人間らしさを回復しようとする営みは、ぬきさしならず、原子爆弾投下の意図を否定し返すという性質をもつほかないでしょう。

被爆者はまず生きつづけることによって、原子爆弾投下の、自分にたいする殺害の意図を否定し返して生きています。原子爆弾の使用が、その後遺によって被爆した人間たちの健康と生存をおびやかすものである以上、被爆者の病いとの闘い、健康になろうとする努力、被爆者の心臓の鼓動、呼吸の一つ一つが、原子爆弾を否定し返す営みとしての意味を帯びるほかありません。

そのように、被爆者は生きています。

この営みの根源は、人間ひとりひとりがその内側に持っている、生きたい、健康に生きたい、他の人々との人間らしいつながりのなかで、食べ、着、住み、愛し、産み、育て、物質的に、精神的に、限りなく向上したいと願う、生命の力、生命の欲求にほかならないでしょう。

原水爆を廃絶させようとする被爆者の意志は、自分たちの人間らしさを回復しようとする、被爆者の営みの到達点としてあります。

それは原子爆弾の使用が奪うことができなかった、被爆者の生命の力の、必然的な帰結でしょう。自分たちの体験が、同じ体験を人々にさせないうえで役立った、ということをつうじて、被爆者はその人間らしくない体験が、人間世界のなかで意味を回復し、自分たちの人間らしさがすこしでも回復された、と感じることができるでしょう。

被爆体験を語り、伝えるという被爆者の営みは、そのことをつうじて、まったく人間らしくない自分たちの体験の意味を、人間世界のなかにとり返し、自分たちの人間らしさをとり返そうとする意志のあらわれでしょう。それは自分たちの人間らしさの回復を求めてする、被爆者の他の営みとまったく同じ、「人間を返せ」という叫びの表明にほかなりません。

私たちは被爆者という人々の存在そのものをつうじて、原子爆弾使用の結果を知り、原子爆弾が私たち自身にとって、どのようなものであるかを知っています。

かりに原子爆弾が、広島・長崎への使用に先だってある人々によって提言されたように、その威力を示威するため、洋上や無人島に投下されただけだったら、私たちは原子爆弾の使用が私たちにもたらすところのことを、うすうす想像することはできたとしても、現在のようにくわしく、なまなましく知ることはできなかったでしょう。それが大きな破壊力を持つ爆弾だということは知ることができても、それが私たちや私たちの最愛の者に、どのような死と生をもたらすかを、現在のように具体的に知ることはなかったでしょう。科学的には厳密で正確なデータと数字を、想像力でどのように補いつづりあわせたとしても、被爆者の実際の体験、そのコトバが伝えるようなことを感じとることは、けっしてできないでしょう。

私たちは被爆者のなきがら、その苦悩、その苦痛をつうじてだけ、はじめて、原子爆弾使用の私たち自身にたいする意味を、具体的に認識することができています。そのことの結果、私たち自身の生命の力もまた、全身の力で、原子爆弾を否定しないわけにはいきません。なぜなら私たちは石ころではなく人間であり、人間らしく生きつづけようとするかぎりは、原子爆弾をなくさないわけにはいかないのですから。原子爆弾にたいする私たちの認識も、態度の決定も、その強さも、私たちはすべてを、実際の被爆者の存在に負うています。

広島・長崎への原子爆弾投下が、原子爆弾を将来くり返して使うことを前提としたうえでの、実験的性格を持っていたことが指摘されています。

広島・長崎への原子爆弾投下は、軍事的には不必要になっていた時期に行なわれたといわれています。予想されるソ連とのきびしい対立のなかで、第二次大戦の戦後処理が有利に行なえるように、社会主義陣営や民族解放勢力にたいして威圧を加える目的をこめて、それは投下されたといわれています。

同時にそれには、大きな費用と労力をついやして作りあげた新兵器を、日本人が降服しないうちに早く使って、その威力、効果を調べたい、次に使うときの参考になるデータを得たいという、実験としての意味があったと指摘されています。

原子爆弾投下のこの実験的性格に、私はどうしてもこだわりたいと思います。というのは、この実験がまだ終っていないからです。

原子爆弾の投下が人間に与えた惨禍がまだ進行中で、被害のデータが出つくしていない、いっそう深刻化し、凝縮化しているという点でそうだからです。しかし、それ以上に、原子爆弾を否定し返す人間の闘いという、実験をした人たちが、深くは想定しなかったかもしれない、実験のもうひとつの結果についてのデータも、まだ出つくしてはいないという点で、いっそうそうだからです。私たちはそのデータを、これから先いくらでも増やすことができるし、そのことは実験をした人たちが実験結果にたいしてくだす最終的な判定にも、影響を与えずにはおかないでしょう。

広島と長崎に原子爆弾を投下した人たちは、その結果、膨大なデータを得たことでしょう。しかし次のことも知ったでしょう。

つまり原子爆弾を投下しても、その場にいた人間、すべてを殺しつくすことはできないということ。殺しもれがでるということ。生き残った人々の口を、短い期間は沈黙させることはできても、それはいつまでも続かないということ。生き残った人々、殺された人間たちの家族、友人、知り合い、目撃者たちは、何十年経っても、殺された人たちのことを忘れず、原子爆弾投下によってひきおこされた事実を忘れず、被爆の真相を暴き続けるということ。このようなことも知ったと思います。

このデータは、新たに原子爆弾を使おうとする試みにたいして、どのような働きをするでしょうか。被爆者が生きていること。事実を語りつづけること。団結していること。償いを求めつづけること。このことは原爆再投下の衝動にたいして、どのような働きをするでしょうか。それは明らかでしょう。例えば被爆者援護法は、その試み、その意図にたいして、大きなマイナスのデータになるでしょう。ひとたび核兵器を使用すると、被爆国にいったんは損害賠償の請求権を放棄させることができても、やがてその被爆国の政府が、その時の政権の性格にかかわりなく、被爆者の最後のひとりが地上を去るまで、つまり被爆後一世紀前後のときがくるまで、場合によっては被爆者の子供の最後のひとりが地上を去るまで、この場合は一世紀半近くののちまで、その生活や健康の維持に責任を負わされることになる——、というこの先例は、原爆再使用の考えに、大きなマイナスのデータとして働くことになるでしょう。

被爆者援護法をその本質のとおりに正確に表現すると、「原子爆弾によって否定せられた被爆者の人間らしさを回復すること等に関する法律」ということになると私は思っています。同時にそれは法律の条文にその意味を明記してもしなくても、「原子爆弾再投下禁止法」という性格を持つほかないでしょう。

被爆者援護法は、私たちにとって、そのような意味を持っていると思います。

かりに原子爆弾を使う側にある人が、原爆を投下することによって得られるものと、その結果失われるものをコンピューターにでもかけて計ろうとする場合、広島・長崎への使用をめぐる実験データは、彼らにとってはなによりの参考になるでしょう。

原子爆弾再投下にたいするマイナスのデータを、私たちはこれからもまだまだ増やさなければならないし、増やすことができるでしょう。

原子爆弾とその使用の結果を否定し返す被爆者の意志と営み。私たちの意志と営み。それをこそ、「原子爆弾の効果」と呼ばなければならないでしょう。

この人間の生命の力は、永い、曲りくねった道のりのあげくではあっても、結局のところ、原子爆弾を否定しつくすことになるのではありますまいか。つまり核兵器を廃絶させることになるのではありますまいか。

そうだとすれば被爆者が語る被爆体験とは結局のところなんでしょうか。

それは原子爆弾が、人間を否定しつくすという自分自身の本質のために、人間から否定し返され、克服され、亡ぼされてゆく、その必然の因果の過程のひとつひとつだと、みることができるのではないでしょうか。けっしてその逆のものではなく。

被爆した人間、被爆者と原子爆弾との関係を、原爆＝加害、被爆者＝被害者という関係だけでみることは正確ではないでしょう。

原子爆弾を否定し返し克服してゆく人間たちの営みの先頭に立っている人々＝被爆者、否定し返され克服され亡ぼされてゆくもの＝原爆、このような関係をもっても、みなければならないでしょう。

このふたつの関係のうち、私たちにとっての主な関係、主な側面はどちらでしょうか。

自分自身の身のうえのこととしては、それほどきびしい被害を受けているわけではないが、実に永年にわたって被爆者の運動や原水爆禁止の運動に粘り強くとりくんでいる被爆者に、私はその後何十人もあってきました。比較的離れた場所で被爆した人や、入市被爆した人々のなかに、こういう被爆者が多いのです。

被爆者がただ原子爆弾被害者であるだけだとするなら、このような人々はあまり被爆者らしくない被爆者ということになるのでしょうか。これはなにかしら、違うような気がいたします。

このような人々もまた、被爆し、入市被爆し、被爆の惨禍を目撃させられたことによって、自分の人間らしさが深く傷つけられたと感じている人々であり、自分の人間らしさを回復する道が、被爆者の運動、原水爆禁止運動のなかにこそあることを知っている人々です。自身の身のうえに、形にあらわれた被害があるかないかにかかわりなく、原子爆弾を否定し返す人間の営みの先頭に立っているこのような人々をも、典型的な被爆者、と呼ばなければならないのではないでしょうか。

――被爆者が生きてきた戦後の日々は、被爆者が被爆者である自分を見つめなおし、あるいは被爆者である自分をあらためて発見し、そのような自分についての認識を一歩一歩深めていった年月でした。日本被団協のフルネームが、「日本原水爆被害者団体協議会」であるように、多くの被爆者組織が「原爆被害者の会」を名乗っているように、被爆者が知り続けてきた自分、戦後のある時期にあらためて発見させられた被爆者としての自分は、なによりもまず原爆被害者としてのそれでした。

しかしいま多くの被爆者は、たんに被害者である立場を大きく乗りこえ、自分たちが体験させられた、いまも体験させられていることの意味を深く知り、自らの体験を語り、原水爆の廃絶を叫ぶことによって、自分たちが人類史のなかで果たすことができる、特別な役割を深く認識した存在として、生き、活動しています。それを私は知るのです。

このこと自体、大いに感動的ですが、私が最も感動するのは、この人々が被爆者として行動をはじめた出発点、たとえば被爆者手帳をとったり、被爆者の会に入ったりした動機が、健康に生きたいとか、すこしでも手当がほしい、生活のたしにしたいとか、驚くように平凡な理由によったという、その平凡さにたいしてです。このような平凡な欲求をおしとどめることはできない、これを否定するものは結局のところ否定し返され、克服され、存在を続けることができない、と感じるほかないのです。

運動に参加する機会をまだ持っていなくても、生活の苦労を続けながらも、身体が弱いながらも、健康を願い、生活の向上を願い、子の幸福を願い、死んだ者を忘れえず、日々営々として働き、生きている人々の営みは、最も人間らしく生きていく道を、被爆者としての役割を歴史のなかで果たしてゆくことのなかにみつけだした人々の出発点として光り輝いています。

いったいこの輝きの第一歩は、いつ、どこで踏みだされたのでしょうか。

私の思いは、一九七〇年代から六〇年代へ、六〇年代から五〇年代へと、被爆者が歩んできた歳月を、一歩一歩、過去へ過去へとたどってゆきます。そして結局のところ、原子爆弾が炸裂した次の瞬間、怖ろしいような静寂がおとずれ、やがて晦冥《かいめい》の天地のなかで、被爆者がとりあえずは自分一身の生命を護るために逃げまどい、被爆者の全身全霊、その肉体の全細胞が、原子爆弾があたえた障害と闘いをはじめた、そのはじまりの瞬間、あの地獄絵のなかまで、たどっていくほかはありません。

たとえていえば、私は原子爆弾を否定し返し克服する被爆者の歩みがどこで始まったかを知るために、被爆者の歩みを撮したフィルムを逆まわしにして、その一歩一歩をうしろへうしろへとたどっていったのです。そして被爆者の両足がピタリと止まり、もうそれ以上は被爆者の両足がうしろへは進んでいかなくなったとき、カメラをパンアップしてみると、被爆者は頭髪をこがし、全身から焼けた皮膚とボロをたらして、立っていたのです。

人間が原子爆弾を否定した、そのはじまりのときとしての新しい光をあて、被爆者の話をきくとき、被爆者が語ってやまない地獄絵は、人間的な輝きとやさしさに満ちています。八月六日、九日の話を何百回きいてもききあきない理由がここにある、私はそう思っています。

あの地獄のなかで踏みだされた被爆者の第一歩のなかに、そのごの被爆者の苦しみに満ちた体験のなかに、被爆者としての活動の出発点の驚くような平凡さのなかに、私は人間が核兵器によって否定され、亡ぼされつくす可能性よりも、核兵器が人間によって否定され、克服されつくす可能性のほうを、(信じるのではなく)感じるのです。人類がゆくゆくは核エネルギーの恐怖の可能性を克服し、エネルギー問題の解決のうえに、未踏の社会、人間の本当の歴史時代をうちたて、そのなかから、人間でない、新しい生物、新しい生命に発展してゆく可能性を、うすうす、思うのです……。

原子爆弾と人間との関係や、被爆者が被爆を語ることの意味についての私のこのような考えが、吉野さんひとりの話をきくことによってできあがったわけではもちろんありません。そのご何年ものあいだ、何百人もの被爆者をたずね話をきいているうちに、しだいしだいにできあがっていったものです。しかし吉野さんが語ったその半生が、私のこのような考え、いわば私の被爆者論を作りあげる最初のヒントとなり、骨組みとなっていったことは間違いありません。吉野さんは私の被爆者論を組みたてるうえでの鍵となる存在でした。

感情のこもった、情景《シーン》に満ちた、声、言葉としての魅力を持った録音を収録しようとする目的は、作業のうえでは、事実を順序よく正確にききだそうとする調査としての目的とは、しばしば矛盾をあらわしました。自分のこのような方法が、被爆者の生活史をきいていくうえで適当だろうかという作業上の疑問に私はよくつきあたりました。そのようなときでさえ、吉野さんからあのような話をきくことができたという体験が、私に回答をあたえました。この方法でよいのだ、と。

吉野さんに話してもらったように話してもらおう、それが、それからの作業の目標となりました。吉野さんにあのように話してもらった経験は、私のそのごの作業の導きとなりました。

吉野さんにあった前の年、私ははじめて沖縄を旅行しました。そのとき手にいれた新屋敷幸繁さんという方の「琉球おとぎばなし」という本に、金武村《きんそん》のふしぎな少年の話がでてきます。ふつうのものは、遠くへゆけばゆくほど小さくみえるのに、この少年は遠くへゆけばゆくほど大きくなるのです。西の町へうなぎを売りにいったこの少年は、村を離れてゆけばゆくほど大きくなって、とうとう入道雲になってしまいます。夏の朝、東の空にあがる見あげるように大きな入道雲、沖縄の言葉でいうアガリタチグモは、金武村から隣の町におつかいにいった少年がなったものだそうです。——この話が妙に忘れられないのは、私にとって被爆者がちょうどこのふしぎな少年のようなもの、つまり遠くにはなれてゆけばゆくほど、大きくなっていくものだからです。

私は被爆の直後から被爆者の家庭で育ちました。（まだ子供だったせいもありますが）いわばキノコ雲の真下で暮らしていた一五年間、被爆者がかかえている問題の巨大さにすこしも気がつきませんでした。被爆後一五年、二〇年という時間的距離に立って、それをみて、やっとすこしずつ、その大きさがわかってきました。あまりに大きなものはすぐその近くにいてはほんとうの大きさが判らないらしいのです。いま、被爆地から何百キロも離れて吉野さんにあって、私はあらためて、被爆者という存在がもっている問題の大きさに気がつきました。吉野さんはあの金武村のふしぎな少年がなった入道雲のように、見あげるような大きさで私のうえに屹立していたのです。

4

たいへん矛盾しているようですが、吉野さんの話に深い感銘を受けるかたわらで、私は「この話はほんとうだろうか」と思いました。この録音テープは、結局のところだれにもきいてもらうことができない「幻のテープ」におわるのではないか、という気持がかすかにしました。これもまた、いまとなればけっして的をはずれた予感ではなかったようです。

吉野さんの話があまりにできすぎていることに、疑い——といっては強すぎますが、そのまま、まるまる事実としてうけとることへのためらい、といったものを、私は感じました。一家全滅。一五年寝たきりの生活。白血病による姉の死。医療認定。独り暮らし。生活保護。被爆者運動と原水禁運動の活動家。原子爆弾と人間との関係を一身に具備したこのような存在は、めったにあるものではありません。人々がえがく、「被爆者」のイメージにあって吉野さんにないものは、ケロイドくらいです。

たいへん次元の低い話になって恐縮ですが、このような被爆者を、ニュースや番組の対象になる被爆者をさがしつづけてきた私たちが、まったく知らなかったということもふしぎでした。日本に原水爆禁止運動が高揚し、人々の関心があらためて被爆者に集まったころ、吉野さんはすでに長崎にはいなかったわけですが、吉野さんほどの「条件」をそなえた被爆者であれば、いずれはどこかの報道機関の取材網にみつけだされ、私たちの耳に入っていただろうと思われました。

吉野さんの話をきいたとき、私はすぐに、それに似た境遇の人として、長崎の方ならどなたでも知っている、ある婦人の被爆者のことを思いうかべました。

その方は原子爆弾によって兄を失い、自身は重い障害を負って、寝たままの生活を送ってきました。お母さんの献身的な看護のかげで、ただただ、泣いてくらしてきた少女が、やがて原水爆禁止運動のなかに自分が生きる意味をみつけ、ついには外国で開かれた国際会議で、すべての被爆死者と生存被爆者を代表して、堂々と原水爆の禁止を訴えるようになるまでのその方の半生は、私たちを感動させずにはおきません。その方もまた、原子爆弾投下によって、最もきびしく、人間らしく生きることを否定されたために、最もきびしく、原子爆弾を否定し返すほかに、人間らしく生きる道を選ぶことができなかった人でした。

窓の外を歩いてゆく少女たちの晴れ着姿がうらやましくて泣いたこと。それなのにお母さんが自分のために晴れ着を作ってくれたときには思わずそれを投げつけてしまったこと。はじめて戸外に出て被爆後の長崎をみたとき、港にうかんでいる黒い船が日本の軍艦(自衛艦)だと教えられ、深い衝撃をうけたこと。その方のお話もまた、豊かな情景《シーン》に満ちています。

その方はこのように著名です。吉野さんは無名です。なぜでしょうか。

吉野さんの話そのもののなかにも、細かい点では、よく判らないことがありました。

一九三五(昭和一〇)年の早生まれの人は、被爆したとき国民学校の五年生のはずですが、吉野さんは四年生でした。

生き残った「姉さん」をのぞく、ほかの兄や姉の名前を、吉野さんがおぼえていないこともちょっとふしぎでした。

そんなものでしょうか。

もっとふしぎなのは八月九日の被爆当日、吉野さんが城山国民学校へいったん登校した、その日は遅刻した、と語ったことです。また被爆の直後、終戦の日にはもう長崎医科大学附属病院に収容されて居り、その後そのまま、医大病院に入院しつづけていたらしいことです。

城山国民学校は山里国民学校とともに長崎の爆心から最も近かった学校で、壊滅的な被害をうけました。しかし奇蹟的に生命をとりとめた三人の先生方の証言によって、被爆前後のようすについてはかなりのことが判っている学校です。

長崎の放送局ではじめた被爆者の声の収録とその一部の放送「被爆を語る」で、最初に話していただいたのは、実は城山国民学校の生存者のひとり、当時の教頭先生でした。

夏休み中の八月九日、生徒たちを登校させていなかったことは、三年前、教頭先生から、直接うかがっていたことでした。これは吉野さんの記憶ちがいでしょうか。それとも生き残った先生方の気がつかない、「史実」があったのでしょうか。

爆心地から至近距離にあった長崎医科大学附属病院が被爆によって廃墟となり、その直後、組織的な救護・医療の活動をその場所では行なえなかったことは、当時、長崎にいただれもが知っていることです。長崎市や諫早市の病院、学校などを転々とした長崎医大が、被爆した坂本町の施設で病院を再開したのは一九五〇（昭和二五）年一〇月のことです。この間、多くの被爆者は長崎市内、諫早市、大村市などの病院を転々としました。あれほど印象深く語られた吉野さんの病院生活のなかに、この時期の転院が語られていないのはなぜでしょうか。病室のなかだけでくらしていた吉野さんには、転院したことが、はっきりとは認識できなかったのでしょうか。

被爆後二〇年以上もたってから被爆者を訪問し、その話のなかのこまかい矛盾を指摘することじたい、意味のないことであり、相手にたいして失礼といわなければならないでしょう。かりに被爆者の記憶にあいまいな部分が生まれていたとしても、その責任はおそすぎた訪問者のほうにあるのですから。私は「歴史家」として、歴史を編むため、被爆者に史実をただしているわけではありません。検察官として、被爆者を取り調べているわけでももちろんありません。私は被爆者が正確な記憶を持っていること、それをそのままに語ってくれることを期待はします。しかしそれを要求するすじあいではありません。被爆者がなにかの事情で事実を語らなかったり、粉飾や虚構をまじえてその体験を語ったとしたら、そのような人間の心、その心とその人が被爆したことの関係には、深い関心をいだきます。しかしそのことに私が苦情をのべるすじあいではないでしょう。まして吉野さんのように、まだ子供のころに被爆し、そのご自分で語ったような境遇のなかでその成長期を送ってきた人の記憶に、少々の矛盾や混乱があってもすこしのふしぎもありません。その矛盾を指摘することじたいが、その人を傷つけることになりそうです。

自分の疑問を露骨にのべることを私はためらいました。そして心のなかで、吉野さんは自分で話しているよりも、実はもっと若いのかもしれない、つまりもっともっと子供のころ被爆した人なのかもしれない、と考えました。吉野さんに最初あったとき、私は四〇歳くらいだと思いました。実際は三六歳でした。吉野さんは自分でそういっている年齢よりもだいぶふけてみえました。その負うてきた半生の苦難のために、ほんとうの、もっともっと若い年齢よりも、はるかに年老いてみえるのかもしれません。もしそうだとしたら、ほんとうの年齢をいいたくない気持もよく判ります。吉野さんが兄・姉の名前を記憶していないことも、被爆直後の記憶や、学校、病院についての話が、多少混乱したり、矛盾したりしていることも説明がつきます。「姉さん」にあとからきかされた話、吉野さんが想像でつなぎあわせた部分、そんなものが実際の体験の記憶とつなぎあわさって、吉野さんの話を作っているのかもしれません。私はそう考えました。

ただ、それにしても。

この話を正真の事実として第三者に紹介するということになると、事情がかわってきます。ほぼ大すじとしては、この話が真実のものであることを保証する責任が、私にも生じてきます。吉野さんの話の内容があまりに素晴しいために、この話はゆくゆく、たくさんの人々にきいてほしいと私は思いました。それらの人々の胸のなかに、「姉さん」の生命をよみがえらせたい。「死の国」で眠る「姉さん」をめざめさせたい。そう願いました。そのためには、細かいことはどうでもよい、この話が大すじでは、いちばん大事な中心の部分では真実であるという、傍証がほしいのです。吉野さんの話を人々にきいてもらい、それが私の期待どおりの波紋をよんでいるうちに、吉野さんの過去をよく知っている人があらわれて、「この話の大すじはほんとうでない」といってくるようになっては困るのです。

私は長崎の友人に手紙を書きました。

友人からは二度に分けて、返事がきました。

「長崎市役所の吉野さんは大陸からの引揚げ者で、お母さんも現存している。東京の吉野さんのお兄さんである可能性はまったくない。」

「当時の城山国民学校の教頭先生には、その姓の生徒についての記憶はない。在校生の名簿はむろん残っていない。」

「もうひとりの生き残りの先生の記憶に、その姓の少年がひとりあった。しかし本籍は横浜市、父は上海航路の長崎丸に乗っていた人。父、姉の三人ぐらしの家庭だった。別人と思われる。」

「戦前から城山町の自治会長や市会議員をつとめ、現在城山町の『復元の会』の会長である人も、吉野竹蔵という人、その一家のことは覚えていない。『復元の会』のほかの会員も同様である。会では吉野さんの家族や被爆の状況、自宅があった場所などを報せてくれるよう希望している。」

「当時長崎女子師範は大村市にあった。松山町に自宅があり、城山国民学校を卒業して女子師範に通っていた人にあった。その人の話によると、城山国民学校を卒業して女子師範に入った人は学年のかなり上下とも知っているが、吉野さんという人も早苗さんという人も知らない。当時長崎から通学していた一年生は三人いたが、そのなかにも吉野さんという人はいなかった。女子師範の卒業者名簿のなかにも、吉野という名前はない。」

それから八ヵ月のあいだ、私は東京の被爆者をたずねて歩きました。そのあいだに、被爆者の集まりなどで、なん度か吉野さんと顔をあわせました。いち度は将棋をさしに、吉野さんのアパートに遊びにいきました。私たちがいちばん親しかった時期でした。知りあって長い時間はたっていなかったけれど、あのような身の上話をした、きいた、私たちには、世間話をしていても、通じあうなにかがあるように、私は感じました。

はじめて吉野さんにあった、その次の年の五月のある日、吉野さんが通院している目黒の診療所で、私は吉野さんと顔をあわせる機会がありました。

そのとき、私は思いきって、本籍地から戸籍謄本をとってみてはどうか、と吉野さんに提案してみました。行方不明となったお兄さんやお姉さんの名前や正確な生年月日が判れば、長崎にいる友人たちに頼んで、消息を調べてもらえると思う、私はそう説明しました。

そのときの吉野さんの怒りを忘れられません。吉野さんはそのとき診療所のある部屋の椅子にすわっていたのですが、その椅子からとびあがりそうになって怒りました。

「いったいぜんたい、それはどういう意味ですか！」

黒い顔を真っ赤にして吉野さんは叫びました。吃音はいっそう激しくなりました。吉野さんの奥目は充血し、とびだしそうになり、鼻のわきに、怒った犬のようなしわがよりました。そうして嫌悪感と憤怒をむきだしにして、

「イヤーになった。」

「なにもかも、イヤーになった。」

と連発しました。

だれかから、このように面罵されたことははじめてでした。私はすっかり狼狽し、陳謝し、他意がないことをくり返し弁解しました。吉野さんの話に疑いをもっているように受けとらせたのが失

敗だったと思いました。

そののち、私は被爆当時城山町に住んでいたある婦人を杉並区にたずね、お話をうかがいました。

その婦人のことを話すと、吉野さんはぜひあってみたいと希望しました。

「当時のことについて、ききたいことが山ほどある。」

というのです。

その婦人が望まれなかったため、この面会は結局実現しませんでした。

得ようとした傍証や裏付けは、得られませんでした。吉野さんは私にとって、あいかわらずニュールンベルクの孤児のような謎の存在でした。吉野さんに話してもらったように話してもらおう、それを目標にしながら、吉野さんに話してもらった経験を道しるべにしながら、かたわらでこの話に裏付けが得られないことを残念に思いながら、私は作業をつづけました。

私は主としては、吉野さんを信じていました。被爆者がその被爆体験を語る、その行為のなかに、故意のいつわりが入りこむことができる、と考えることじたいが、私にははばかられました。被爆者がいつわりを語るかもしれない、ということを前提としては、私たちのこの作業はなりたちません。話のウラをとる。これじたいがイヤな言葉です。吉野さんの比較的最近の来し方について、裏付けをとってみることはできそうでしたが、私はしたくありませんでした。のべ三日間、吉野さんは吃音をふりしぼって語りました。ひざをつきあわせ、涙や笑いのなかで語られたこの話に疑いをいだくことは、自分のこころみの意味を否定することと同じでした。

吉野さんが日本共産党の熱心な支持者であったことが、私の信頼を深めたことも正直に告白しておかねばなりません。

暗　転

手　紙（原文のまま）

伊藤明彦さんへ

お返事が大変おそくなりました、いろいろお世話になります、できればこのまま長崎へ飛んで行きたい気持です　父母をはじめとして兄姉達ともども27年目むかえました　母の死んだ防空ごうのそばでぐじゃ〳〵になった母の思い出も父がつとめていました三菱重工業のある幸町でまっくろこげになった骨とも肉ともつかずぼろぼろ姿で手をあげればガラス等鉄の固まりがつきささり無数の砂のようものが附着してうでがぼろ〳〵くずれおち肩のあたりの肉のかたまりにうじむしがついていて死んでいたのを悪夢みるような思いが致します。このまま当地へ訪れたい張りつめた気持で一ぱいです　貴男から二度の手紙をいただき有難う御座居ます　どうしたらよいのでしょう　一九四五年八月九日のこの日のことを思いかえすも無念の気持です……

8月19日　　吉野啓二

（前略）27回目の今年は27回忌にあたりますので何とか長崎へ訪れたい気持です　前に書いたように一九七二年八月九日をむかえたときは張りつめていましたが病院の先生よりひきとめられ8月一ぱいに行くことを断念することにしました　一九四五年八月九日を思いかえすも無念のいたりです当地へ帰って一生くらしてみたい気持ですが先だつものは生活がかかっております　その次は偏見と差別のなかでどうやってくらしていけるかどうかということです　これは私よがりかも知れません（後略）

〔消印8月25日〕

拝啓

伊藤さんお手紙有難う。あの手紙をみ胸があつくなる思いでした　私が15年の闘病生活から今日にいたるまで繰返しの病院へ入院生活が長崎の浦上の地その丘の城山でごこく神社下の家がそしてまわりがかわり果てたあの瞬間そして母が爆風で吹きとばされそこへとんでいって母の背に手をやった時ぐしゃぐしゃとうずくまるようにして血を吐き死んだ母

父の顔のりんかくさえはっきりしないぼろぼろになった炭のようなあの悪しうのなか着ていた洋

服(作業服)の灰のようになったぼろきれに胸のあたりの左ポケットのうらに竹三という名が指名されこれが君の父だ!!　といわれたときおどろきと自分がどうてんしてそこに約30分位(ろく音されていないかも知れません)父のそばにいた何だかかすかに動いているんじゃないと希望で父をのぞきこみしかし全然動こうともしない　しかたなしにそこは危いからと兵隊さんにいわれ城山の家までたどりついたが唯れ一人兄も姉もきてくれない

しかし逃げなければならないというきびしい状況のなかでやっと近所のふかぼりさんにすくいだされその後救護所を転々とするなかでやっと完成しかけた長崎医大に入院することができました。

(中略)

今は健康上あまりよくありません。この間アイソトープで測定したところ肝機能が萎縮肝硬変肝不全になりかねないと思っています

代々木病院の先生が大久保病院に紹介され精密検査の結果です。ただ現況では肝硬変に移行することもありうると意味で先生は言葉をすくなめに語られました　いわゆる代々木病院で検査とほぼ一致したとのことでした(悪性慢性肝機能らしい)

精神的にもまいっています

生きることのむずかしさ生活を支えるにはどうしても無理をしてで働かなければならない。(中略)その後も血小板がぐーんと減り尿にも蛋白がでる状態で伊藤さんおあいした時より9kg体重が減りました

又疾病には悪性貧血らしいものがあるようです　実は5月頃から週に2回輸血をはじめました　そして6月には週に2回だったのが週に3回と増えこのままでは再入院することをも明かなようですけれども少しでも働き労働することの喜びを心にかみしめるこのほうが私としては久し振りにこんなに労働することのほこりをもったことはありません。あるいはまじがっているかも知れません　細く長く生きることが正しいのかも知れませんが私としてはこのまま（中略）自分に厳びしく生きることのほうがずっとつらくてもよいことではないかと思います
それが沈着な態度ではないかと思います原爆被害者の一人として生き証人として核兵器完全禁止（製造貯蔵実験使用）当面使用禁止協定の国際の場で結すばせることと被爆者援護法の制定する上で障害がなければと心配しています
充分伊藤さんからほめられたようではずかしいのですが私のテープ収録について多くの人に知っていただくことも大切でしょう　しかし伊藤さんも言っておられましたようにいくら長崎にいたとしてもそれはたった10年間であり長崎市内のこともあまり知らないし知っているのはわずかで御座居ます　そんなわけで収録したテープそのものを多くの人に知っていただくことも重要ですしできるなら協力したいのですが今はあまり健康上よくありませんし（中略）東友会の方々の意見充分にとり入れ私の意見ものべるということで聞いてみたいと思っています　伊藤さんは配慮は本当に身にしみる思いです　普通の被爆体験は核心にふれることをさけて通るのが私の経験からしてもそうです核心にふれるということはつらいものです　実際にあのテープ収録されたものは氷山の一角であり

長崎の9日の出来たあの日のことは実際に忘することのできないものですできればさけたいという気持が先に行きます　私は弁解するわけではありませんが今だ目黒の被爆者の会の伝統は東友会ができて以来の東京でも古い組織ですにもかかわらず組織できないのは私たい相手の被爆者の経験があまりにも等しく被爆の被をきいただけで絶句される目黒の在住の被爆者があることこれはある意味で私にもあい通ずるものです。これでは前進はないと思います　いわゆる知られざる被爆者の――言葉みつかりません何を書いていいかわかりませんが底知れぬものがあるのです　単純にアメリカがにくいと言葉でだすすべも知らないこれらの仲間達を何とか組織しなければというはやる気持はここ数年どりよくしてまいりましたがやっぱり大変な仕事でとうていそんなにかんたんに組織されるなまやさしいことではないと思います。(中略)

――生きる生きぬくというむずかしい言葉にやけになってしまうことありますどうしたらよいのでしょう本当に「生きる」ことのむずかしさをいやというほど今日のように感じたことはありません　伊藤さんは身体は丈夫だから生きて生き抜きますと書いてありました　しかし私の場合は28年間平和の炎は決して消すことはできないという信念で原水禁大会にでましたがやっぱり体験はすどりしてしまうのですもっと困難な状況にたたされているのが現状です

私中心的になりましたがおりをみては充分に考えてテープについて意見を私なりに整理したと思っています

くれぐれも身体に大切にして下さいそして多くの収録をぜひ成巧をいのっています

らん筆に失礼致します。

1973年7月13日記す　吉野啓二

伊藤明彦様

収録作業をはじめてから一年二ヵ月目、吉野さんにあってから一〇ヵ月目の、一九七二(昭和四七)年九月はじめ、私はそれまで在籍し、後半は無給の嘱託であったニュースの通信社を退職して広島市に転居しました。

広島市に二年六ヵ月住んで、広島県内の被爆者を訪ねて歩きました。この間、新聞広告で時間給の深夜労働をみつけ、働きました。数年前まで、自分がそんな場所で働くようになるとは想像もしなかった職場でした。それまでまったく知らなかった世界で、働く人々のさまざまな姿をみました。そうして、六ヵ月働いては二ヵ月休み、また八ヵ月働いては三ヵ月休むというふうに、断続的に働いて、生活費と、テープ代・交通費などの費用と、録音作業にあてるための時間とを、かせぎだしました。すこしずつお金を貯めて、このあいだに、真夏の沖縄を三ヵ月、真冬の東北地方を約一ヵ月旅行して、被爆者を訪ねました。七四(昭和四九)年の八月六日は、沖縄・伊江島の砂浜にあおむきに寝て、吸いこまれるようにひろがる天の川と、その天の川を横ぎって射爆場に急降下してゆくファントムの赤いテールランプをしみじみと眺めながら、夜を明かしました。そのご呉市に約一ヵ月、三次市に二ヵ月通いました。いちどだけ東京へいって、たまっていた用件をすませ、夜でしたが吉野さんのアパートを訪ね、あってきました。

この間、吉野さんから二通の手紙と、一通の葉書をいただきました。最初の二通は、私がまだ東京にいたときのものです。文章のなかの「当地」ということばは、吉野さんのつもりでは「長崎」という意味です。

東京へいっていちどあったとき、吉野さんはひどくやせていました。広島へ帰ってから、私は長い手紙を書きました。そのなかで私は、吉野さんの話をきいてもった自分の気持をのべ、どうかお医者さんのいうことをよくきいて、身体を大切に生きぬいてほしい、吉野さんが生きぬくこと、いわば天寿をまっとうすることが、私たちにとってもどれだけ大事な意味をもっていることか知っていてほしいと書きました。テープはそのうち、必ず多くの人々にきいてもらえるよう、一生懸命努力すると書きました。

それにたいしていただいたのがさいごの手紙です。これだけの長さの文章を書くことは、吉野さんにとってはさぞかしたいへんだったろうと私は想像しました。

精神的にまいっている。

体重が九キロも減った。

生きることの難しさを今日のように感じることはない。

こんな言葉が私の胸をしめつけました。

ただ、広島で労働し生活し収録作業を続けながら、どうやって吉野さんの力になったらよいのか、実際には思いあぐねることでした。吉野さんの録音じたいの力が、なにかの道を打開してくれるかもしれない、そんな期待をこめて、吉野さんの録音をきいてみてくれるよう、東京へ二通の手紙を書きました。

返事はきませんでした。

「国連事務総長への報告」

一九七五（昭和五〇）年春、私は東京に帰りました。お話を収録した被爆者は五〇〇人になっていました。あの長い手紙をもらった以後、私は年賀状や暑中見舞をだしてきましたが、吉野さんからのたよりはとだえていました。

東京にいけば吉野さんにあえる、こんどこそ、このテープをたくさんの人々にきいてもらって、私の気持をその人たちのものにしてもらうチャンスをつかもう、そんな期待を胸にいだいて、私は東京に帰りました。

吉野さんが再び代々木病院に入院したこと。入院中、精神状態が不安定で、被害妄想にとりつかれていたこと。自分にだれかが毒を飲ませようとしている、だれかが夜なかに自分をさらいにくる、だれかが自分の所有物を盗っていこうと狙っている、そんな妄想にとりつかれ、病院も同室の患者さんも困ったこと。東京へ帰ってから、そんなことを、被爆者の会の関係者からききました。

私は心を痛めました。しかしそのときは、それほど深刻には、心配しませんでした。

そのうち私は東京の被爆者の会の事務所で、研究者の立場から被爆者を訪問している、ある人にあいました。

吉野さんは一家全滅した家族の生き残りだというように最初きいていたのだけれど、実際はお兄さんが現存しているらしい。両親とも、被爆後かなりの年数生きていたらしい。

その人から、そんな話を私はききました。

「それは吉野さん本人が話したことなのですか? だれか、そのお兄さんにあった人がいるんですか?」

私はそうききかえさずにはいられませんでした。

その人が最初の質問にどう答えられたか、私はよくおぼえていないのですが、とにかく、そのお兄さんという人に、だれかがあったということはないようすでした。

吉野さんが人にそういう話をしたということが、私には信じられませんでした。もししたのなら、どんな目的があってそんなことをいったのでしょう。社会を変革することを生き甲斐としているはずの吉野さん、破れた巣をつくろう小さなクモをみて、もういちど人間らしい生活を再建するために懸命になろうと決意した吉野さんに、どんな必要があってそんなことをいいだしたのでしょう。

まったく理解できませんでした。

その年の五月のはじめ、帰京後二ヵ月ほどのあいだかかりきりになっていたある作業から解放されて、私はさっそく、吉野さんにあいにいきました。

五月二日、金曜日、とても天気のよい日でした。

サイゴンが解放されたのが四月三〇日でした。野蛮きわまる暴力が私たちの目の前でふるわれているのに、私たちがそれを有効に阻止できないでいるという、なん年ものあいだ、重苦しく私たちの頭のうえにおおいかぶさっていたやりきれない気分、この戦争でひょっとすると原子爆弾が使われるのではないかという怖ろしい心配、それから、いちばん素晴らしいかたちでときはなされ、晴れ晴れした気分でした。アパートを訪れると吉野さんは留守でした。扉に鍵はかけてありません。なかをのぞくと、部屋のなかは以前にくらべ、ずいぶん乱雑にちらかっていました。部屋のまんなかには万年床が敷かれ、敷ぶとんが、寝ていた人がすっぽりとぬけだしたそのままの形で、盛りあがっていました。新聞、くず、ぬぎすてた衣類、ベルトなどが、そのまま畳のうえにほうりだしてありました。

予告なしにいったのですからしかたありません。私は商店街を中目黒駅のほうへ帰りかけました。

そのとき、むこうからやってくる吉野さんにあいました。

そのときの吉野さんの顔がいまでも目にうかぶようです。

色はあいかわらず黒く、額は広く、やせほそっていました。顔のどこにもふくらみはなく、頭蓋骨に、うすい肉がはりついている感じでした。そして眼は——吉野さんの眼は、いぜん知っていたよりはいっそう窪み、うつむき加減に傾いた額の下から、不安、疑い、警戒心、敵意、そういう言葉で表現するしかない光を、まわりの人々に投げていました。まちなかでこういう目つきの人にあったら、その人の精神状態が平常でないことを、私はみてとるしかないでしょう。

「吉野さん」

私は声をかけました。

気がつくだろうか、ちょっと心配でしたが、吉野さんは私をおぼえていました。

私たちは近くの喫茶店に入りました。

そこで交わされた一時間ほどの会話――といってもほとんどは吉野さんがしゃべり、私がきいたのですが――を、一問一答の形では、私はうまく再現することができません。ただこの会話をつうじて、被爆者の会の人たちにきいたとおり、吉野さんが安定を欠いた精神状態にあるということを、自分自身の観察でも確認するほかなかった、というしかありません。

発言は脈絡を欠き、具体的にはどういうことなのか、最後まで充分にといただすことができなかったのですが、くり返しくり返し、吉野さんが語りやまなかったのは次のようなことです。

自分が人々から、人々の集団から、人間として耐えられない屈辱、恥辱を味わわされていること。自分の意見は不当に軽くあつかわれ、自分の調査、研究、資料が、きわめて重要なものであるにもかかわらず黙殺され、しかもその成果を盗まれていること。

自分のまごころをささげている集団から、自分は不当にも疑われ、尾行され、人権を侵害されていること。そのことを思って、何日もふとんをかぶって泣いたこともあること。

しかし、自分の忍耐心にも寛容さにも限度というものがあること。自分はもしその気にさえなれば、彼らがふるえあがるような、彼らの弱点をつかんでいること。自分がいよいよ最後の決意をしたとき、彼らはひれ伏して自分に許しを乞うだろうこと。しかし自分は断固たる態度でそれをしりぞけ、おごそかに、彼らに懲罰をくわえるだろうこと。

「はっきりいって」「はっきりいって」という言葉を連発しながら、かつてはあれほどの信頼と親愛の気持をこめて話していた人々の集団のことを、いま、吉野さんがこのようにいうのをきいて、私は暗然としました。自分がきけば、吉野さんはうちとけて、ほかの人々にはあかさない胸のうちを話してくれるかもしれない、私にはそんな期待があったのですが、それは私のひとりよがりでした。

吉野さんの心が、苦しい修羅のなかで煮えたぎっているらしいこと。それだけは判りました。吉野さんは自分の真価にふさわしく、人々から尊敬を払われていない、と感じているのです。自分がささげただけの純情やまごころにふさわしく、人々から愛し返されていないと感じているのです。そして深く傷つき、苦しんでいるのです。しかしその修羅が、具体的にどんな要素でくみたてられ、どんなメカニズムによって運動しているのか、私には判りません。ただ吉野さんが苦しんでいる、それだけは判りました。

話題をできるだけ明るいもののほうへ、こんどのサイゴン解放とか、吉野さんが最近集めているクラシックレコードのこととか、みにいった歌舞伎のこととかにもっていこうと私は努力しました。吉野さんはちょっとのあいだはその話題にこたえるのですが、あまり興味を感じないらしく、すぐにそのまえの、「はっきりいって」のほうに返ってしまうのです。

私はなんともいえぬ気持で、吉野さんと別れました。

吉野さんは人間として——まだそういいきるにはためらいがありますが、半ば崩壊しかけているのです。

あれほどすばらしく原子爆弾を否定し返していた吉野さんが、再び原子爆弾にとりこめられ、肉体的に、だけでなく、精神的にも、破壊されかけているのです。人間としてもっとも無念な恥辱の場へ追いつめられかけ、人間として否定されつくそうとしているのです。

しかも私にはどうしたらよいのか判りません。被爆者が語る被爆者体験が、原子爆弾が人間から否定し返され、亡ぼされていく、その過程のひとつひとつとしてあるのではなく、その逆のもの、人間が原子爆弾によって否定され、崩壊していく、その過程のひとつひとつとしてある、そんな結論しかもつことができないとしたら、私のこの行為とはいったいなんでしょうか。

三年半前、あのような高みから原子爆弾をみおろしていた吉野さんが、いま、原子爆弾によって半ば崩壊させられかけているその過程に、なんの影響もあたえることができない私たちの社会とはいったいなんでしょうか。

ああ、肉親さえいたら——あの「姉さん」のような人さえいたら、そう私は思いました。吉野さんの心は、人間の側にとり返せるだろうに。

その肉親たちはどこにいるか？　彼らにたいして原子爆弾はなにをしたか？　それを考えると、私はちょっと名状できない、苦しい気持に襲われました。そして考えました。

吉野さんの録音を人々にきいてもらう試み、そんなことはもう無理でしょう。どんな反響であっても、それを受けとめるような力は、もう吉野さんにはないでしょう。その大部分が吉野さんを力づけるものであっても、吉野さんの心を傷つけるような反響、すくなくとも吉野さんが傷ついたと感じるような反響が、そのなかにまったくないだろう、とも断言しきれません。吉野さんの精神の平衡を、決定的に失わせるひきがねになる可能性があることを、試みる勇気が私にはおこりそうもありません。

ただ、それでも、私は吉野さんの話の録音がもっている力は信じていました。この力が、吉野さんを助けることができる人々の関心を呼びおこし、かつて被爆の体験を語った、自分のその行為によって、人間として自分を立ち直らせる機会を吉野さんがつかめたら、どんなに素晴らしいでしょう。

それからしばらくのち、私は代々木病院にいって、吉野さんの主治医と担当のケースワーカーにあって、吉野さんのことを話し、相談しました。病院としてもたいへん心を痛めているらしいことは判りました。ただここでも、充分有効には対応できないでいるようでした。

私はそのご被爆者の団体のある人をたずねて、吉野さんのことを相談してみました。

この過程で、私はなん人かの人に、吉野さんの話の録音テープをあずけ、きいてみてくれるように頼みました。この録音さえきいてもらえれば、あの「姉さん」のことさえ知ってくれれば、人々はもっともっと一生懸命になって吉野さんの身のうえを心配してくれるにちがいない、私はそう思いこんでいました。吉野さんの録音がだれかにきかれたのかどうか、私には判りません。とにかくテープは、私の手元にかえってきました。私にはあれほどの感銘を与えた吉野さんの録音テープが、私以外の人々にはあまり関心をもたれないことが、私にもやっと判ってきました。私の関心をこれほど惹きつける「被爆者の声」が、人々には、暗い、陰気なだけのもの、もしきかずにすますことができるのなら、そうしたいもの、と考えられているらしいことが、私にもようやく判ってきました。

私は横浜市内で職場をみつけ、働きはじめました。そしてぼつぼつ、神奈川県内の被爆者の体験の収録をはじめました。秋以後しだいに身体が弱くなって、翌年の一月から三月にかけて、四〇数日間入院しました。ベッドに横たわって、自分が持っている生命の力のこと、その生命に四〇年のではなく、三〇億年の歴史があることを、つくづく考えました。病気を機会に退職して、約二〇日間旅行して北陸の被爆者を訪ねました。

若狭の古いお寺に泊めていただいて、生涯、二度とみることはないだろうと思えるような蛍の乱舞に出会いました。

その年、一九七六(昭和五一)年のことです。八月でした。

「核兵器全面禁止国際協定締結・核兵器使用禁止の諸措置の実現を国連に要請する国民代表団派遣中央実行委員会」という団体によって、「広島・長崎の原爆被害とその後遺——国連事務総長への報告——」という文書が作成されました。

前年の一二月、日本からの「国民代表団」がワルトハイム国連事務総長と会見して、国連が核兵器全面禁止国際協定締結促進の決議を行なうこと、など四項目を要請しました。七七(昭和五二)年の国際非政府組織によるシンポジウムへと発展していった、大きな行動の一部でした。その際、シェフチェンコ事務次長と「国民代表団」とのあいだで懇談会が持たれ、原爆被爆の実相と被爆者の実情を国際的に普及するため「国民代表団」が提出することを約束したのが、この報告書です。

あとがきによればこの文書は、七人の専門家によって作成され、日本被団協、民医連、日本原水協などが協力したということです。

なにかの用事で東京の被爆者の会の事務所を訪れたとき、二〇ページの小さなパンフレットに印刷されたこの報告書を私は手に入れました。そしてぱらぱらとページをめくって、「原爆被爆者の三〇年──事例研究」「事例四」として、「長崎・男・四一歳　被爆当時・小学生・後遺に苦しむ」とある部分を一読して、文字どおり、目をむきました。

以下にその全文を掲げます。

「星野恵二さん(仮名)は当時まだ一〇歳で、長崎市城山町に住んでいた。国民学校の五年生だった星野さんは、その日の朝、空襲警報が出ていたため(長崎地区午前七時五〇分発令、同八時三〇分解除)、学校から帰って、横穴式防空壕の前で遊んでいた。その時、原爆が炸裂。右耳に外傷を負ったほかは、かすり傷の程度であった。

爆心から〇・九㎞にあった城山町の家は原爆で全焼していた。当時警察官であった父と、小学校教師であった母は、それぞれ勤めに出ており、兄(当時一五歳)は福岡に住み、一番上の妹(六歳)は疎開していたため、幸い家には誰もいなかった(星野さんには、ほかに弟ともうひとりの妹がいたが、それぞれ原爆の一年前と半年前に病死している)。

家が全焼してしまったうえに、父と母が家にもどってこなかったため、星野さんは両親をさがして歩きまわった。被爆後三日目ごろから全身倦怠にみまわれ、鼻血、血便が出たため、救護所にはいったり、野宿したり、寺に泊ったり、転々とした。こうして、星野さんが無事であった両親と再会したのは、約一ヶ月後のことであった。ちょうど近所の人とめぐりあって、両親のもとに連れていってもらったのである。

その年の末、星野さん一家は、父を残して、父の実家がある福岡に転居した。父は警察をやめて商売を始めたが、うまくいかず、親類の援助で何とか生活することができた。

その後星野さんは一九五三年に福岡の県立高校を卒業したが、体の具合が悪いため、就職せずに、鶏を飼いながらブラブラしていた。久留米医大付属病院に二ヶ月ほど入院したが、特に病名はつかなかった。この間、大学を卒業して大きな企業に勤めた兄が一家の生計を支え、弟の面倒をみてきた。しかし、一九五六年に母を肺結核で、一九五一年に父を白血病で亡くした後、生活上の問題で兄といさかいがあり、生活をみてくれる人がいなくなったため、星野さんは公共職業安定所の紹介で、神戸に行き、神戸製鋼所の下請会社に工員として就職することにした。そこは一週間交替の昼夜勤務で、高熱とガスが充満するひどい労働条件であったため、体をこわして八ヶ月ほどでやめ、ある飼料会社にかわった。そこは前より仕事は楽だったが、小さな会社で残業が多かった。

その頃、神戸医大付属病院で再生不良性貧血と診断されて入院し、保存血輸血で血清肝炎になり、黄疸、腹水、意識障害、腎障害をひき起した。点滴を続けてようやく軽快に向ったが、一九六一年、会社から退職をせまられて、病院の方も希望退院した。入院中、医師から被爆者手帳をとるようにすすめられたが、就職にさしつかえることを恐れてとらなかった。

星野さんは、それから、大阪の枚方市で養鶏場の手伝い(六ヶ月)、京都で調理場の手伝い(一年間)をし、一九六三年には上京して、浅草の寿司屋(二〜三ヶ月)や食堂(一年)に住みこみで働くなど、職を求めて転々とした。しかし、悪寒、微熱、倦怠感があって体力が続かず、簡易旅館や一時保護所暮らしをしながら、体の調子の良い日は日雇いに出るという毎日をおくるようになった。この間、被爆者であることを隠して、あちこちの病院で受診し、慢性胃炎や白血球減少症(一時、紫斑が出た)などと診断され、投薬と注射を受けている。こうして働けなくなった星野さんは、一九六四年、生活保護を受けることにした。

一九六六年二月、とうとう被爆者手帳をとった星野さんは、その年末以来、今日まで、代々木病院に三回入院し、一九七〇年には慢性肝機能障害と副腎皮質機能低下症を理由として認定患者になった。星野さんの病気は、現在、このほかに無力症候群、不安神経症、末梢循環障害などがあり、体のバランスをいったん崩すと、実に三七種類もの全身にわたる疾病があらわれる。また、ジュースのカンに毒薬を注入されたとか、致死量以上に薬をのまされたとかいう被害妄想や、誰かに尾行されていると思いこむような神経症状があり、入院中、同室の患者や看護婦、医師との間でよくトラブルをおこした。そのため、一九六九年から約一年、精神科の病院に入院した。そこの開放病棟で作業療法を受けて、星野さんは患者自治会の活動に積極的に参加するほどに落ちつきをえたが、一九七四年の代々木病院での三度目の入院時には、再び同じようなトラブルをおこした。現在は、その病院の内科と神経科医および精神科のリハビリセンター、三者の指導を受けながら、一日二〜三時間程度の軽作業(清掃など)をして働いている。星野さんは、経済的に楽になるというので働くことを望んでおり、働いている時は生活のリズムが崩れないためか、精神的な安定をとりもどしつつある。

星野さんは父母を亡くし、兄とケンカ別れをして以来、兄から『絶対、妹たち——一九四八年にもう一人妹が生まれている——と連絡をとったらダメだ。おまえのようなのがいると判ると、子供たちにまで迷惑がかかる』と言われて、肉親との交流を断たれている。そして、病弱な体と遺伝のことを考えて、結婚も諦め、東京でひとりアパート住まいを続けている。その寂しさをまぎらそうとしてか、星野さんは今、音楽を聞くことを唯一の楽しみにして、生きている。」

——この文章を読んだときの、私の驚きがお判りいただけるでしょうか。私は唖然として声をのみました。

この文章の星野恵二さん(仮名)が、吉野啓二そのひとであることは九九パーセント、間違いありますまい。これを書いた人がだれかも、私にはおおよそ判りました。その人が自分の想像や創作でこういう文章を書くはずがありませんから、吉野さんはこのとおりのものとして、自分の過去を語ったのでしょう。それが「広島・長崎の原爆被害とその後遺」の一部として国連事務総長へ報告され、「原爆被害の実相と被爆者の実情を国際的に普及するため」利用されることも承知だったにちがいありません。

いったい、吉野さんはどういうつもりで、こんな話をしたのでしょう。

いや、この話がほんとうなのでしょうか。

そうとすれば、四年近くまえ、録音され、やがては人々にきかれることを承認したうえで、三日間にわたって涙や笑いで語ったあの被爆者体験とは、いったいぜんたいなになのでしょうか。吉野さんはこの文章が私の眼に触れ、それが自分であることに気づかれ、私を驚かせる可能性を考えなかったのでしょうか。

このときはじめて、私は四年近くまえ、吉野さんから話をきき終ったとき心をかすめたかすかな危惧、この話はほんとうだろうか、という疑いを、大きく、現実のものとして考えなければならなくなりました。

吉野さんにあって直接疑問をぶつけるような方法はとるわけにいかないでしょう。とっても無益でしょう。それに吉野さんはあいかわらず危険な精神状態にあるかもしれません。それ以外の方法で、吉野さんが話したことがどれだけの真実性を持っているのか、客観的に知る方法はないでしょうか。

そのとき、私は考えました。

いや、その方法を考えたのではなくて、被爆者が話したこととの内容に一歩踏みこんで、その「真実性」を探究してよいものかどうかを考えました。

被爆者にそれぞれの被爆体験、被爆者体験を話してもらい、当事者の肉声という特別の方法で、それを自分たち以後の世代に伝え、核兵器と被爆した人間の問題を考えてもらおう、というのが私たちの作業の目的です。犯罪の容疑者をとりしらべる検察官、社会的不正義を働いた疑いがある権力者や公職者を追及するジャーナリスト、こういう人々と同じ立場で、被爆者という対象と、あい対しているわけではありません。

被爆体験、被爆者体験は、全体としては大きな公的な体験、人類にとっての歴史的な体験です。しかしその部分ひとつひとつを構成する被爆者ひとりひとりの体験は、そのときの職業や立場によって、部分的に公的な性格を持つことがあるにしても、大むねは、いわばプライバシーに属する個人的な体験としての性格を持っています。それもほとんどの人にとっては、悲しい、苦悩に満ちた、このんでは触れたくない体験です。

そのプライバシー、個人的な体験が、全体としては、巨大な公的性格を持つことを被爆者が理解し、事実をありのままに語ってくれるよう、私は期待はします。しかしそれを要求するすじあいではないでしょう。

被爆者が事実をかくしたり、事実をかえて語ったりすることがあったとしても、その責任は第一に私たちのこの作業の方法が負わなければならないでしょう。そして第二に、そうしなければならなく被爆者にさせている、社会の条件に私たちは注目しなければならないでしょう。第三にそのことと、その人が被爆したこととの関係に、深い関心をいだかねばならないでしょう。被爆者が事実をかくしたりいつわったりすることがあるとしても、その事実を追求したり、あばいたりする権利は、だれにもないでしょう。

しかしここで、その被爆者の話を、第三者に伝えるということになると、話はすこしちがってきます。そのとき、私には、その話が大すじにおいては事実に近い、すくなくとも大きく事実をいつわったものではない、ということくらいは保証する責任が、生じるでしょう。

もともとこの録音は、いつの日か、第三者にきいてもらうことを前提として話してもらうのです。ですからその責任は、さいしょから私にはあるわけです。しかし私はその責任を、一般の報道、取材の場合のように、発言の裏付けをとる、いわゆるウラをとる、という方法ではたすわけにはいきません。被爆当時の、被爆直後のその人の行動について、裏付けをとる方法があるでしょうか。それは被爆者にきくほかに知る方法がないから、被爆者にきくのです。被爆者が語るその後の生活史が、事実であるかないかを客観的にたしかめる方法が私にあるでしょうか。またたしかめようと試みてよいものでしょうか。それは被爆者がかくしたかったこと、知られたくなかったことを、私が知ってしまうことにならないでしょうか。

厳密にいえば私が第三者にたいして責任をもって報告できるのは、「被爆後二〇何年、三〇何年かたって、自分が被爆者にこのように質問したことに対して、被爆者はこのように答えた」という、その事実だけです。

その内容が正真の事実であるかないかまでは、厳密には、私には保証できません。

結局私は、被爆者は大むねほんとうのことを話してくれるだろう、すくなくとも事実をまったく作りかえて話すことはないだろう、という常識に、第三者への責任を肩がわりさせるほかありません。この方法にそれほどの不都合もないように、それまでは考えてきました。話の内容の「真実性」にまで、自分がたちいってせんさくすべきではない。またせんさくする必要もない。それが、これまでの結論でした。

この常識、この結論に大きな疑いが生まれてきました。それが吉野さんのケースでした。吉野さんの話に深く心を動かされ、この話をたくさんの人々にきいてほしい、私の感銘を多くの人々のものにしてほしいと願いながら、いっぽうではその話の内容の真実性に、大きな疑いが生まれてきました。

こうなれば、これまでのタブーを破って、客観的な裏付けをさがしてみるほかはない。第三者にたいする責任を、そういう方法ではたすほかはない。

私はそう考えました。

——いや、私はやはり弁解しているのかもしれません。第三者にたいする責任をもちだして、自分のほんとうの心を隠そうとしているのかもしれません。吉野さんの話の裏付けをとってみようと決めた私のそのときのいちばん正直な気持は、いったい、ほんとうのところはどうなっているんだろう、このふたつの吉野さんの話のうち、どちらがほんとうなんだろうという、好奇心だったということを、告白しないわけにはいきません。

ふたつの話のうちのどちらかは、明らかに故意の作り話でしかないのですが、いや、ふたつのうちのひとつは、必ず正真の事実であるという保証もないのですが、被爆者にたいして、人間と原子爆弾との関係にたいして、深い関心をいだいてきた私は、その作り話をした吉野さんの心と、吉野さんが被爆したこととの関係に、異常に惹かれるものを感じました。そこに、人間と被爆との関係の秘密を解き明かす、ひとつの鍵がひそんでいるように感じたのです。

それから私は吉野さんにたいして、あまり公正ではない行動をとりました。吉野さんが住んでいる場所を受け持つ区役所の出張所にいって、吉野さんの住民票の写しを出してもらいました。いうまでもなく、吉野さんの本籍地を知るためです。

福岡県浮羽郡吉井町大字×× ○○番地
これが吉野さんの本籍地でした。「国連事務総長への報告」にあったとおり、福岡県でした。

秋、私は福岡にむかいました。

九州へ

福岡県の南部から佐賀県の東部にかけてひろがる筑後平野の東北の一角に久留米市があります。ここから列車を久大線に乗りかえて、筑後川ぞいを東へ四〇分もさかのぼると、ぶどうの産地で知られる田主丸につきます。その次の町が浮羽郡吉井町です。筑後川流域もここまでくると南北ともしだいに山がせまって山峡の感じになってきます。そのまま汽車でまた四〇分もいけば、山のなかの水郷日田につきます。

晴れた日でした。澄んだ秋空をバックに、いく十ともしれぬ赤い柿の実が、陽をうけて輝いていました。黄金色にみのった田のあぜをにょろにょろと這っていく蛇。クリークの豊かな水量。ひさしぶりに田舎の自然のなかにやってきた私には、どれもが新鮮にみえました。

「筑後川の流れ蛟竜の如く北境を繞るのほとり、土地沃饒、気候温和、而かも風光明媚で五穀豊穣なる地域は実に我が浮羽郡である。」

「本村は郡の中央筑後川の南岸に沿へる一大部落で、地勢頗る平坦、水利灌漑の便意の如く地味亦肥沃である。

産物の重なるものは米八千百二十四石、麦七千五百五十六石、粟一千石の外、菜種、煙草等である。」

「村民十中八は農をもって本業とし、よく農事の改良に努めている。」

そのご福岡市立図書館でみつけた、大正四年、浮羽郡編さんの「浮羽郡案内」にこうあります。吉野さんの風貌の印象から、車中で想像していた山あいの寒村というイメージとは遠い、豊かな農村でした。

その日は川添いの原鶴温泉に一泊して、翌日私は吉井町役場の住民課の窓口の前にたちました。

吉野さんの本籍と氏名を用紙に記入し、前戸主の名前は吉野竹蔵、または竹三だとして、私は戸籍謄本を請求しました。戸籍閲覧についての法律が改正される直前で、私が本人か、本人の依頼をうけたものであるという証明は求められませんでした。戸籍係の若い女性が謄本を持ってきたときは、私の胸はさすがに騒ぎました。

——これでほんとうのことが判るだろう。

しかしうけとると意外にも一ページだけの謄本です。
まず吉野さんの本籍、氏名が書いてあって、出生は昭和九年壱月壱日です。
両親の欄に
父　加藤　甫
母　　やよひ
とあります。吉野さんの続柄は弐男とされています。その欄の横に書きたしがあって、
養母　吉野きくの　続柄　養子　とあります。
次に記事があって
「吉野きくのの養子となる縁組養母及び縁組承諾者加藤甫同人妻やよひ届出昭和拾八年七月弐日受附三潴郡犬塚村大字××〇〇番地の加藤甫戸籍より入籍」
と書いてあります。
一ページの謄本に記入されているのはこれだけで、ほかには
「昭和参拾弐年法務省令第二十七号により昭和参拾参年四月壱日改製につき昭和参拾五年参月弐日本戸籍編製」
と、ゴム印がおしてあるだけです。
吉野さんの生年月日は私に語った日付より一年前でした。吉野さんは自分で語っているより、実際はもっと若いのかもしれない。つまりもっと幼いころに被爆した人なのかもしれないという、私

の想像はあたっていませんでした。吉野さんは私に話した年齢より、実際はもうひとつ、年長でした。つまりふつうだったら、被爆のとき、国民学校六年生になっていた年齢です。「国連事務総長への報告」にも、当時一〇歳とありますから、吉野さんはここでも、昭和一〇年生まれだといったのかもしれません。

吉野さんは意外にも被爆の二年前に、加藤家から養子にだされ、吉野姓となった人でした。しかしこの養母の吉野きくのさんとはどういう人でしょうか。加藤甫さん、やよひさんとはどういう関係にあたるのでしょうか。この人々はどこかに現存しているのでしょうか。それとも被爆で亡くなったのでしょうか。「国連事務総長への報告」にあるように、被爆後なん年かのちに亡くなったのでしょうか。

この謄本ではなにも判りません。

私はその戸籍係の若い女性に質問しました。

きっとその年の春に高等学校を卒業して役場に就職したらしい、その若い娘さんは私から謄本をうけとって、

「これはですね」

と説明をしかけたのですが、「甫」という名前が珍しかったのでしょうか、そこへ目をとめると

「アリャア、コラ何テ読ムッチャロカ?」

と小さなとまどいの声をあげました。

ひさしぶりに九州に帰った私には、それは実になつかしい故郷の言葉でした。

娘さんの説明によって、昭和三三年の法務省令によって改正される以前の、吉野さんの原戸籍の謄本を私は出してもらいました。

それによってさらに次のことが、私に判りました。個条書きにしてみます。
一、吉野さんの母方の祖父母は浮羽郡××村××(いまの浮羽郡吉井町××)を本籍地とし、名を吉野竹三郎、シノということ。
二、夫妻にはやよひ(明治四〇年三月生まれ)、きくの(大正二年一〇月生まれ)というふたりの娘があったこと。
三、大正一三年九月、やよひが一七歳、きくのが一〇歳のとき「親権ヲ行フ者ナキ」状態になったこと。
四、やよひが二〇歳になった昭和二年三月に、新たにやよひを戸主とする戸籍が作られたこと。
五、昭和七年四月、「やよひ隠居ニ因リ」新たにきくのが戸主となったこと。
六、昭和一八年七月、きくのは加藤甫、やよひ夫妻の次男、啓二を養子にしたこと。
七、同年八月、「きくの隠居ニ因リ」啓二(このとき九歳)が戸主となったこと。
八、同じ月、きくのは長崎市炉粕町を本籍地とする佐川正之との婚姻届を小倉市長に出し、生家の戸籍から除かれたこと。
以上です。

つまり吉野さんは福岡県三潴《みづま》郡犬塚村を本籍地とする加藤甫、やよひさん夫妻の次男として生まれ、被爆の二年前、九歳のときに母の妹の養子となりました。そして翌月にはその養母が小倉市で結婚したため、吉野さんが戸主となったのです。

生母の名をやよひという点だけは、吉野さんの話どおりでした。しかしその人の名は吉野やよひではなく加藤やよひでした。

また父の名は吉野竹蔵でも竹三でもなく、加藤甫という人でした。ただ、母方の祖父に吉野竹三郎という人がいました。

いったい、九歳で戸主となった吉野さんを、そのご養育したのはだれでしょうか。

吉野さんは養母きくのさんといっしょに、佐川正之氏にひきとられて育てられたのでしょうか。

それとも叔母の養子にはなったが、あいかわらず実家にいて、もとどおり生父母に育てられたのでしょうか。

それとも実家を出て、養母のもとにもいかず、戸籍にはかかわりのない、第三者の家庭にひきとられたのでしょうか。

それから二年後、吉野さんが被爆したときに、いっしょに暮らしていた人たちがいったいだれであったか、これはそこに、直接つながっていく問題です。

養子に出された吉野さんが、その後母方の祖父、竹三郎さんにひきとられ、育てられた可能性も、私は考えてみました。しかし大正一三年九月の「親権ヲ行フ者ナキニ因リ」という記事によると、その可能性はなさそうです。やよひ、きくのさんの姉妹は、このとき、孤児になったようです。

改製前の原戸籍によって、これだけのことは判りました。しかしこの加藤甫・やよひさん夫妻、佐川正之・きくのさん夫妻の生死はどうなっているのでしょうか。だいいち、原子爆弾で亡くなった吉野さんの兄、姉たち、そしてあの「姉さん」は、戸籍のどの部分に隠されているのでしょう。まだ、判らないことばかりです。

私はそれから久留米市にひきかえしました。

久留米から西南は、一望、ひろびろと広がる筑後平野です。筑後川の蛇行にそって、クリークと灌木が点綴するいがい、みわたすかぎり水田が続いています。西鉄大牟田線は、その黄金色の実りのなかを、まっすぐ、南へ伸びています。三潴郡はその筑後平野のまんなかといってよい場所に位置しています。

私は吉野さんの父方の本籍地である、三潴郡犬塚村、現在の三潴郡三潴町の役場をたずね、ここで吉野さんの生父である、加藤甫さんの戸籍謄本を出してもらいました。そのあと長崎に帰って、長崎市役所で養母きくのさんの嫁入りさきである、佐川正之氏の戸籍謄本をみせてもらいました。

その結果判ったことは次のとおりです。

すこし煩雑ですが、時間の経過をおって、加藤家、佐川家の両方について書いてみます。

《加藤家の歴史》

(1) 明治三七年一一月、加藤甫さんが三潴郡犬塚村で生まれました。長男です。

(2) 昭和六年、加藤甫さん(二六歳)とやよひさん(二四歳)の長男、純一さんが犬塚村で生まれました。吉野さんのお兄さんです。
(3) 翌年やよひさんは「隠居」して、吉野家の家督を妹きくのさんが相続し、加藤甫、やよひさんの婚姻届がだされました。
(4) 昭和九年一月一日、久留米市荘島町で二男、啓二さんが生まれました。
(5) 昭和一四年三月、おなじ場所で長女和子さんが生まれました。吉野さんの妹です。
(6) 昭和一八年一月、久留米市梅満町で三男、礼三さんが生まれましたが、翌月、同市原古賀町で死去しました。
(7) この年七月、啓二さん(九歳)が、吉野きくのさんの養子となる届出がされました。翌月、きくのさんの「隠居」が小倉区裁に許可され、啓二さんが吉野姓を継いで戸主となりました。
(8) 翌月、きくのさんと佐川正之氏との婚姻届が小倉市長にだされました。
(9) 昭和一九年五月、久留米市梅満町で次女、幸子さんが生まれました。
(10) 幸子さんは翌年五月一二日、直方市大字感田で死去、加藤甫さんが直方市長に届出ました。
(11) 昭和二三年八月、本籍地である三潴町××(もとの犬塚村××)で三女良子さんが生まれました。
(12) 昭和三〇年一月二七日、久留米市国分町でやよひさんが死去しました。四七歳でした。この時吉野さんは二一歳です。
(13) 昭和三三年、加藤甫さんは再婚しました。相手も再婚で、一三歳の女の子を連れていました。

(14) 昭和三四年一月、加藤甫さんが三潴郡大木町で死去しました。五四歳でした。

このときの遺児たちの年齢を調べると、

兄の純一さんが二七歳

吉野さんが二五歳

妹たちは一九歳と一一歳

義妹が一四歳でした。

(15) 翌年一二月、兄、純一さんの婚姻届が長崎市長に出されました。このとき純一さん二九歳、相手はおなじ三潴郡の人で二歳年下でした。

(16) この兄夫妻のあいだに、長崎市の城山町と東京近郊で二児が生まれています。

(17) 妹たちは二三歳と二二歳でそれぞれ結婚し、父の後妻も五年後再婚しました。

以上が、戸籍に記された加藤家の二世代にわたる歴史です。

《佐川家の歴史》

(1) 加藤家の(8)と重複しますが、

昭和一八年八月、佐川正之さん(三八歳)と、吉野きくのさん(三〇歳)の婚姻届が小倉市長に出されました。きくのさんは初婚、佐川正之氏は再婚で、長女五歳と長男三歳四ヵ月がありました。

(2) 二ヵ月後きくのさんは小倉市富野町で、二人にとっての長女、早苗さんを出産しました。

(3) 昭和二一年九月、長男が浮羽郡吉井町で死去しました。六歳でした。
(4) 長女は二二歳で、早苗さんは二三歳で結婚し、それぞれ他家へ籍をうつしました。
(5) 昭和三〇年四月、佐川正之氏の本籍が長崎市炉粕町から小倉市下到津にうつされました。
(6) なお佐川正之氏は長崎市炉粕町生まれで、二人の兄と一人の妹がいましたが、

次兄の子の出生地
妹のとつぎ先
前妻の死亡地
長女、次女の出生地
母の死亡地
長兄の再婚のときの居住地、相手の出身地

など、ことごとく小倉市です。

つまりこの一家は昭和のはじめごろから長崎市を離れて、長く小倉市に住みついていたことが判ります。そしてさいごに、本籍地を小倉市にうつしています。

以上、戸籍に記されたふたつの家族の歴史から、明らかとなったのはなんでしょうか。

この文章を読んでくださっているあなたは、どんな感想を持たれたでしょうか。

昭和一八年、叔母の養子となった吉野さんが、そのごどの家族といっしょに住んでいたのか——そのことは原子爆弾に被爆したとき、吉野さんがだれたちといっしょに暮らしていたかということ

になるのですが、私はまずそれを考えました。そしてそれは養母の家族ではなく、生父母の家族であったにちがいない、と結論しました。

その理由は加藤家の歴史の(7)、(8)と、佐川家の歴史の(1)、(2)をつなぎあわせて考えると判ります。吉野さんの養母きくのさんは、九歳の吉野さんを養子にもらい、その翌月には戸主を吉野さんにゆずって結婚し、二ヵ月後には出産しています。

これはたいへん不自然なことです。

すでに妊娠した女性が養子をもらい、そのあとで先妻の子が二人いる家庭に入る、というようなことがあるでしょうか。

そこでこの経過は、逆に読みとることによって解明できそうです。

きくのさんは佐川氏とかねて交際があったのでしょう。一〇歳で孤児となり、三〇歳ではじめて結婚の機会にめぐまれたきくのさんは、たいへん苦労をしてきた人のように私には思われます。

そのうちに妊娠し、出産が迫ってきたため、佐川氏との結婚を届出る必要にせまられたのでしょう。ところが結婚して、自分が夫の籍に入ってしまうと、吉野の名前がとだえてしまうのです。

きくのさんはそこで姉のやよひさんと相談し、むろん加藤甫さんの同意を得て、姉夫妻の二人の男の子のうち二男に吉野の名前を継がせて、吉野家の先祖のまつりをさせることにしたのではないでしょうか。このことは、男の兄弟を持たなかった姉妹の、かねてからの約束ごとだったかもしれません。きくのさんはそのうえで佐川氏との婚姻届を出し、まもなく出産したのでしょう。

したがって吉野さんと、叔母きくのさんとの養子縁組は戸籍上のことで、吉野さんは姓がかわったあとも、実家の家族といっしょにくらしていたにちがいない、私はそう考えました。

吉野さんのふた種類の身の上話と、この戸籍によって確かめられることとの関係を、つぎに私は考えてみました。

そしてこのように結論するほかありませんでした。

私に語った身の上話が正真の事実であれば、この身の上話を私に語ったあの人は、吉野啓二ではありえない、と。

もしあの人がまちがいなく吉野啓二という人であれば、私に語った、あの被爆体験の重要な部分のほとんどが、虚構だ、作り話だ、と。

第一の場合について、私はまず考えてみました。その場合、私にあの身の上話をしてくれたあの人は、吉野啓二という人ではありえません。

かりにその人の名をXさんとするなら、Xさんは兄弟の多い家庭の末子として、長崎市城山町に住んでいました。Xさんの両親は八月九日、被爆して亡くなり、兄姉はひとりの姉をのぞいて行方不明になりました。

Xさんは私に語ったとおり、被爆直後から一五年間入院生活を送り、その間、ただひとりの生きのこりだった「姉さん」も、白血病で亡くなります。

Xさんは退院後、私には判らないなにかの事情で、福岡県浮羽郡吉井町を本籍地に持ち、加藤甫・やよひさん夫妻の二男である、吉野啓二さんを名のるようになります。

Xさんの本名をなんというのか、被爆死した両親や「姉さん」の名前がなんというのかは、判りません。が、Xさんはその身の上話を私に語ったとき、吉野啓二さんの戸籍のなかから、父の名には吉野さんの母方の祖父の名前の一部を借り、母の名は吉野啓二さんの生母の名をそのまま借りたのかもしれません。「姉さん」の名はほんとうに早苗だったのかもしれませんが、ひょっとすると養母の長女の名前を、借りたのかもしれません。

Xさんは私たちには判らないなにかの事情で吉野啓二さんを名のってはいるけれども、私にたいしては、Xさんとしての自分の、正真の身の上話を語ったことになります。

一方、「国連事務総長への報告」にたいしては、吉野啓二さんの戸籍上の身の上とは矛盾しない被爆体験を作りだして、語ったことになります。

ここで語られたXさんの作り話は、戸籍によって確認できる吉野啓二さんの身の上と、（父、母が亡くなった年を別にすれば）たいへんよく合致しています。すくなくとも大きくは矛盾していません。この話のなかで、Xさんは父が亡くなった年を実際より八年早く、母が亡くなった年を実際より一年おそく語っていますが、これはちょっとした勘ちがいかもしれません。または誤植かもしれません。

Xさんはこのようにくわしく、吉野啓二さんの本籍地の番地や、母方の祖父の名や、母の名、養母の娘の名、被爆前に幼い弟や妹が亡くなったこと、戦後に妹が生まれ、兄が現存していることまで知っているのですから、よくよく、吉野啓二さんの家族のことを知りうる立場にある人に違いありません。

加藤家、佐川家の戸籍謄本のなかから、Xさんが持っていなければならない条件にあう人を私はさがしてみました。しかしすくなくともこれらの謄本のなかから、それらの条件をみたす人、そのような境遇に似た人を、みつけだすことはできませんでした。

それともXさんは吉野啓二さんとごく親しい友人で、その家族のことをよくよくきいたことがある人なのでしょうか。または私がしたように、吉野啓二さんと加藤家、佐川家の戸籍謄本を二県にまたがる三市町からとりよせて、吉野啓二さんの家族関係を学習し暗記し、吉野さんの被爆体験を創作し、「国連事務総長への報告」に語ったのでしょうか。

Xさんには、なぜそんなことをする必要があったのでしょう。そしてほんとうの吉野啓二さんはどこにいるのでしょうか。

第二の仮定の場合――私にあの身の上話を語った人が、まちがいなく、この戸籍謄本に記された、吉野啓二さんである場合のことを次に私は考えてみました。

その場合は、私に語ったあの身の上話の重要な部分のほとんどが、作り話だったということになります。

兄、姉がたくさんいた、ということも作り話なら、八月九日、壕の入口で母が死んだというのも作り話ということになります。母は一九五五(昭和三〇)年まで生存していました。そして吉野さんは、母が死んだときの情景についての作り話を、録音の二日目に、自分で希望してもういちどしたということになります。

三菱造船幸町工場の焼跡で父の遺体がみつかった、それを父とは信じられなかった、いまでも信じられない、というのも作り話ということになります。父は一九五九(昭和三四)年まで生存していました。吉野さんはこの作り話を私にたいして口で語っただけでなく、くり返し、手紙にも書きしるして私に送ってくれたことになります。

被爆によって多くの兄、姉が行方不明になったというのも作り話ということになります。兄はひとりしかいず、現存しており、姉はさいしょからひとりもいませんでした。

この戸籍謄本をみて私が驚倒したのは、加藤家、佐川家のいずれをさがしても、私にとってあのように印象深い存在だった「姉さん」が、どこにもいないということでした。

「姉さん」もまた、吉野さんが作りだした虚構の存在なのでしょうか。

そうだとすると、吉野さんが語った、あの病院生活の印象深い情景《シーン》のひとつひとつが、ことごとく作り話だったということになります。吉野さんは被爆直後の八月一五日、「姉さん」が救護所にたずねてきて、自分の枕元においていた両親の遺骨箱にしがみついて泣いた、と語りました。そのとき、思わず涙声になりました。いたはずのない姉が、あったはずのない両親の遺骨箱にしがみつく光景を想像して、吉野さんは泣いたのでしょうか。

「姉さん」の生涯をふりかえって、どんな気持をもつか、と私が質問したのにたいして、吉野さんは

「その質問はあまりに残酷すぎます。」

といって、泣くまいとして声をふるわせながら、一身をなげうって自分をまもってくれた姉を亡くした胸の痛みと、わがままをいってその姉を苦しめた悔いを、かきくどくように語りました。吉野さんは空想上の「姉さん」の生涯を痛恨して、あのように感情を高ぶらせたのでしょうか。なん年もまえに、はじめて吉野さんにあった夕方のことを、私は思い返さずにはいられませんでした。

吉野さんが私たちの作業の試みの意図を実に素早く理解し、話をしてほしいという私の要請をうけ入れたことを、この文章のさいしょに私は書きました。それからまた、被爆して亡くなった家族があるのだろうか、と私が質問したのにたいして、吉野さんが、両親、兄姉のことごとくが被爆死した、と答えたことも記しました。

あの夕方、あの会場で、私のような男にあい、そのような要請をうけるということは、吉野さんはまったく予期していなかったと私は思います。吉野さんはそのときとっさに、作り話を思いついたのでしょうか。そして私の三度の訪問に先だって、その日に話すべき作り話の筋や情景《シーン》を考え、私を待ったのでしょうか。

それともこの作り話は、私にあうずっといぜんから、吉野さんの心のなかには作りあげられていたのでしょうか。

吉野さんにはじめてあったあの夕方、吉野さんに「長崎市役所につとめている吉野さんは、親戚かなにかではないのか」と自分が問い、二度目にあったとき、「それが行方不明になった自分の兄ではないかと考えて、一晩ねむれなかった」と吉野さんからきかされ、たいへん恐縮したことを、私は思いおこさずにはいられません。

もし彼がほんとうにあの戸籍の吉野さんと同一人物であるのなら、兄はひとりしかいず、現存しているのですから、吉野さんのこの言葉もまた、まったくの作り話だったと断ずるほかはありません。吉野さんの話がほかのどのような人々の話よりもリアルで豊かな情景《シーン》に満ち、「姉さん」という最も印象的な登場人物をもち、そのゆえにほかのどのような人々の話よりも私を感銘させたということを、私はこれまで書いてきました。その話の重要な部分がほとんど作り話であったとするなら、この自分の作業を、私はどう考えたらよいのでしょうか。いく百の真実の話よりも、ひとつの作り話が深く私を感銘させたとするなら、私を訪ねてきた、小説を書く、あの女性の

「被爆者の話をきいて小説を書くのがいやになった。」

という言葉は、いったいどのような意味をもってくるのでしょうか。

人間らしく生き死にするための条件を、原子爆弾から最も厳しく奪われたために、人間らしく生きていこうとする営みのひとつひとつが、とりもなおさず、原子爆弾を否定し返す営みとなるほかはなかった、その否定し返す営みの頂点として、社会変革の意志に到達した、ということの点で、吉野さんの話がほかのどのような人々の話よりも自分を感動させた、ということも、私はこれまでく

り返し書いてきました。吉野さんの話によって、それまで判らなかった原子爆弾と人間との関係のもうひとつの側面を、私は教えられました。吉野さんにあのような話をしてもらった経験に導かれて、自分の作業を進め、吉野さんが語ったその半生の物語の上に、自分なりの被爆者論を組みたててきました。

自分のその被爆者論の中心をなす、いわば鍵となる話が、その重要な部分において作り話であったとすれば、そのことをいったい私はどのように考えたらよいのでしょうか。

この戸籍謄本をみて実に疑問に思ったのは、加藤家、佐川家、このふたつの家族の歴史には、これらの家族が長崎市に、長崎市の城山町に住んでいたらしいことを推定させる記事が、どこにも発見できないということです。

加藤家の本籍地は父方、母方とも福岡県の筑後川流域です。両親は最初父の郷里でくらし、のち久留米市に住んで戦時中をすごしていたらしいことが、子供たちの出生の届出地によって判るのです。戦後三年目に父の郷里で妹が生まれており、一〇年目に久留米市で母が、一四年目に郷里近くの町で父が亡くなっています。一家は永く、久留米市とその周辺でくらしていたらしいのです。

この一家と、長崎市城山町とのつながりを感じさせるただひとつの例外は、吉野さんの兄と城山との関係です。それは兄の戸籍と、その附票に記入された居住地によって判るのです。

吉野さんの兄は一九六〇（昭和三五）年城山町一丁目に住み、その年結婚し、のち城山町で長男が生まれています。その後東京近郊に転居し二人目が生まれています。のち長崎市青山町（ここはもとの城山町一丁目にはいります)に帰り、私が吉野さんに会うまえの年に東京に帰って、首都圏に現存しています。

しかし、このひとと城山町との関係を示す記事は、すべて一九六〇(昭和三五)年以降のことで、原子爆弾が投下された前後に、この加藤一家が長崎市の城山町、というより、長崎市か、その近くに、住んでいたらしいことを示唆する記述は、すくなくとも戸籍にはひとつもありません。

これは佐川家にとっても同様です。

佐川家の本籍地は長崎市なのですが、それは城山町からは遠く離れた炉粕町でした。佐川家の戸籍からは、この一族がおそくとも昭和のはじめごろから現在まで、小倉市に住みついているらしいことがはっきりと読みとれます。しかしその間のある時期、長崎市やその近くに住んでいたらしいことを示唆する記事はどこにもみつかりません。

加藤家、佐川家の歴史のなかで私がとくにふしぎに感じるのは、加藤家の記事のなかの(9)(10)の項目です。

一九四四(昭和一九)年五月、つまり被爆の年の一年前に、吉野さんの妹が久留米市で生まれ、その子は一年後の一九四五(昭和二〇)年五月一二日、つまり原子爆弾が長崎に投下される三ヵ月たらずまえに、福岡県直方市感田で亡くなっています。記事によれば「同居ノ親族加藤甫」が、「直方市長ニ届出」ているのです。

このとき吉野さんの父、加藤甫さんは直方市に住んでいたのでしょうか。

それとも生後一年の赤児を連れて、直方地方に旅行か、滞在か、していたのでしょうか。

太平洋戦争最後のこの時期、前年まで長く久留米市に住んでいた当時四〇歳の男性が、筑豊の中心都市のひとつ、直方市にきていたとすれば、すぐに「炭鉱」「徴用」というふたつの言葉が浮かんできます。

長崎に原子爆弾が投下される、三ヵ月たらずまえのこのとき、吉野さんは父といっしょに直方市にいたのでしょうか。それとも久留米市にいたのでしょうか。

そして吉野さんの父は、一四歳の長男と六歳の長女を福岡県に残し、この日から八月九日までのあいだに、妻と一一歳になった二男の吉野さんだけを連れて、長崎市城山町に転居したのでしょうか。

それともまったく新しい可能性として、被爆の二年前養子に出された吉野さんは、養家にもいかず、生家にも残らず、そのときいらい城山町の家族の多い家庭の一員として育てられ、その人たちを父、母、姉さんと呼んでいたのでしょうか。そして私には、その正真の体験を語り、「国連事務総長への報告」には、生家の戸籍上の記録とは矛盾しない作り話を考えだして語ったのでしょうか。

――吉野さんのふたつの身の上話と、数通の戸籍謄本を材料にして、私はいまいく通りかの可能性を考えてみました。

この文章を読んでくださっているあなたは、どの想像が、真実に近い、とお考えになりますか。それとも私が考えつかなかった、第四、第五の可能性を考えられますか。

二種類の身の上話には共通している部分もあります。しかし、従ってその部分は真実だ、と判断できる材料もありません。

二種類の身の上話のどちらかは、すべて真実だ、と考える根拠もありません。またどちらかはすべて作り話だ、と考える根拠もありません。

歴史小説が史実と虚構をくみあわせて書かれ、そのたくみなくみあわせかたによってリアリティを獲得するように、吉野さんの話のなかには、「史実」と虚構が、複雑にからみあっているのかもしれません。

私は考えました。

――一五年の病院生活そのものも作り話だろうか。部分的にはほんとうなのだろうか。あの「姉さん」というのは、実は一九五五（昭和三〇）年に亡くなった母のことなのだろうか。

子供たちが遊ぶ姿をみて、どうしても歩きたい気持がおこり、ふとんをかかえてはベッドからころげ落ちて、這う練習をしたという、あの部分も作り話なのだろうか。それともあれだけは実際の体験なのだろうか。

あの印象的なクモの巣の話も作り話なのだろうか。それともあれは本当にあったことなのだろうか。

私は考えずにはいられません。

架空の「姉さん」を創りだし、あのように生き生きと活動させる力のある人は、ほかにどのような話を作り、情景《シーン》を描きだすこともできるでしょう。

私はさいごの疑問にたどりつかないわけにはいきません。

――この話のいちばん大事なところ、つまりこの話のドマンナカは大丈夫だろうか。

被爆太郎の誕生

一九七六（昭和五一）年の晩秋、私は自分の次の作業地を福岡県ときめ、福岡市に転居しました。吉野さんの本籍地であることとはむろん関係はありません。それまで広島での被爆者にかたよっていた収録リストに、長崎での被爆者をふやしていく方策のひとつでした。この年から私の作業に、新しくふたりの協力者があらわれました。忙しい生活のなかから、自分のお金と時間を割いて、この苦しい作業をともにやってみようという人たちでした。大阪と横浜に住んでいた協力者たちは、それぞれの地方の被爆者を、こつこつと訪ねはじめました。私の作業はこのときはじめて集団作業としての実態を持つようになりました。

私は福岡市で働きはじめました。新聞広告でみつけた時間給三五〇円の仕事でした。

午前六時半から九時半まで働きます。その間に朝食を食べさせてもらえます。九時半から夕方までが、被爆者を訪ねて録音を頼み、すでに頼んである人の録音を収録する時間です。午後七時、職場に帰って午後一一時まで働きます。仕事がすむと、夜食の弁当が支給されます。そのまま職場に泊りこんで、翌朝の労働をむかえます。最初の一ヵ月は一日も休まず、二ヵ月目から週に一回の休みをもらって、こんな生活を九ヵ月間続けました。博多駅の近くに借りた四畳半の部屋には、休みの日や、録音のない日に帰って、テープの整理をしたり、収録名簿を作ったりしました。この年と翌年は、大晦日の夜から元旦の朝まで働きました。お金がすこしたまったので、一〇ヵ月目に夜の仕事をやめさせてもらい、朝だけ働いて、それから筑豊地方に約三ヵ月間、筑後地方に約二ヵ月間、定期券を買ってかよいました。

結局福岡市に一年五ヵ月間滞在して、福岡県内で二〇〇人の被爆者の話を収録しました。収録した被爆者の合計は約八〇〇人になりました。

福岡にいた約一年半、道を歩きながら、バスを待つ間、職場で、列車のなかで、私はふっと吉野さんのことを思い出しては、考えにふけりました。

吉野さんとはじめてあった夕方のことを、くり返しくり返し、私は考えました。

二日目にアパートを訪問したとき、吉野さんが被爆のあの日のことを、わざわざもういちど話させてほしいと申し出た意味を考えました。

吉野さんが私にも「国連事務総長への報告」にも、その日、八月九日、学校に登校した、と語っていることがなにを意味しているかを考えました。

また吉野さんが、あの日の直後から長崎医大附属病院に収容されていたと語ったこと、その後手紙ではその話を多少訂正していることの意味を考えました。

筑豊の被爆者を訪ねてゆく過程で、私はなんども直方市を訪ねる機会を持ちました。感田というところは植えこみの多い、中級以上の住宅地でした。大きな病院がありました。

私はまた久留米市を訪ねる機会をもちました。吉野さんが生まれた荘島町や、その後住んでいたらしい梅満町を歩いてみました。久留米にも大きな空襲があって、荘島地区は被害が大きかったらしいことも知りました。

私はまた、吉野さんの言葉が、長崎育ちの私がきいても、長崎弁以外の方言にはきこえないことの意味を考えました。吉野さんの録音には、一ヵ所、「先生がみてある」と、福岡方言とも思われるところがあるのですが、それいがいの部分は、長崎弁としてきいてもすこしの違和感もありません。吉野さんの録音では、とくに方角を示す、そっちさん、稲佐んほうさんという、「さん」というなまりがしばしばくり返されています。久留米地方でもこのようないいかたをするのでしょうか。

吉野さんがたしかに長崎弁にきこえる言葉を使うことの意味を、私はくり返し考えました。長崎大学医学部の、実在の教授の名前を知っていることの意味を考えました。

かつて城山町に住んでいて被爆した婦人が東京にいるという話を私がしたとき、吉野さんが、「その人にはききたいことが山ほどある」といって、その婦人に熱心にあいたがったことの意味を、考えてみました。

すくなくとも吉野さんの両親は、被爆の直前の時期まで、福岡県にいたのではないかということを示唆する、戸籍上の記録のことを、くり返しくり返し、私は考えてみました。

私はまた、自分が最後にたどりついた疑問のことを、くり返しくり返し、考えてみました。

被爆体験がいつわって語られることと、その人が被爆したこととの関係を考えただけではなく、被爆体験がいつわって語られることと、その人が被爆しなかったこととの関係を、考えました。

解けないとあきらめて放りだしてしまった知恵の輪を、思い出してひろいあげ、またくり返し首をひねるように、私はくり返しくり返し、吉野さんのことを思い出しては、ひとりでじっと、もの思いにふけりました。

いまはもう明らかです。

そのとき私が住み、毎日歩きまわっているこの福岡県内に、戸籍上の記録では判らない、吉野さんの来し方について知っている人がたくさんいるはずです。三潴町には吉野さんの父方の、吉井町には母方の親戚が、久留米市には吉野さん一家のことを知っている、知人、近所の人々、吉野さんや兄さんの友だち、同級生、先生などがいるはずです。

すこし時間をかけさえすれば、これらの人々を見つけだすことができるでしょう。そして私が知りたいことを、いろいろと教えてもらうことができるでしょう。

吉野さんの養母(叔母)と義妹は小倉にいます。ふたりの妹さんたちの居場所も判っています。東京の近県にはお兄さんがいます。

これらの人々、とくにお兄さんを訪ねれば、吉野さんが生まれていらいのことが、もっとも確実に判るでしょう。一九四五年八月九日、吉野さんと両親が、どこにいたか、吉野さんの両親の死と、その日長崎でおこったできごととの間にかかわりがあるかないか、話してもらうことができるでしょう。福岡の街をあちこちと歩きまわりながら、枯れすすきに被われたボタ山を車窓からぼんやりとながめながら、私がいちばん時間をかけて考えたことは、これらの人々を探してみるようなこと、訪ねていくようなことを、するかどうか、ということでした。

私は何ヵ月も、一年以上も考えました。

結局、それはしないことにしました。

自分のその行為が、人伝てに吉野さんの耳に入って、吉野さんの精神状態の平衡に危険を与える可能性を、私はまず怖れました。「国連事務総長への報告」では、吉野さんはお兄さんと交際を断っているようにのべてあります。しかし必ずしも信じられません。吉野さんはいまでもときどき、お兄さんの家にいっているかもしれません。私がお兄さんをたずねていけばもちろん、かりに叔母さんや親戚の人たちを訪問しても、いつかそれはお兄さんをつうじて、吉野さんの耳にはいるかもしれません。かつて「戸籍謄本をとりよせてみてはどうか」と提案したとき吉野さんが示した、あの跳びあがらんばかりの怒りが私には忘れられません。提案しただけであれほどの反応を示した吉野さんが、私の行為を知り、吉野さんのほんとうの身の上や、吉野さんの被爆体験の虚構に私が気付いたらしいことを知ったら、どれだけ感情をたかぶらせるでしょうか。いまも危険な状態にあるかもしれない、吉野さんの精神状態の平衡に、それはどんな打撃となるでしょうか。私は怖れました。

たとえば吉野さんがかつて住んでいたらしい町をたずねて、近所の人や、同級生をみつけだし話をきくことができれば、私の行為が吉野さんの耳に入る可能性は小さくなるでしょう。そのかわり私がきくことのできる話の確実性も小さくなるでしょう。私がいちばん知りたいことについて、確信のある話はおそらくきくことができないでしょう。吉野さんの肉親という、最も確実な情報源をそのままにしておいて、不確実な情報のうえに推定をつみ重ねても意味がうすいでしょう。

それらの人々をたずねてはゆくまい、と決めたもうひとつの理由、最も大きな理由は、こんどこそ私には、もうそんなことをする権利がない、目的がない、名分がない、と考えたからでした。

吉野さんの場合だけはタブーを破り、被爆者の話の内容に一歩踏みこんで、その「真実」性を私が検証しようとしたのはなぜでしょうか。いうまでもなく、吉野さんの話に深く心をゆり動かされ、将来、この話をたくさんの人々にきいてもらいたい、自分の気持を多数の人々のものにしてほしい、と考えたからにほかなりません。

そのためにも、この話が、その内容の大すじにおいては正真の事実であるという確信をもちたい。そのための傍証を得たい。それが私の行為の目的でした。

結果は出ました。

「傍証はすこしも得られなかった。この話が正真の事実であるという確信はまったく持ちえない。」

これが結論です。

これ以上、タブーのなかにもう一歩踏みこむ理由は自分にはもうない。私はそう考えました。私はもう、充分に、吉野さんの「過去を暴いて」しまいました。知る権利のないことを知ってしまいました。被爆とはなんの関係もない人々の個人生活までのぞきこむ失礼をおかしてしまいました。

この録音はやっぱり、「幻のテープ」におわってしまった。それ以外に、自分が知る必要があることはなにもない。私はそう考えました。

戸籍でみるかぎり、吉野さんの兄さんは、たいへん苦労をした人のように私には思われます。二三歳のときに母を、二七歳のときに父を亡くしています。そのとき、弟、吉野さんは二五歳、その下に一九歳と一一歳の妹、一四歳の義妹がいました。まだ幼い妹のことでは、頭を痛めたのではないでしょうか。

二九歳で結婚しています。父の死が、結婚をおくらせたようにも、感じられます。

この人はそのご二児にめぐまれ、いまは幸福にくらしているように感じられます。二八歳のころから、長崎市の城山町と東京近郊のあいだで転居をくり返していることは、東京に本社を、長崎に事業所を持つ、大きな企業への勤務を私に想像させます。

この人にとって、身体が弱く、働くことができず、四〇歳近くなっても独りでくらしている弟のことは、おそらく心痛の種子ではないでしょうか。兄さんは、私たちが知らない、もっともっと深刻な心配を、吉野さんの身の上についてしているかもしれません。

この人を、なんの目的で私はたずねていくのでしょうか。

――私には判らない理由によって、吉野さんは私に、真実の身の上を話してはくれなかったようです。いや、虚構の身の上話を語ってくれたようです。

この録音は話をきき終った直後の予感どおり、正真の事実として第三者にきいてもらうわけにはいかない、「幻のテープ」に終ってしまいました。

それでよい、私は考えました。

この幻に導かれ、励まされて、私は作業の道をあゆんできました。

一九七八(昭和五三)年五月、福岡滞在の目的をすべてはたし、私は長崎の実家に帰りました。自分の作業の出発点、爆心の丘の、亡くなった人たちの白骨の上に帰って、さいごの収録に励みました。この年の夏は福江市に約二ヵ月滞在して、離島・無医地区の被爆者を訪ねました。便船をなくして、なん度か島で野宿しました。秋には原子力船入港問題でゆれ動く佐世保市に滞在して、被爆者の心をたずねました。この年暮、録音は九〇〇人になりました。

幻が消えても録音テープは残りました。

私はまたこの幻に導かれて、それを骨組みとした私なりの被爆者論を作りあげることができました。幻が消えても、まとまった自分の考えはもうかわりません。

吉野さんにはその後年賀状だけは送ってきました。吉野さんからの音信はとだえました。

それでも、と私は考えました。

あいかわらず、身体が弱いながらも、ときどきは心を傷つけられ、腹を立てたりしながらも、吉野さんは毎日自炊し、通院し、闘病し、音楽を楽しみ、生きているにちがいない。被爆者運動や原水禁運動に、そして「社会を変革する運動」に、生き甲斐をもやしているにちがいない。吉野さんにそれ以上のなにを、私が望むことがあるだろう。

「こんどいつあえるかは判らないけれど、吉野さん頑張れ。」

私は心のなかでつぶやきました。

吉野さんの録音の裏付けをとる試みを断念したあとも、吉野啓二さんは私の胸のなかに住みつづけました。私の胸のなかの「吉野啓二体験」は、出口をもとめてさまよいました。

かたわら、私は毎日、被爆者をたずねて歩きました。働き、通院し、闘病し、運動し、愛し、笑い、嘆き、生活している、被爆者のさまざまの姿をみました。何百人ものお話をうかがい、何百人もからお話を断られました。自分が収録できている被爆者の「声」は半分の声にすぎない。収録できないでいる、あと半分の声がある。そんなことも判ってきました。

私の身体の外につみ重なってゆく録音テープという物質的な存在と、私の胸のなかの「吉野啓二像」という抽象的な存在は、ふしぎな関連でつながれていました。

はじめその像は、ぼんやりした姿で私の胸のなかにうずくまっているだけでした。録音が七〇〇人から八〇〇人、八〇〇人から九〇〇人と増えていくうちに、私にはそれまで気がつかなかった原子爆弾と人間とのもうひとつの関係が、うすうす、判ってくるような気がしました。五〇〇人目、六〇〇人目を収録したころには判らなかった、吉野さんが語った被爆体験・被爆者体験の正体が、うっすらと判ってくるような気がしました。録音テープが増えるごとに、私の胸のなかの「吉野啓二像」は、つぶやいたり、立ったり、座ったりしはじめました。その像は私の胸に、さまざまの空想をかきたてました。

私は吉野さんが「国連事務総長への報告」に語っているとおりの、またはそれにごく近い、半生を送ってきた人だと空想してみました。父か、母かに連れられて、被爆後のある時期、福岡県から長崎に入市した人だとも空想してみました。

その吉野さんが、私に語った、あの「幻」を作り出していく過程を空想してみました。

吉野さんは、――長崎医大附属病院ではないかもしれませんが――どこかの病院に、長いこと入院していた人かもしれません。そうして別の被爆者、場合によっては複数の被爆者たちと、なん年ものあいだ、隣りあわせのベッドに寝ていたのかもしれません。

そのような経験が、なんどかくり返されたのかもしれません。

二年も三年も、隣あわせのベッドに寝ていた被爆者が、亡くなっていくようなことを経験したかもしれません。

その人に、やさしい、被爆者の「姉さん」がいたことを私は空想してみました。

その「姉さん」が、吉野さんを可愛がってくれたことを空想してみました。

その「姉さん」が、亡くなったことを空想してみました。

それからまた、同室した被爆者たちが、くり返しくり返し、それぞれの身の上を語りあったと私は空想してみました。人の体験と、自分の体験との区別がつかなくなるほどに。

自分ではしたことのない体験、見たことのない情景、いったことのない町、あったことのない人が、自分自身の体験、見た情景、いった町、あった人のように感じられるようになるほどに。

その過程で、不必要な部分はいつのまにかけずり落とされ、必要な部分は事実をいっそう鋭く伝えるように作りかえられ、複数の人間の体験がひとりの人間の体験に凝縮され、しだいしだいに一個の「被爆太郎の話」ができあがっていく過程を空想してみました。

「被爆太郎」は人間と原子爆弾との関係を、もっとも鋭く表現した存在として誕生します。

ありえないことですが、かりに原子爆弾が、人類がまだ文字を持たない時代に投下されたとしても、そして代々の権力者が、このような体験が記憶され、伝承されることを望まなかったとしても、それは人々の脳裡に深く刻みこまれ、口から口へ、祖父母の口から子たちや孫たちへ、孫たちからそのまた子や孫たちへというふうに、いく世代ののちまでも、必ず、伝えられていったにちがいありません。

被爆体験とはそのような体験でした。

もしそういう時代であったら、きっとこの人が、その伝え手になったにちがいない、そう思わずにはいられない老人たち――多くはおばあさん――に、私はなん人もあってきました。

そのおばあさんの話をきいていると、いろりの前に座っているおばあさんの姿が私にはみえてきます。自在鉤や、黒光りのする柱や、使いこんだ、がっしりした家具がみえてきます。

おばあさんはいろりに手をかざし、前かがみに座って、原子爆弾にあった人々の話をしています。おばあさんのむかいの、いろりの前には、五つくらいと、三つくらいの孫娘の姉妹が座って、おばあさんの話をいっしんにきいています。

ふたりとも丸々ふとり、きちんと正座し、にぎりこぶしをひざにあて、頬を真っ赤にして、おばあさんの話をきいています。

（私のイメージでは）ふたりの両眼は大きくみひらき、耳は兎のように大きくひろがり、すけてみえるふたりの脳の部分には、ゆっくりゆっくりと、テープレコーダーがまわっています……。

このような口伝えの被爆体験は、それがいく世代にもわたたって語り伝えられるあいだに、数えきれぬ、「被爆民話」を生みだしたにちがいありません。

「怖ろしい話」「悲しい話」「おかしい話」「ふしぎな話」「ちょっとの偶然が運命を左右した話」「日ごろのよい行ないが報われて生命が助かった話」「亡くなったお母さんが、娘の嫁入りの晩、たんすをとどけてきた話」「救護所の遺体の金歯を、夜ごとペンチでひきぬいてまわっていた鬼のような男の話」「野犬に食べられた赤ちゃんの話」「自分の身を棄てて、弟を護りぬいた気高い姉の話」「死んだ息子が観音様になって母親の夢枕にたち、人間の生き方をさとした話」「焼け死んだ美しい娘が夏の夜蛾になって、恋人の部屋を訪れた話」、こんな話がかぎりなく、生みだされたでしょう。

そこには軍人、高官、母親、兵士、中学生、大工、看護婦、機関士、娘、産婆、先生、ドロボウ、警察官、修道女、商人、農民、情深い人、強欲な人、およそありとあらゆる人々が登場してきたでしょう。

そのような「被爆民話」の原形とでもよびたい話を、私はいく十となくきいてきました。被爆の責苦を一身に負い、それをまたもっとも高い立場でのりこえた、「被爆太郎」も、このような人々の人間くさい営みの混とんとした渦のなかから、生みだされたかもしれません。

大和朝廷の発展期に、いくどか行なわれた熊襲《くまそ》や東夷《あずまえびす》を征服する戦争の民族的な記憶は、いつかヤマトタケルノミコトというひとりの英雄の物語を生みだしました。

複数の人々の集団的な体験、民族的な体験が、ひとりの人間の体験として抽象され集約されていった数多くの例を、私たちはこの国の歴史のなかにも、外国の歴史のなかにも、いくらでもみつけだすことができると思います。

「被爆太郎」はかぞえきれぬ人々の集団的な体験、民族的な体験を、ひとりの身に凝縮した存在として、私たちの前にたち現われます。

吉野さんによって私に語られたこの話は、被爆後二〇数年の日本の戦後社会が、すでに「被爆民話」を生みだしつつあることのひとつの証拠ではないか——私はそう、空想してみました。

私はまたもうひとつの空想をしてみました。つまり吉野さんが被爆者ではなかった、と空想してみるのです。

吉野さんはいわゆる認定被爆者です。つまり現在の治療を要する疾病が、原子爆弾の被爆に起因することを、国家が、厚生大臣の名において認定した被爆者です。このような人々は全被爆者の一パーセント強しかいません。

ですからその人が被爆者ではなかった、と空想するのはまったく現実的ではないのですが、そこが空想の空想であるところです。

そのうえで、被爆体験がいつわって語られたことと、その人が被爆したこととの関係ではなくて、被爆体験がいつわって語られたことと、その人が被爆しなかったこととの関係を、つくづく、考えてみました。

空想によって、被爆者でない吉野さんを直視するとき、それでも、どうしても否定することのできない悲運を負った存在としての吉野さんの姿がみえてきます。

吉野さんがきわめて病弱な人であるということはだれにも否定のしようがありません。一二四種類の病気を持ち、八口やそぶりで病を詐っても医師や検査技師をだますことはできません。一二四種類の病気を持ち、八〇種類の薬を飲んでいるという吉野さんの姿は、かりに被爆はしなかったとしても残る吉野さんの現実です。

吉野さんが、健康いがいの肉体的条件においても恵まれていないことは、吉野さんにはじめてあった日受けた印象のところで書きました。

吉野さんに重度の吃音があるということも、忘れることができません。私たち、なんども吉野さんにあって話したものは、その吃音にも慣れて気がつかなくなってしまいがちですが、予備知識なく、この吃音に出あった人は強い印象をうけるでしょう。この吃音のためにこれまで吉野さんが受けてきた屈辱がどれほどのものだったか、私たちの想像をこえているかもしれません。

このような吉野さんにとって、この人生はどれだけか、苦難に満ちたもの、酷薄な相貌を持ったものだったに違いありません。

もし人が、生まれながらにこのような条件を背負って人生を歩みはじめたとしたら、その人はいったい、自分のその苦悩の意味づけを、どのようにして得ることができるでしょうか。

意味づけの得られない苦悩は、いっそう、耐え難い重みをますにちがいありません。

人間は自分の生と死の意味づけを求めて生きている。

その意味づけは、ただ、他とのかかわりのなかでだけ、得られる。

人間はしばしば、意味づけの得られない生よりも、意味づけの得られる死のほうを選ぶ。

四〇年間生きてきて、私にもやっと、そんなことが判ってきました。

あの「夜と霧」を書いた心理学者フランクルは、ナチの強制収容所で生きのこることができた人々は、ただ強制収容所での言葉につくせぬ苦痛に耐えることの、意味づけをできる人々だけだったと報告しています。そして末期の癌患者を励まし、その苦痛を和らげる療法として、苦痛にたえる、その人の英雄的努力が、ひとつの感動として永く知人の記憶に残るという意味をもつことができることを教える、「意味療法」を提唱しています。

世のなかにはまことに意味づけの得にくい死や苦悩というものがあります。

たったひとつの例ですが、例えば通り魔殺人による犠牲者の死と遺族の苦悩などもそのひとつでしょう。

自分がたまたまその場所にいあわせたというだけで、だれでもよい犠牲者として選ばれ殺されたとしたら、私たちはその死の意味を、どのようにして得たらよいでしょう。

肉親たちはその悲運を、自分にどのように納得させることができるでしょう。

ある日のことです。福岡時代のさいごの時期でした。そのとき私は、博多駅に近い、日当りの悪い、四畳半の借間にねころがって新聞を読んでいました。

安いことと、駅に近いことだけを条件に選んだ部屋でした。窓を開けると隣の家の壁です。正午すぎの二時間くらいの間、そのせまいすきまから、てのひらぐらいの大きさに日光がさしました。獄舎にいる人がそうするように、その日光を両てのひらに受けて、つくづく眺めることがありました。

福岡生活の後半から、まただんだん身体が弱くなってきました。歯槽膿瘍になって、歯科医にいったところ、過労を改めないと治らないと注意されました。理髪店の椅子に座ったら、お客さん徹夜麻雀ですか、肌が荒れてますよ、といわれました。ちょっとの空き時間はできるだけ横になって身体を休めるようにしていたのですが、そうするとウトウトと眠りこんでしまうことが多く、そのたびに目ざめてからひどい動悸がして苦しみました。

そのときも、私は横になって、新聞を読んでいました。そうして通り魔犯罪の犠牲者たちが、このような犯罪の被害者にたいして、国家補償を求める運動をしている、という記事に目をとめました。

「私たちのような意味のない悲しみを、ほかの人たちには味わわせたくないという気持でやっている。もしこういう制度を作らせることに役立ったのであれば、殺された私たちの肉親も浮かばれるし、私たちの悲しみもいやされる。」

そんな、参加者の言葉が目につきました。

「――ここにも苦悩の意味づけをもとめている人々がいる」。私はぼんやりと考えました。

そのとき、私にはとっさに、被爆者のことが思い浮かびました。それから吉野さんのことを思い出しました。私は座りなおして、じっと考えました。

原子爆弾はそれを拒もうとする人間の行為にたいして、実にふしぎな意味づけの力をもっています。それがあまりに残虐で、犯罪的で、人類の未来にたいして破滅的状況を与える無気味な可能性を持っているために、原子爆弾は、それに反対し、それを廃絶させ、使用を阻止させようとする人間の営みにたいして、かぎりなく大きな意味を付与するのです。

その残虐性や破壊力の巨大さとちょうど等量の大きさの意味を、その営みにたいして与えるのです。

被爆者は自分の苦悩が、同じ苦悩を他の人々に味わわせないことに役立てられることをつうじて、自分の苦悩の意味づけを獲得し、その苦悩に耐える力を持つことができます。

核兵器が人類を破滅状態にさせうる破壊力を持っているために、被爆者の死と、その苦悩に満ちた生は、それが核兵器を再び使わせず、廃絶させることに役立てられる道をつうじて、人類史的な意味を獲得するのです。

被爆者を運動にかりたてるものは、奪われた自分や肉親の死と生の意味を奪い返したいという欲求にほかなりません。

被爆者にとってもっとも耐えがたいことは、自分たちの苦悩に意味が与えられないこと、自分たちの肉親、友人の死が犬死とされ、苦悩に耐えて生きつづける自分たちの生が、犬生きとされることです。被爆者援護法制定を求める被爆者の要求は、自分たちの肉親、友人たちの死、自分たちの生にたいする、国家的、法律的、社会的、民族的な、意味づけを求める欲求の表明にほかなりません。そのことによって被爆者は、自分たちの人間らしさが、多少は奪い返せた、回復されたと感じるのです。

自分たちの生と死の意味を奪い返したいと考える被爆者の欲求が、核兵器が人類の歴史から完全に姿を消し、清算される、そのときまで完結しないだろうことはみやすい道理でしょう。

被爆者援護法が、その意味を条文に明記してもしなくても「原爆再投下禁止法」という性格を持つほかないことを私はさきほど書きました。核兵器廃絶の国際協定は、真の意味で「被爆者援護法」となるほかないでしょう。車の両輪に譬えられるこのふたつの目標は、原子爆弾投下によって否定された被爆者の人間らしさを回復し、被爆者の生と死の意味を奪い返すという、ひとつの目標の主なふたつのあらわれと考えなければならないでしょう。

吉野さんが生まれながらに病弱な、吃音や恵まれぬ肉体的条件をもった人だと私は空想してみました。

吉野さんは、ひょっとすると久留米市で空襲にあった人かもしれない、とも空想してみました。

戦後のある時期、お兄さんといっしょに、長崎市の城山町に住んだことのある人かもしれない。そのとき、爆心地のようすをみたり、長崎大学医学部附属病院で治療を受ける機会があった人かもしれないと空想してみました。

生まれながらに意味づけを得られない苦悩を負って生きてきた吉野さんが、その時期にか、または別の機会にか、被爆者と縁をもつようになったことを私は空想してみました。

その場所は、どこかの病院であったかもしれません。

吉野さんとその被爆者は、二年も三年も、あるいはそれ以上も長く、隣あわせたベッドに寝ていたかもしれません。

そのとき、おたがいの身の上を、くり返しくり返し、語りあったかもしれません。

このような経験は、病弱な吉野さんにとっては、いちどだけではなかったかもしれません。あるいはぜんぜん別な方法で、被爆者と、しみじみ話しあう機会があったかもしれません。

このような過程のなかで、吉野さんが、もうひとつの空想のなかでも述べたように、「姉さん」にあったり、被爆者の身の上を、自分の身の上として感じるようになったりすることを、私は空想してみました。

そうして何年もかかってか、ある時期突然にか、自分の苦悩に意味づけの得られないことにいっそう苦しんできた吉野さんが、原子爆弾が、人間の苦悩や、人間の行為にたいしてもっている、ふしぎな意味づけの力に気がついたと空想してみました。

こうして、被爆者であるところの吉野啓二さんが、戦後のある時期、広島と長崎に原子爆弾が投下されてから一〇年以上もたった時期、形成されていったというふうに空想してみました。

この文章を読んでくださっているあなたは、私のこの空想を現実性のないものとしてお笑いになるでしょうか。

私は多くの地方で被爆者にあい、被爆者の運動にふれる機会をもちました。

「あの人は実は被爆者ではないのではないか。」

そんなふうに他の被爆者から噂される被爆者があることを、いちどだけでなく知らされました。それが、その地区の活動を代表するような被爆者であることを知って、おどろかされたこともありました。

しかし、それにもかかわらず、その人が献身的な活動を続け、被爆者としての活動が、その人の生活、というより、その人の人生の中心となっていることを知るときも、私は原子爆弾が人間の行為にたいしてもっているふしぎな意味づけの力を感じ、戦後に被爆者が生まれていることを感じるのです。

かつて法律できめられていた被爆者の範囲は、ごくせまく限られていました。

それがしだいに拡大されて現在のような形になりました。

現在の範囲が科学的にもっとも正しい、最終的なものだとは考えない人々、自分たちを被爆者として認めよ、と運動している人々が、広島にも長崎にもたくさん存在しています。

現在は被爆者の範囲に入っているけれど、最初はその範囲に入っていなかった人が、その当時、医療を受ける必要にせまられて、自分が被爆した地点や入市した日付をいつわって届出、手帳を取って被爆者になっていたとしても、いまそれを非難できる人はいないのではないでしょうか。

現在の被爆者の範囲が科学的に正しい根拠をもつものであるのなら、まちがっていたのは被爆者の範囲をせまく限定することによって、その人の医療をうける権利を制限し、その人にいつわりの届出をさせた法律のほうにあるのですから。

この理屈からすれば、現在の法律では被爆者の範囲には入らないけれど、健康上、精神生活上、自分は被爆の影響を受けていると確信する人が、医療を受ける必要から、自分の被爆地点や入市期日を現在の法律の基準にあうようにかえて届出、手帳をとり、自らを被爆者であると任じても、私たちは必ずしもその人を非難はできないのではないでしょうか。

まちがっているのは現在の法律のほうかもしれないのですから。

被爆者は戦後の長い年月のあいだに、次々と新しく生まれてきました。これからも生まれていくでしょう。いやほんとうです。

多くの人々は法律の範囲が拡大され、自分がその範囲に入るようになったことをつうじて、また戦後のある日、不幸にも健康の変調を感じることをつうじて、また健康診断や被爆者の会の集まりを報せる一枚の葉書をつうじて、改めて自分と原子爆弾との関係を発見し、被爆者である自分自身を発見し、被爆者である自分自身をしみじみと見つめ、被爆者になりました。私の表現によれば戦後のある日あらためて原子爆弾に出会い、八月六日、九日に出会い、被爆者である自分自身に出会いました。それはやがて、自分の生と死が、人類史的な意味を持っていることを発見する道へつながる出会いでした。

被爆者が被爆者である自分自身を発見し、被爆者であることの意識を深く持つようになることのうえで、決定的なエポックとなるのは、私の知るかぎり、被爆者手帳を取得することでした。一九五七(昭和三二)年、被爆者手帳の制度が生まれたとき、そんなことを見通した人はおそらくいなかったのではないかと思います。手帳の制度は医療にたいする被爆者の強い要求から生まれました。健康になりたい、健康をとりかえしたいという、最も平凡な、おしつぶすことが不可能な欲求が、その根源にありました。その被爆者手帳が被爆者を作り、被爆者を変えました。この過程を考えるとき、私は、原子爆弾によって人間を抑えつけつづけようとするような試みは、結局人間たちにはかなわないだろう、そんなふうに感じるのです。

一九四五(昭和二〇)年八月下旬、私は田舎の疎開先から列車で長崎に帰りました。いまは自分の記憶にもなく、母親にきいても判らないその日が、長崎に原子爆弾が投下されてから二週間以内に入り、列車で爆心を通っただけでも「一定距離内に入った」ことになるのであれば、私は入市被爆者です。しかし子供時代を含め、長崎ですごしてきた二五年間、自分が被爆者かもしれないと考えたことはいちどもありませんでした。

長崎を去って収録作業をはじめたころ、日本原水協が「被爆者援護法の大綱」を発表しました。みると入市被爆者の範囲を「投下後四週間以内に長崎市(と隣接区域)にあった者」とするよう、提案してあります。これなら私も間違いなく被爆者です。このときはじめて、私は被爆者でもありうる自分自身を発見しました。

身体がめっきり弱くなり、病院のベッドに横たわるようになったとき、一九四五(昭和二〇)年八月下旬長崎に帰って、残留放射能が多かったとされる西山町で暮らしていたことと、自分の健康との関係を、私はつくづく点検してみました。小学生のころやたらに傷が化膿しやすく、毎冬耳のしもやけがうんで困ったことを、その経験との関係で、みつめなおしました。これから先の健康状態によって、私の「被爆者意識」は、めざめたり、ゆれ動いたりするでしょう。

戦後のある時期、新しく被爆者が生まれ、自分は被爆者であるという意識が形成されることがあることを、私はすこしもふしぎには思いません。

被爆者である吉野さんが戦後のある時期に形成されていったという空想の上にたって、吉野さんがやがて自分のその「被爆者体験」を人に語るようになったことを私は空想してみました。

それが人々に感銘を与えうること、そのことをつうじて、これまで意味づけを得られなかった自分の苦悩に意味が与えられ、その苦悩がいやされることを、吉野さんが知るようになったことを空想してみました。

語られる「被爆者体験」がいっそう豊かな内容を持ち、矛盾や破綻のないものになっていったことを空想してみました。

やがて吉野さんが被爆者の医療に献身的な熱意をいだく、医師と医療機関にめぐりあい、それらの人々のすすめとほん走によって、被爆者手帳を取得した過程を空想してみました。

吉野さんの健康状態についての動かしがたい客観的事実が、認定の当否を厚生大臣に答申する医療審議会の結論に、充分な根拠を与える過程を空想してみました。

そうしてある日、吉野さんの前に、あなたの被爆者体験をきかせてほしいといって、ひとりの男が現われたことを空想してみました——。

「私たちはすべてヒバクシャであり、私たちはすべて原子爆弾の生き残りである。」

これは一九七七（昭和五二）年に開かれた国際非政府組織の「被爆問題シンポジウム」で国際準備委員会議長をつとめた、アーサー・ブース氏の言葉です。

現在の法律が定義する被爆者の範囲に入らない人が、自分もまた被爆者である、という強い確信を持ったとしても、あなたはそれを非難されますか。その確信の事実でないことを、自信をもって否定されますか。

まえにも記しましたが、個人生活のうえでは、それほどの被害を受けていなくても、原子爆弾否定の人間の営みの先頭に立っているような被爆者をも「典型的な被爆者」とみなければならないと私は考えました。そのような人々の多くは、比較的距離が遠いところで被爆した人や、入市被爆者でした。彼らがその粘り強い被爆者としての活動を続けている根源には、そのとき、被爆の惨状を目のあたりにし、自分の人間らしさが深く傷つけられたと考える思いがあることを私はみてきました。彼らもまた、原子爆弾否定の活動のなかに、そのとき傷つけられた自分の人間らしさが奪い返されることを求めている人々でした。

原子爆弾と被爆者とのこの関係を承認し、アーサー・ブース氏の言葉を承認するなら、私たちはもはや、例えば入市被爆の範囲を二週間以内に限定する必要はないかもしれません。五年後、一〇年後、広島・長崎を訪れた人が、そのとき、見聞きしたことによって自分の人間らしさが深く傷つけられたと感じ、被爆者たる意識を形成していったとしても、それを非難しようとはだれも考えないでしょう。

吉野さんはそのような、「一〇年後入市者」のひとりかもしれません。

被爆者が語る被爆体験、それは「未来からの遺言」だ、と私はよく友人にいってきました。

被爆者は一九四五(昭和二〇)年八月のある日のこと、そのご自分の身の上に起こったことを語ってくれたはずなのですが、一九八X年、九X年のある日、その日以後に、私たちの身の上に起こった体験をも、同時に語っているのかもしれません。

彼らが語ってくれたことは、ありありとした細部を持った、私と私の肉親の未来の運命そのものではないと、私は自信を持っては断言できないのです。八月六日、九日を語ってやまない被爆者の切迫した眼の光や息づかいにふれるたびに、彼らは過去の記憶を語っているのではなく、彼らにはありありとみえているらしい、未来のある情景を語っているのだという気持に、私はくりかえしおそわれるのです。

吉野さんはタイムトンネルの不思議な働きによって、その八X年、九X年の体験をしてしまった人、八X年、九X年のある日からのメッセージを持って私たちの時代にやってきた人かもしれません――。

これはまったく私の無責任な空想です。吉野さんの来し方についての真実、その心の秘奥は、しょせん吉野さんしか知らぬことです。およそはかり知りえざるもの、それが人間でしょう。

私はここで、私がはじめて吉野さんと対面したとき、水上勉の小説「雁の寺」の主人公、少年僧慈念を連想したことを思いおこさずにはいられません。

この小説はどなたもご存知のとおり、若狭の山村で乞食女に生み落とされ、俠気のある寺大工に育てられた少年僧慈念が、京都の禅寺にもらわれ修行をつづけるうち、愛妾とただれた生活を送る老住職を殺して、寺を去ってゆく物語です。

私が持っている新潮文庫(昭四四・三刊)には巻末に磯田光一さんの解説がついています。長いのですが、印象に残りますので引用します。

「わが胸の底のここには

言ひ難き秘密《ひめごと》住めり

考えてみるに作家にかぎらず、人間とはみな『言い難き秘密』をもった存在ではないであろうか。人間の社会が〝秩序〟を保ってゆくかぎり、人は『言い難き秘密』をいだきつつ、なおも社会の掟に順応してゆくことをしいられている。しかし平静を装う心の奥底に、はたして残忍な殺意が秘められていないと誰に保証することができるであろうか。それはおそらく、現代では文学のみが解き明かしうる、ある暗い秘密の領域なのである。

水上勉氏にとって、この『秘密』とはどういうものであったのだろうか。それは水上氏が人生の苦労を重ねてきたというような点にあるのではない。むしろそれは、実生活の奥底に秘められた氏の暗い部分、たとえば『雁の寺』の慈念を、『頭が大きく、軀が小さく、片輪のようにいびつな』少年として描かずにはいられないような心をさすのである。経済的な不遇だったら、金銭や名声によって脱することができる。しかし『言い難き秘密』をもつ作家にとって、いったい文学以外の何に秘めたる思いを託すことができるであろうか。

（中略）

慈念が椎の木の上に発見する鳶の餌の貯蔵所の無気味なイメージは、おそらく『頭が大きく、軀が小さく、片輪のようにいびつな』慈念が、同じく『片輪のようにいびつな』心をもち、その心の底にどんな暗い殺意を秘めていたかを示している。

それにしても慈海を殺すに至る慈念の心は、なぜそれほどまでに暗いのであろうか。彼が父親の判らぬ乞食女の子として生まれたためであろうか。あるいは畸型に近い身体をもち、『軍艦あたま』と呼ばれて村の子供たちからいじめられたためなのであろうか。さらにまた、学校の教練が余りにも辛かったためなのであろうか。そのいずれでもあるかもしれない。しかしこの小説には、さらに深い秘密が隠されている。慈念は殺人のあと、本堂の蠟燭の炎のゆれるたびに、南嶽の描いた雁が啼くのを感じている。さらにまた彼は『松の葉蔭の子供雁と、餌をふくませている母親雁の襖絵』に異様な眼を輝やかせ、母親雁の部分を指で破り取るのである。この場面は慈念の心に秘められた希求が何であったかを示している。これを〝母の愛への希求〟といったのでは、いまだに十分ではない。襖絵の子供雁が『松の葉蔭』にいて、母親雁が『餌をふくませている』という構図が重要なのである。

（中略）

社会的にというより人間として、生まれながらに何物かを拒まれていると感じている慈念は、ただ何物かを奪い返したかったのである。その〝何物か〟とは、もちろん『餌をふくませている母親雁』の心である。」

磯田さんは「言い難き秘密《ひめごと》」をもつ作家にとって、秘めたる思いを託すことができるのは文学以外にない、といっています。「人間として、生まれながらに何物かを拒まれていると感じている」吉野さんもまた、虚構の物語に託する以外には表現の方法をもたない、「言い難き秘密《ひめごと》」を、「胸の底のここ」にもっていたのでしょう。

それがなにか。しょせん、それはうかがい知れません。

ただ吉野さんが、あのようにありありと「姉さん」のことを語ったことのなかにも、数々の虚構のなかで、ただひとり母についてだけは、ほんとうの名前を明かしたことのなかにも、そのひめごとの影を、うっすらと感じるばかりです。

——このふしぎな話を私からきいた友人のひとりは、被爆体験は風化しているのではなくて、結晶化しているのではないか、といいました。

文字どおり凍りつくように寒い寒い夜、空気中の水滴は樹の枝に凍りついて霧氷となります。吉野さんのこの話は、日本人の被爆体験が、戦後日本の社会のなかで、吉野啓二さんという稀有の個性に凍りついてできた、霧氷のようなものだと譬えられないでしょうか。

この文章を読んでくださっているあなたは、私が「伝記作者」の義務と節度を放棄して、いたずらな空想にふけっていることを非難なさいますか。現実の吉野啓二さんが歩んできた道をひとつひとつたどって、その「被爆者体験」の生成の過程を、証拠にもとづいて報告するよう、要求なさいますか。私がこの八年間見つめ続けてきたのは、私の胸のなかに生まれ、住みつき、虚構を語ることによって私に原子爆弾と人間との関係を教え、虚構を語ることによって私のこの作業の方法に根源から問いかけ、そのことをつうじていっそう深く、原子爆弾と人間との関係を私に示唆した、私の心のなかの「吉野啓二像」、私の心のなかの「被爆太郎」なのですが。

山峡の村で——死者を死せりというなかれ

「荒川で被爆者が自殺
×日午前十時ごろ、埼玉県秩父郡大滝村大滝の荒川右岸近くに男の死体があるのを近所の主婦が見つけ、秩父署に届け出た。同署で調べたところ、持っていた顔写真付きの診察券から東京都目黒区中町〇〇〇〇××荘内、無職、吉野啓二さん(四四)とわかった。死後一週間くらい。
吉野さんは二十年八月長崎で被爆した後上京、四十年十二月、特別被爆者健康手帳をもらい、生活保護を受けながら一人で暮らしていた。死体のそばに現金六万八千円在中の手提げカバンや薬袋が散らばっていたことなどから同署は自殺とみて調べている。」

一九七九(昭和五四)年六月六日、お話を収録させてもらった被爆者は、私たちがいちおうの目標としていた一、〇〇〇人になりました。一、〇〇〇人目には、私が生まれてはじめて、被爆体験をきかせていただいた、中学生のころの先生におねがいして話していただきました。それは一九五〇(昭和二五)年、私が中学二年生のときのことでした。被爆によって家族のすべてを亡くしながら、旧約聖書、ヨブ記の一節をくちずさんで神の恩寵をたたえた先生のお話は、一三歳の少年だった私の胸に深くやきつきました。髪が白くなられた先生のお話をうかがいながら、二九年目に自分の出発点に帰ってきたような気がしました。

私たちの「会」としてのさいごの録音は、六月二六日、大阪の協力者の手によって収録されました。一九七一(昭和四六)年七月一〇日、東京・三鷹市でまわりはじめた私たちの録音機は、八年後のこの日、大阪でとまりました。収録者一、〇〇二人、録音テープは九五〇巻になりました。録音リストには第五福竜丸乗組員のほか、ロンゲラップ島やウトリック島を訪問した友人の協力によって、マーシャル群島在住のビキニ水爆実験被災者の名前もくわわりました。八年のあいだに、被爆者から一、二五〇余通のおたよりを私たちはいただきました。

六月末、私は東京・杉並区のかたすみに小さな部屋をみつけて転居しました。

収録した「声」を人々に伝える手だてを考えることが、それからの課題でした。

作業がひと段落したのを機会に、自分がこの作業をつうじて感じたことを、文章にまとめて人に読んでもらいたい、そんな気持も持ちました。

しかしそれは、私にはできないことなのでした。吉野さんのことに触れることなしに、自分の作業を報告することが私はできないのです。吉野啓二さんにあった体験、私にとっての「吉野啓二体験」は、私にとっては八年のあいだのあるエピソードではありません。作業のほとんど全期間をつうじて胸のまんなかに座りつづけているものでした。このいいかたは、話をしてくださった他のたくさんの被爆者にいかにも申しわけないようですが、この体験に触れることなしに、私は被爆者を語る気持になれないのです。

しかし吉野さんについて知りえたことを、文章にすることができるでしょうか。その試みを吉野さんに相談することができるでしょうか。そのことが吉野さんの精神の平衡に危険をあたえること、最悪の場合、吉野さんの身のうえに変事をもたらすことを、なによりも私は怖れました。

東京へ帰ってから、私は東京の被爆者の会へいって、吉野さんのことをききました。最近は比較的おちついた精神状態で、通院生活を続けていること。被爆者の集まりにも、ときどきはきていること。そんなことを教えてもらいました。私は安心しました。それでよい。私が沈黙していればすむことです。

もともと私はこの作業を、やがてそれについての自分の感想を文章として報告することを目的にはじめたのではありません。作業の過程で知ることになった個々の被爆者の経験・境遇についての具体的事柄を、文章に書いて発表する無制限な自由を持っているとも思えません。

もともと被爆者は私がそれについてのしたり顔の解説をつけくわえなければ人につうじないことを語るのではありません。被爆した都市に本社をおいてラジオの電波をだしている、世界中にふたつしかない放送局のうちのひとつで働いているラジオ記者にいちばんふさわしい方法で原子爆弾被爆というこの巨大な事実を、記録し、次代に報告したい。時代的な存在であることをまぬがれえない私たちが、いたずらな編集の手をくわえない、当事者自身による言葉と肉声を、無編集で次の時代の人々に手渡したい。解釈や解説ではなく、事実を報告したい。それがこの作業の出発点でした。解釈や編集は、その時代の人々にまかせればよいことです。テープをまず良い保存の状態におくこと。被爆者に関心を持ってくださる人々に、この「声」をきいてもらい、被爆者のつもる胸のうちをきいてもらうことができるよう、それからまたこつこつ時間をかけて、手順を工夫すること。この作業にとって、これがいちばん中心的な課題です。

私はそれまで、いわば刑事のつもりでした。原子爆弾投下の犯罪行為を裁く歴史の公判廷維持に必要な、被害者の調書をとって歩く、よれよれのレインコートにどた靴をはいた刑事です。これからは放火犯になりたいと思いました。いまも被爆者の胸のうちにメラメラと燃えつづける悲しみ、怒り、叫びの炎。それをいく百千の人々の胸のうちに燃えうつらせる放火犯に。

これはいわば確信犯です。愉快犯でもあります。

しかし、そのまえにしなければならないことが私にはありました。自分の生活を人間らしく再建することです。八年の流浪のあいだに、それまでの貯えも、まえの職場の退職金もなくなってしまいました。衣類も着はたしました。八冬を火の気なしですごしました。東京から福岡へ転居するとき、駅の小荷物係で計ってもらった自分の全財産——わずかの本は姉の家にあずけてありましたが——が、人気力士・高見山の体重よりも軽いことを知って私は苦笑しました。さしあたりの生活において、自分より貧乏な被爆者にあったことが私はありませんでした。さいごには国民健康保険料も納付できなくなって、なん年も手帳なしでくらしました。恥をさらすようですが、四〇歳をすぎて妻なく子なく職なく家なき状態が、作業を終ったときの私の姿でした。ただただ、録音テープだけが残りました。これもゆくゆくは、公の施設へ寄贈させていただくものですが。

吉野さんが語ったあの小さなクモのように、私もまた破れた巣をつくろい、自分の人間らしい生活と健康を再建しなければなりません。九月はじめ、金融機関の経営コンサルタントをしている兄の事務所で、私は働きはじめました。

それから一週間もたたない夕暮れです。日本被団協事務局からの電話で、吉野さんの遺体が奥秩父の三峰山《みつみねさん》の山のなかでみつかったことを私は報されました。

ミツミネサンという言葉を最初人の名前かと私は思いました。ききなおして、やっとそれが山の名前だということが判りました。それから事態がのみこめました。

遺体は死後かなりの時間がたっていたこと。その場所には、吉野さんはかねていきたいといっていたこと。警察ではいちおう自殺とみているが、遺書や、たしかな証拠があるわけではなく、事故死かもしれないこと。すくなくとも吉野さんの身のまわりに、自殺を予測させるようなできごと――病状が悪くなったとか、新たに悪性の病気が判ったとか、生活上困ったことがおこったとか――は何もない、精神的にも最近は安定していたこと。その電話で、そんなことだけは判りました。

うすぐらくなった部屋のなかで私はぼんやりと座っていました。そしてもの思いにふけりました。

それから窓の外の、向いの家の二階の上にみえる、夕暮れの東京のどんより曇った空を眺めました。

実をいえば、この夜は一年ぶりに皆既月蝕があった夜です。何万年も、何十万年も前からきまっていたとおり、その夜、一秒の狂いもなく、地球の影が月の表面を通りすぎていったのです。厚い雲におおわれた空に月の姿はみえませんでした。この雲は、日本海を進んできた強い気圧の谷がもたらしたもので、日本中のマニアをがっかりさせた、と翌日の新聞にでていました。しかしそのとき、私の心には地球の影に被われた赤い月の姿がありありとみえるような気がしました。その夜、「運命」という、私にはよく判らない、しかしあらがえぬふしぎなものが、ゆっくりと、しかし寸分の狂いもない正確さで、吉野さんと私とのあいだを通りすぎていったのを感じました。

翌日、ある中央紙の片隅にみつけたのがこの章の最初にかかげた新聞記事です。いわゆるベタ記事のあつかいでした。「スナックママ殺さる」という、見出し三段の大きな記事にかくれて、この記事はほとんど人々の注意をひかないように思われました。東京都内版でこのできごとを報じたのは、私が調べることができたかぎりこの一紙だけでした。原子爆弾や被爆者をめぐるニュースが大きくあつかわれるシーズンはもうすぎていました。マスコミや人々の関心は、この記事がでた日に行なわれるはずの衆議院の解散と、ひきつづく総選挙に集中していました。吉野さんは人知れず、ひっそりとなくなりました。

九月末のある日、私は地図をたよりに奥秩父をたずねました。住んでいる場所から井ノ頭線で吉祥寺へ出て、それから駅員になんどもたずねたずねしながら、立川、拝島で国電をのりかえ、さいごは東飯能から西武鉄道秩父線にのりついで、ひとまず秩父市をめざしました。霧雨が降ったりやんだりする、初秋の一日でした。迫った山と渓谷。桑畑。白い花が咲くソバの畑。彼岸花の真っ赤な群落。そこここにつづく栗の木の林。はじめてこの土地を訪れた私にはものめずらしい風物が、電車の窓を流れてゆきました。

この道はおよそ一月前、吉野さんが通っていった道です。目黒からどんなコースをたどって、吉野さんはこの電車に乗ったのでしょうか。肩にカバンをさげ、私と同じように駅員にたずねたずねしながら、この道をたどっていったのでしょうか。それが自らの死を定めた旅だったとしたら、そんな思いで吉野さんがこの窓の外の風景を眺めていたのだとしたら――、私はたまらない気持がしました。

秩父市までくると山国にきた感じが迫ってきました。駅の売店に並ぶ、けやき細工。石細工。ろう石。長芋。手打ちそば。ここは東京都西部から、埼玉、長野、山梨にひろがる秩父多摩国立公園の玄関口でした。ダイナマイトが爆発するらしい、低い、こもった音が、ときどき、曇り空に響いてきます。この市の名前を冠した、大きなセメント会社があったことを私は思いだしました。

私はまず秩父警察署をたずねて、吉野さんの遺体を検死した若い刑事さんから話をききました。それから約一時間、秩父鉄道とバスを乗りついで大滝村を訪れました。

埼玉県秩父郡大滝村は秩父多摩国立公園のまんなかに位置する、全村、山と森林におおわれた美しい村です。村の中心を蛇行する荒川の源流が、いたるところに、深い、V字型の渓谷をえぐっています。幸田露伴の小説でその名を忘れられぬ雁坂峠が、この村と山梨県との境にあることに、私はここにきてはじめて気がつきました。

役場の前に立つと、みあげるようなキンモクセイの樹が、黄色い花をいっぱいにつけて、おしげもなく、その香りをまき散らしていました。

役場の本村さんという係の方が、親切にも私を、吉野さんの遺体がみつかった現場まで案内してくださいました。役場から国道を村の奥にむかって、車で数分間渓谷ぞいに進むと、交通事故犠牲者をまつるお地蔵さんが建った、カーブにきます。私たちはそこから林のなかの道をじぐざぐにたどって、深い渓谷の底におりました。

瀬の音が高くなりました。

水は左手の下流に淵を作りながら、豊かな水量で目の前を勢いよく流れていました。吉野さんが遺体でみつかったのは、三〇メートルほどさきの対岸にみえる沢の入口でした。私たちはそこで本村さんがもってきたゴム長靴にはきかえて、その瀬を渡りました。水は勢いよく、足の下を流れていきます。

本村さんがふんでゆく石のあとを、おそるおそるたどっていた私は、たちまちひざのあたりまで流れのなかに落ちこんで、ようやく対岸にたどりつきました。

そこはこの渓谷に無数に流れこんでいる沢のひとつでした。左右に崖がせまって、ごろごろの石が、沢の上のほうに連なっています。崖の木がこの空間をうすぐらく被っていました。秩父警察署の刑事さんと本村さんからきいた話をまとめると状況はこうでした。吉野さんはこの沢の入口の石に、からだをもたせかけるようにしてうずくまっていました。草を刈りに対岸の川原におりてきた近くの婦人が、それをみつけました。

吉野さんは頭、胸、腕などに打撲傷を負うていました。薬の包み紙が沢の上のあちこちに散らばっていました。吉野さんは履きものをはいていませんでした。刑事さんが沢の上のほうにのぼってだいぶ探したそうですが、それはとうとうみつかりませんでした。

私はあたりの地形をみまわしました。そしてここにくるまで想像していた、この場所での転落死の可能性は、まずないと判断しました。

この沢の上の山頂には、ヤマトタケルノミコトがイザナギ、イザナミの二神をまつったことが初めだといい伝えられる三峰神社があります。山頂にはロープウェイや観光道路が通じていますが、本村さんの話では、帰り路を森に被われた林道にとる観光客もいるということです。吉野さんはその林道から沢に迷いこんでしまったのではないか、というのが本村さんの意見でした。

亡くなった人の死因をあれこれ考えても、しかたがないといえばしかたのないことです。それでもその本村さんの意見には、私は賛成したい気持がしました。

吉野さんは初秋の奥秩父の風物をたずねて、きっとこの土地を訪れたのでしょう。そうして本村さんのいうように、三峰神社参詣の帰り、きっとまちがってこの沢の上のほうに入りこんでしまったのでしょう。山で迷った人は沢をたどって下へおりてゆきたい気持になる、それがいちばん危険だ、と本で読んだことがあります。吉野さんはこの沢をおりてゆけば、道にでられると思ったのではないでしょうか。そのうち、すべったりころんだり、場合によっては落ちたりして、からだのあちこちをいためたのでしょう。履きものをなくし、パニック状態におちいったかもしれません。沢の出口にたどりついてみると目の前は急な流れです。八月の末は雨が続き、流れはもっと激しかったはずだというのが、本村さんの指摘でした。私たちがいまおりてきたように、対岸から自動車道はあんがい近いのですが、この谷底の沢の入口に座ってまわりにせまった山や森を眺めると、いかにも人里離れた深山幽谷にとりのこされてしまったような気持がします。空腹と疲れ、痛み。からだの弱い吉野さんはこの場所で身動きできなくなったのではないでしょうか。やがて山国の夜の闇が、ひしひしと吉野さんに迫ってきたのではないでしょうか。

この場所にいても、あの自動車道を走る車の音は、瀬の音にまじって吉野さんの耳にもとどいたのではないか、と私は思いました。夜になれば木の間がくれにヘッドライトの照り返しがみえたかもしれない、と思いました。もし大きな声で助けを求めれば――ここまで考えて私の胸ははっと突かれたように痛みました。吉野さんはそれができないのです。

吉野さんがうずくまっていたという場所を私はもういちどみなおしました。灰色の大きな石がごろごろところがっているだけです。もうだれもいません。私は頭をたれました。

そのとき、本村さんが沢の入口の川原に生えている、丈の高い野の花を手折りはじめました。私が名前を知らない、白い、ちいさな花びらの野の花です。自分がさきにそのことに思いつかなかったことを恥ずかしく思いながら、私もすぐにそれにならいました。ふたりで折った野の花を吉野さんがいた場所において、それからあらためて黙禱をささげました。

そして吉野さんの生涯を思いました。

吉野さんが、長崎に原子爆弾が投下されたあの日どこにいた人か、吉野さんの「被爆者体験」がどのような過程をつうじて生成されていったのか、私には判りません。

私はただ、吉野さんの話の背後に、原子爆弾に被爆して亡くなった、無数の人々の声のない声を感ぜずにはいられません。その声が吉野さんを深くつき動かして、あのように、その被爆者体験を語らせたことを感ぜずにはいられません。もし亡くなった被爆者たちの体験、その人々の声が、吉野さんの話のなかにとりいれられていたとするならば、死者たちが生きている吉野さんの口をかりてその体験と怨念を私に語った、私の録音機をとおして限りない数の人々に語った、そう考えることは、それほど事実から遠くもなく、非科学的な表現でもないような気がします。虚構を語ることによって、その死者たちの怨念を身に負う重みにひしがれることが、吉野さんになかったでしょうか。それが不安定だった吉野さんの精神状態と、どこかでつながっていることはなかったでしょうか。あの日どこにいた人であっても、吉野さんは原子爆弾と人間との関係の極限を生きて死んだ人、そう感ぜずにはいられません。ひしひしと身に迫る山渓の深い闇のなかで、吉野さんはその人生を、どうふりかえったでしょうか。深山の闇のしじまをやぶる梟の呼ぶ声のなかに、たかまる瀬音の轟きのなかに、死者たちの怨みの叫びをきくことはなかったでしょうか。

私は自分自身の行為をかえりみてみました。戦後を長崎で暮らした私は、被爆後二〇年くらいたった時期から、このような作業が必要なことをぼんやりと感じはじめました。そのころある被爆者にあって、

「お盆休みにみんなが集まるのを機会に、〝家族座談会〟をやって、あの日のことを録音にとって孫子《まごこ》のために残しておくつもりだ。」

そういう話をきいたこと。原水爆被災資料センターの建設を政府に勧告した日本学術会議の学者たちが長崎にやってきて、資料の蒐集、保存をよびかけたこと。それらが、この作業を当時の勤め先で提案するヒントになりました。しかし自分がこの作業をはじめるうえでもっとも決定的だったことは、まえにも書きましたが、被爆後一五年目から爆心地に近い丘のうえの家に住んで、死者たちの白骨のうえに自分が寝起きしているという意識を持ちながらそれからの一〇年を送ったことにあるような気がします。その意識に動かされて、私はしぜんしぜんにこの作業をはじめました。被爆した都市の土のうえ、いわば死者たちの白骨のうえで、彼らが想像もつかないような、便利な、安穏な、地域では比較的にめぐまれた経済生活を送りながら、彼らについて、彼らがおちいった運命について、たいして関心もいだかないとすれば、私はどこかしら、人間らしくありません。

職場でこの仕事を担当できたのは六ヵ月だけでした。翌年、東京にきました。長崎を去ったのは凍りつくように寒い、その年の二月末のある夜でした。そのとき、私は自宅から歩いて数分のとこ

ろにある、原子爆弾投下中心碑の前に立って、頭をたれました。頭をあげて碑のうえにひろがる晴れたま冬の夜空を仰ぐと、澄んだ空いっぱいに、星がまたたいているのがみえました。その星のひとつひとつが、原子爆弾で亡くなった七万五千人の人々、ひとりひとりの魂のように私には思えました。その人たちがじっと私をみつめているような気がしました。この作業のために七難八苦を与えたまえ、その星に私はそう祈りました。

　七万五千の怨霊われにうつれかし
　爆心の天　星な鎮みそ

そのとき、そんな短歌が胸にうかびました。

それから八年間、執念にもえ、不動の信念のもとにこの作業をつづけてきた、といえばまったくの嘘になりましょう。自分の無謀な選択の当否を疑い、自分のこの作業の意味を疑い、その未来を疑い、迷いながら、動揺しながら、この作業から逃げだす機会をうかがいながら、しかしこの作業を途中で放りだすことにはなにかしら自分の人間らしさを傷つけるものがあると感じながら、原子爆弾が、この行為をつうじて、私の人生にもなにかの意味づけを与えているように感じながら、私は作業をつづけてきました。

人間とはなんと弱いものでしょう。私はしばしば孤独感にとらえられ、自分の作業の意味を疑い、その未来を疑いました。このような作業にとりこめられなければ、自分にもあったかもしれないとしきりに考えられる、人生の他の可能性にたいする未練の前に動揺しました。何日も何日も、録音をおねがいにいった被爆者からきびしい拒絶にあうことが続くときは、次の被爆者を訪ねていく勇気がなかなかわかず、昼間からふとんをかぶって、当の被爆者からさえ支持されないことに心身をけずっている、自分の愚かさを哀れみました。ときには鬱症状におちいりました。そのとき、かつてはそれからの脱出をあれほどに願った、平凡な、当り前の、人々と同じような、日常的な生活にどれほどの憧れを抱いたでしょうか。友人から自分の生活を気違沙汰だと評されたとき、それが多少の畏怖の気持をこめた言葉であることを承知しながらも、平凡な生活者の言葉が持つその重さに、どれほどおびえを感じたでしょうか。人間とはなんと弱いものでしょう。

しかし、どんなに孤独を感じ、動揺しているときでも、私を支持してくれた人々がいます。それはほかでもない、原子爆弾で死んだ人々です。

被爆のまえの年に東京から長崎に転居した子供であった私は、被爆して亡くなった人を、具体的にはただのひとりも知りません。彼らはただ写真でみる黒こげの遺体、被爆者の話のなかの登場人物として、胸のなかに、抽象的に存在しているだけです。しかし、すでに死んでしまったために人間がおちいるすべての弱さから自由になった彼ら、永劫の永さから、人間の行為を計れるようになった彼らは、静かに、それでも確信にみちて、どんな場合にも私に告げたのです。

私たちは、お前を支持する、と。

彼らの励ましに勇気づけられて、そのとき私は心のなかでつぶやきました。気違沙汰か、そうかもしれない。しかしあれだけの数の人々を殺されながら、わずか三〇年しかたっていないのに、彼らのことをたいして思い出すこともなく送っている日々のほうが、いっそう気違沙汰ではないか。年より、赤児を含めた幾十万の人間の生活の上に、原子爆弾を投下したというそのことこそが、最大の気違沙汰ではないのか、と。

生きている人々のあいだでは孤独であった私にとって、死者たちは親しみ深い、なつかしい存在でした。瀬の音を背なかにききながら、自分をひきずり、ここまで歩ませてきたものも死者だったことを、あらためて私は思いました。

私は大滝村をあとにしました。

ゴム長靴のなかまで水にぬらした私を気の毒がって、本村さんはどこかから乾いた靴下をつごうしてきてくださいました。迷惑なだけの、突然の訪問者だったはずの私にたいするその親切に、私は心から感激しました。

役場の前からバスに乗って、この村をすぐに立ち去る気持になれませんでした。しばらく渓谷に沿うた道を歩いてみました。いたるところにキンモクセイの香りがただよっています。この花の香りには、さまざまの想い出がまつわりついています。これから先、吉野さんを思うことなしに、この香りにふれることはないだろう。私はそう思いました。そして吉野さんの終焉の地が、やさしい心の人が住む、美しい村であったことにひとつの安らぎを感じました。この文章を書いてみよう。その道を歩きながら思いました。

自分が無遠慮な文章を公表したばあい、吉野さんの身のうえに異変がおこることを怖れて私は沈黙してきました。私の沈黙は結局役に立ちませんでした。吉野さんは自ら身のうえに異変をおこすことによって、私からその怖れをとりのぞきました。

吉野さんはその死によっても、私を震撼させます。

吉野さんは亡くなりました。しかしその被爆者体験を語った声は残りました。私もいずれ世を去ります。よい保存の状態にめぐまれることができれば、私の寿命よりは長く、この録音テープは生き残ることができるでしょう。そのとき、私はこの録音テープを、それがどんな由来をもった録音であるかを承知していただいたうえで、なおかつ人々にきいてもらいたいような気持がします。

原子爆弾が投下されてから三〇年たったのちになっても、なお被爆の劫火に灼かれつづけたふたりの男のふしぎな出会いの記録として、それは原子爆弾と人間との関係についてのなにかを、伝えつづけてくれるような気持がします。

深い渓谷に沿うた道にも夕暮の気配がせまってきました。雨あがりの夕焼けを背に、山の杉林が黒いシルエットをうかびあがらせてきました。

そのとき、私の胸のなかに、ひとつの詩がうかんできました。

これが有名な詩なのかそうでないのか、私は知りません。ある高名な作家が、その文章のなかに引用しているということを、友人のひとりにきいて知っているだけです。私はこの詩が、私のこの長い報告のさいごに、いちばんふさわしいような気がします。

死者を死せりというなかれ
生者のあらんかぎり
死者は生きん

あとがき

被爆者の体験をご本人自身の音声によって記録・保存しようという試みは、一九六八(昭和四三)年一〇月、長崎放送の手ではじめられました。長崎での代表的な被爆者二〇〇人余の「声」を収録して、この試みは八年後終了しました。

「被爆者の声を記録する会」による私たちのおなじ試みは、一九七一(昭和四六)年七月からはじまり、広島・長崎・ビキニの被爆者、一〇〇〇人余の「声」を収録して、やはり八年後にいちおうの収束をみました。

八年のあいだに、被爆者のみなさまから、一二〇〇余通のおたよりをいただきました。まったく突然の、未知の、無名の訪問者であった私たちをあたたかく迎えいれ、胸のうちをあかしてくださった被爆者、おひとりおひとりのことを、一日たりとも忘れたことはありません。この機会に、あらためて心より御礼を申しあげたく思います。

この録音テープを、将来、公立の資料施設へ寄贈させていただき、公的な力で、恒久的な保存と有意義な活用をはかっていただくこと、寄贈以前にも、もし方法がみつかるなら、このお「声」をすこしでも人々に伝え、被爆者の心を知っていただくこと、それが、作業にたずさわってきた私たちの心よりの願いです。

この報告は、被爆者のお話をうかがって歩んだその八年余の経験のなかから生まれでてきました。ここでは、あるひとりの方について書かせていただきました。しかしこの報告を書くことができるようになったのは、一〇〇〇人の被爆者のお話をうかがうことをつうじてであったことを、ご理解いただければと願っています。

主人公と、その周辺の方々については、かりの名を使わせていただきました。いくつかの地名はかえました。それいがいは、私が体験したままの事実です。

被爆者という存在のありよう、原子爆弾と人間との関係のありようを考えていただくうえで、このつたない報告を、すこしでもご参考にしていただけることを、被爆地・長崎で育ち、被爆者を肉親にもつもののひとりとして、心より念じております。

末尾で恐縮ですが、この文章を、上梓するうえで、励ましとご助力、有益なご助言をくださいました、増岡敏和氏と青木書店の西山俊一氏に心より御礼申しあげます。

一九八〇年一月三日

伊藤明彦

シナリオ

被爆太郎伝説

【編集注記】

このシナリオは『未来からの遺言』をもとに映画化を企図して書かれたものである。

●奥秩父のやまなみ遠景。（荒川の瀬の音。晩夏の空）

●中景。

●荒川源流の渓谷。（字幕「埼玉県奥秩父　一九八八年」瀬の音高くなる）

●森の中の小さなテント。その横で望遠鏡を目にあて、しきりに一点を監視している男。（津川健・四八歳・野営の服装。無精髭。額に汗）（油蟬の声。かすかに荒川の瀬の音）

●望遠鏡のなかの映像。荒川源流の河原の一角。

●夕刻のテントの中。インスタント・ラーメンを食べている津川。（かなかな蟬の声）

津川やおらテントの壁に張りつけた1988年8月のカレンダーの25日の日付に斜線を入れる。20日から24日まですでに斜線がひかれていて、「監視」が六日目であることを示す。

●夜。テントの中で寝袋に寝ている津川。（梟の鳴く声。虫のすだき）

なかなか寝付けないようす。

●翌日午前。監視をつづける津川。
とつぜん緊張した表情になる。

●望遠鏡のなかの映像。
河原の一角に男が花束を持ってあらわれる。(木村誠一・六一歳・大手銀行管理職風・黒ずくめの喪服を着ている)

●森の中。
望遠鏡を放りだし、ナップザックを持って野営地から走りだす津川。

●河原の一角。
花束を河原の石の上において黙禱する木村誠一。背後から歩み寄る津川。(瀬の音高くなる)

●河原の一角。

津川「木村さんですね?」

木村誠一(おどろいてふりむく)「あなたは……あなたはどなたですか?」

●津川名刺を胸のポケットから出す。

●名刺のアップ。(「被爆者の声を記録する会　津川健　住所は東京都杉並区高円寺北五丁目の適当な番地」）

津川「木村さん。あなたの弟さんは被爆者だったんですか。そうではなかったんですか。あなたがここに来られるのを、私は一五年間待ちました。一五年という意味はおわかりですね？」

木村誠一「……」（相手の質問の意図をうかがう表情）

津川「もちろん殺人罪の時効成立の時間ですよ」

がくり、と座りこむ木村誠一。

●両者のロングをバックにタイトル「被爆太郎伝説」（テーマ音楽　例えば重い打楽器の連打の中に弦楽器や笛の不安な旋律が入る）

●奥秩父の遠景。中景。荒川の源流。渓谷をバックにキャスト、スタッフの紹介字幕。

木村誠一「……あなたは……弟とどんな関係がある方ですか。弟といつ会われたんですか」

津川「私が弟さんにはじめてお会いしたのは二一年前のことでした……」

遠くをみつめる表情。（油蟬の声。そのままにつづいて画面は二一年前に転換する）

●東京都品川区のお寺の境内。夏。（字幕「東京　一九六七年」）

●山門の前。「昭和四二年度東京都被爆者合同慰霊祭」の看板。

●境内。

本堂、鐘つき堂。ずんぐりした太い幹の銀杏。暗い緑の葉をいっぱいに繁らせた桜。百日紅。八手。赤い花を咲かせた夾竹桃。小さな実をつけた枇杷の木。式典はまだはじまっていない。席にすわっている被爆者。木陰にしゃがみこんで会話したり挨拶しあったりしている老人。

●赤みがかった長方形の御影石の慰霊碑。

刻み付けられた文字。「原爆犠牲者慰霊碑　われら生命もてここに証す原爆許すまじ」（油蟬の声つづく）

（津川の声）「そのころ私は東京で友人二、三人といっしょに『被爆者の声を記録する会』という会をつくって、被爆体験の聞き取り録音をはじめていました」

●入道雲。

●油蟬のアップ。

●葉桜の下で人を待っている津川。二七歳。

ハンカチでしきりに汗をぬぐう。

●津川に近づいて話しかける中年の婦人。

婦人「津川さんですか？　松尾です。被爆者の会からご連絡をうけまして……なにか被爆者の話を録音してあつめておられるそうですね？　わたしでお役にたつでしょうか？」（長崎弁のアクセント）

●津川名刺をだす。

津川「どうも勝手なことをお願いしまして……被爆者も歳をとってゆかれると、記憶も薄くなりますし……齢の多い方は亡くなってゆかれますし……みなさんが体験されたことを録音にとっておいて、のちのちまで伝えたいと思いまして……それで被爆者の会に協力をおねがいしたんですよ……そしたら松尾さんを紹介してくださったものですから……」

（背後に木村信二が立っていてふたりの会話をきいている）

松尾「津川さんは被爆者ですか？　どうしてこんなこと、はじめられたんですか？」
津川「私、もともと長崎の人間なんですよ」
松尾（関心をもった表情）「あらぁ、そうですか。私も長崎ん者《もん》ですよ。長崎のどちらだったんですか？」
津川「西山です。私は学校前で島原の親戚に疎開してたもんですから。それで直接被爆はしなかったんですけど。でも両親や兄姉はみな被爆しました」
松尾「それで？」
津川「ええ学徒動員で大橋の兵器工場にいっていた兄が亡くなりました。正確には行方不明ですけどね。姉ふたりが大怪我をしましたけど、けっきょく助かりました。
兄をさがしまわった父は三年後に亡くなりました。原子爆弾のせいかどうかは医者にも判りませんよね。母親は今でも、父は放射能で死んだんだって言ってますけど」
松尾「それでこんなことを始められたんですね？」
津川「え？（どきり、とした表情）ええ、まあ……」
松尾「でも失礼ですけど費用なんかはどうしておられるんですか？」
津川「まあ……自費です……」
松尾「お仕事はどうされてるんですか？」
津川「もともとは長崎の民間放送に勤めてたんですけど。いまは赤坂の小さなニュースの通信社で働いてます」
松尾「それで録音をとってそれからどうなさるんですか？」
津川「そのう……国立の『原水爆被災資料センター』を政府につくらせようっていう運動がありましてね。それができたら、そこへ寄贈させてもらおう、という計画なんです。そして国家の力で『被爆者の肉声』を後代につたえてもらって、原水爆をもう使わないよう、役立ててもらおうと言うわけなんですけど」
松尾「まあ、ご奇特な……」
津川「松尾さん、ご協力いただけるでしょうか」

松尾「ええ、ええ、私でお役にたてるんでしたらね。私も家族五人亡くしてますから。あなたが聞いてくだされば、知ってることはその通りお話ししますよ。忘れられない体験ですからね。いついらっしゃるか、こんどお電話くださいね」（ふと思いついて）「どうせ話を聞かれるなら多いほうがいいんでしょう？　この方なんかもどうでしょうかねえ」

（後ろに立っていた男性・木村信二を津川に示す）

●木村信二。

実際は三三歳。しかし四〇歳ちかくに見える。小男。蒼白く、痩せて頭だけ大きい。額はひろく目がくぼんでいる。額には大粒の汗。髪は刈り上げている。よれよれのノーネクタイのシャツを腕まくりして、よれよれの灰色のズボン。黒のボロ靴。陰気で全体に暗い印象。どこか病的でショッキングな印象をあたえる。（「木村信二のテーマ」とでもいうべき旋律、重く暗くフェードイン）

●津川。（強い印象をうけ、緊張した表情）

名刺をだす。

津川「津川です。何といわれますか？」

木村「き、きむら、し、しんじです」（長崎訛り・吃音気味）

津川（木村の吃音にいっそう緊張する）「お話はきいていていただけましたか？」

木村「え、そ、そばできいてましたから……た、たしかに、ひ、ひつようなことですよねえ……ぼくたちだって、い、いつまでも生きてるわけじゃないですからねえ」

（木村信二の吃音については以下シナリオ上では省略する）

松尾「それじゃ、私はこれで」

津川に黙礼して去る。

津川「木村さんは広島ですか？　長崎ですか？」

木村「長崎です。山里町《やまざとまち》におったもんですから」

津川（いっそう関心をいだいた表情）「それじゃ爆心地からすぐの場所ですね？　ご家族はご無事だったのでしょうか？」

バックの境内では式典が始まる。読経をはじめる僧侶。（読経の声低く流れる）

木村「お父さんもお母さんも、兄さんも、姉さんも、みんな死んでしまいました」

津川（いっそう関心をつよめた表情）「ご自分のほかに、どなたかご無事だった方は？」

木村「いいえ、だれもいましぇん。だれも帰ってこなかったです」

津川「いまはどなたかとごいっしょに？」

木村「ひとりで、アパート借りてます。病院にかよってます。身体が悪いもんですから」

津川「失礼ですけど生活の方は……」

木村「保護をうけてます。弱くて働けましぇんから」

●東京都墨田区京島一丁目。

典型的な下町。木造アパート、町工場、八百屋、質屋、飲み屋、総菜屋、銭湯などがごちゃごちゃとたてこんでいる。工場の前でままごと遊びをしている女の子。将棋をさしている工員。木の箱に植えた向日葵、朝顔を這わせた竹の柵。（下町の雑音。近くの水戸街道を走ってゆく自動車の騒音。東武鉄道の踏み切りの警報機の音。スピーカーから流れる「夜霧よ今夜も有難う」のレコード）

●録音機を右手にさげ、肩掛けカバンを左肩に、下町を歩いて行く津川。

（津川の声）「私が録音機を持って弟さんをたずねたのは、それから一週間ほどたってからです」

●木造アパートの前に立ち止まって、ポケットからメモをとりだし、たしかめてからアパートのなかへ入ってゆく津川。

●木村の部屋。

二階の三畳間。通りに面してガラス戸の窓がある。ミカン箱が横向きに二段に重ねられ、上の箱が本箱。わずかの本、「学習の友」、「前衛・日本共産党第十回大会特集」などの雑誌、ＬＰレコード、ベン・シャーンの画集などがつめこんである。

下の箱が食料庫で、じゃがいも、人参、玉ねぎ、皿と丼、アジシオ、醤油の瓶、小さな鍋としゃもじなどが雑然と入れてある。将棋盤と駒がほうりだしてある。壁の釘におんぼろのコート、ズボン、雨傘などがひっかけてある。鋲でとめたビュッフェの女の絵。テレビはない。

●窓側にあぐらをかいて座っている木村。前に小さなちゃぶ台がおいてある。載っているのは薬の袋多数。

（津川の声）「弟さんの健康状態から考えて、一回の録音は二時間以内とする約束でした。それから間をおいて三日間かよったんですけど、制限時間はいつもオーバーしてしまいました」

●木村の部屋。

木村が窓側に、津川が入り口側に座っている。両者の間のちゃぶ台の上には小さなマイクと津川の取材ノート（大学ノート）、木村の薬袋がおいてある。津川の傍らの畳の上で録音機がまわっている。（以下、下町の雑音、昼休みになると始まる工員のキャッチボールの音、ちり紙交換の声、女の子の縄跳びの声、トタン屋根の上を歩いてゆく猫の足音、猫の鳴き声、ごみ収集車のチャイムなどがかすかにバックに流れつづける）

津川（しきりに汗をぬぐいながら）「これまで木村さんの被爆前のご家庭のようすとか、子供時代の思い出とか話していただいたわけですけど。お祖母さんとご両親とお兄さんふたり、お姉さん三人の九人家族で、お父さんは三菱造船の幸町工場《さいわいまちこうば》に勤めておられたと。

お兄さん、お姉さんは挺身隊や学徒動員で、みんな三菱の製鋼所や兵器工場にいっておられて、木村さんは末っ子でおばあちゃん子だったそうですね？

それでは八月九日のできごとを話してくださいますか。あの日は朝からみなさんどんなご様子で、木村さんはなにをしておられたんですか」

木村（真剣な表情。以下話の進行にしたがって姿勢は前かがみになり、眼は異様に光って、この世のものならぬ輝きをおびてゆく）「……」（しばらく瞑目し、やおら眼を半眼にひらいて語りはじめる。イタコが語りだす雰囲気）

木村「そうですね……あの日は朝からとても暑い日だったですよね。お父さんも兄さん、姉さんたちも、いつも通り朝早くから工場にでかけてゆきましたですね。もう戦争さいごの時期で、だれかが徹夜で帰って来ない日もあったし、毎日一五時間くらい働いてたんじゃないですか。ぼくは小学五年生で、夏休み中でもあるし、おばあちゃんとぼくだけ、五島の田舎に疎開したらどうかっていう話もあったんですよ。でも、なにしろ山里町っていうのは長崎市の郊外の方でしょう？　やられるのは町のほうだと思いこんでましたからね。周りは畠だし、近くに山があるし、敵機が空襲に来たら、山の中に逃げ込めばいい、くらいに考えてたんですよ。町のほうから山里町に荷物を疎開させてた人がいたくらいですからね？　原子爆弾なんて思いもつきましぇんですよねえ。

ぼくはその日は友だち四、五人と、浦上川《うらかみ》に泳ぎにいったんですよ。暑い日だったですからね。場所はですねえ、浦上川のすこし上流の方なんですけど、町でいうと大橋町ですか、本原町《もとはら》になりますかね？　山里小学校の下のほうになるんですけど、ちょっと川がカーブしてて、そこが淵になっているんですよね。すぐ上は崖になってて、樹がおおいかぶさってるんですけど、川は深くなってて、泳げるんですよね。水はもう、ほんと、きれいだったですよ、あのころは。

それが一〇時半くらいですかねえ。そこでみんなで水遊びしたり、鬼ごっこしたりして遊んでたんですよね。

そしたらそのうちに、友だちが、『Bだあ』って言って空を指さしたんですよ。ぼくたちもB29というのはよく知ってましたですからね。それでぼくもひょっと上のほうを見たら、B29が、頭の上を、ずっと高いところを、長崎の港のほうに向けて飛んでいってるんですよね。白魚みたいにですねえ、光って、小さく飛んでいるのが見えたんですよ。

そしたら、もうひとりの誰かが、『落下傘が落ちてきてるう』って言って、長崎弁で言うと、『落下傘のおっちゃけてきよっ』、て言いますけどね。そしてまた空を指したんですね。

そしたら、その時ですね、淵のそばの道ですね、その道の向こう側から、カトリックの、修道女さんですね、尼さんですね？　黒い衣を着た女の人がふたり、近づいてきたんですよ。ぼくの記憶では日傘みたいなものをさしてたような気がするんですけど。それがもう、あの、それが、ぼくが見た、この世の、この世というのか、その、原爆が落ちる前の世界のですね、さいごの光景なんですよ。

ぼくらはその時はみな、まっ裸だったんですね？　泳ぐときは、小学生は、その頃は裸だったんですよ。ただ、その、もう五年生になってますから、その時はすこし恥ずかしい気持がして、それでその道から河原の石にとびおりて、とんとんと、石をとんで、頭から淵にとびこんだんですよ。淵にとびこんで、いったん底の近くまで沈んで、しばらくもぐってて、それから水面に出たんですね？

そしたら、そしたらですねえ、もう、世の中がもう、変わってるわけなんですよ。

ぼくが川の底に沈んだその時に、原爆が、爆発というんですか、炸裂というんですか、したんでしょうねえ。まずもう、世の中が真っ暗になってて、空が真っ黒で、それがところどころ裂けて、夕焼け空みたいな真っ赤な裂け目が見えるんですよ。それからあの、水面いっぱい、焼けた木とか、焦げた大きな枝ですね、それが敷きつめたみたいに、水面にいっぱいなんですよ。とにかくなにがなんだか判らないですね？

それから、そのう、ぼんやりした闇の中、上のほうにですねえ、なにか四角い、大きなブリキ板みたいなものが、稲妻みたいな形で、左右にゆれながら落ちてきてるんですよ。それがなんだかですねえ、どうしてもぼくの方に落ちてきそうな気がするんですよ。首にでもあたったら、それこそ首をチョン切られそうな気がして、それでまたあわててですね、水の中にもぐったんだけど、いつまでももぐっているわけにはいきましぇんですよねえ。その時ぼくは、これはなにか、このすぐ近くに爆弾が落ちた、と思ったんですよね。それからすぐ思ったのは、おばあちゃんや母にですね、叱られる、と思ったわけですよ。というのが、そこは、三菱兵器の大橋工場の近くですからね？　だから、危ないから、敵機に狙われるから、そっちの方には行ってはいけないって、いつも言われてたんですよ。だからその時は、やっぱりやられた、母たちにおこられる、たいへんなことになった、と思ってですね、すぐ家に帰ろうとしたんですよ。

それですぐに岸にあがってね、パンツとかシャツとか探したんだけど、もうどこにもないんですよ。それからさっきの女の人、修道女を見たら、そこに倒れてて、真っ黒に焦げてて、ぶすぶす音をたてて燃えてるっていうのか、くすぶってるんですよね。それからさっきまで、いっしょに遊んでた友だちがですね、真っ黒焦げになって転がってるんですよ。みんなもう、だれがだれだか判らなくなってて、手を上げたり曲げたりしてですねえ、ひとりひとり別々の格好して、黒焦げになってころがってるんですよ。

それでもう、どうしようもないから、仕方ないから、おかしいですけど丸裸ですね？もちろん裸足ですよ。それで家の方角に走っていこうとしたんですよ。

その時間はですねえ、ぼくの感じでは、爆弾が落ちてから一五分かそこらですかねえ、ものすごく早い時間だったような気がするんですけど。

なんだかその時は物音がしなくて、ほんとうにしーんとしてですねえ、静かだったような気がするんですよ。それから火の手も、そんなにあがってなかったように思うんですよ。ただ、世の中が薄暗くて、そうですねえ、闇夜みたいに真っ暗じゃなくて、半月くらいのうす闇ですかねえ。それが色のない世界というんですか、黒と灰色の世界ですね？

それから、太陽が見えたですねえ。それが真っ赤ですね？　ものすごく大きく見えるんですよ。あのう、ふつう見える太陽のようじゃないですね。日蝕の時にすりガラスで見るでしょう？　あいう太陽ですね。それが大きくて、真っ赤ですね？　その太陽が動かないで、いや、動かないんですけど、その太陽の表面を黒雲が煮えたぎって、渦を巻いて、動いているんですよ。いま思えばぼくはきのこ雲の真下から太陽を見たんだろうと思うんですけど。ただぼくは大人になってから、『サロメ』という戯曲を読んだ時に、『今夜の月は血のように赤い』というせりふがあるんですよね。それを読んだときに、すぐあのときの、八月九日の、太陽を思い出したんですよ。あのときのね、あのときの太陽はほんとうに、血のような色だったなあ、と思って。

それから山里小学校の方にすこし坂をあがって、自宅の方に行こうとしたんですけど、行っても行っても、道のそばのね、家がみんな潰れてるんですよ。その時ぼくが思ったのは、おかしいですけど、あのうこれでね、おばあちゃんたちに叱られずに済むと、どこもかしこもやられてるんだから、兵器工場の近くに行ったことをおこられないで済むと、ちょっと安心したんですよ。やっぱり子供だったたんですねえ。

ただですねえ、もうそのころになると、潰れた家の下から、悲鳴が聞こえてくるんですよ。『助けてくださあい』という声ですね？　それが、あっちからもこっちからも、男の声も女の声も、『助けてえ』『ここやけん、ここやけん』って言って、みんな呼んでるんですよ。なかには、金盥かなにかを、潰れた家の下でたたいてる音もきこえてくるんですよ。助けてもらおうと思って、そこにいることを知らしぇようと思って、叩いてたんでしょうねえ。それからですねえ、なかには、もがいている手が見えたり、足が見えたりしてるんですけど、なにしろぼくは小学生でしょう？　それに家に帰りたい一心ですよねえ。なにもできずに通り過ぎて行ったですよねえ。通り過ぎると言っても家が潰れて道路に倒れかかってきてますからね。それを乗り越えて行ったんですけど。

ぼくが行こうとしたのは、刑務所がある丘と、浦上天主堂がある丘の間の谷間を通って、谷間と言ってもけっこう起伏がある道なんですけど、いま考えると爆心地の方角に向かって歩いて行ったわけなんですよ。でも、その時はそんなこと判りましぇんからねえ。とにかく刑務所の壁も建物も、浦上天主堂もばらばらに壊れて、崩れて、大きな樹が根っこから引き抜いたみたいに倒れてて、もうなにがどうなったんだか判らないですよねえ。

それからですねえ、ぼくが行こうとしてる方角から、いま考えれば爆心地の方角から、ぞろぞろぞろぞろ、怪我した人たちがいっぱい逃げてくるんですよ。

それが、もう、その人たちのようすが、もう、ちょっと口ではあらわしぇないんですよ。人間の姿じゃないんですよ。

真っ黒に焦げてですね、あのう、黒人と同じですね？　髪は焼けて、無くて、顔は黒紫に、ゴムまりみたいに腫れ上がってですね、目は細うくなって、唇は腫れて、大きなナメクジをつけたみたいになってですね？　そしてみんな真っ裸ですねえ。ぼくも裸だったけどじぇんじぇん無傷でしょう？　その人たちは大怪我して、火傷して、なにかボロかなにかを着てるのかと思ったら、それがその人たちの皮膚なんですよねえ。身体中の皮膚がベロッと剝げて、垂れ下がって、それを引きずって歩いてくるんですよ。みんなこんな格好して(手つきで示す)、幽霊みたいな手つきして、あれは皮膚が剝げた脇の下と、横腹とがくっつくと痛いからね、触らないように、自然にあんな手つきになるんだそうですけど。その指の先からですね、裏返した手袋みたいに、爪のところでとまった手の皮をたれさげて、臑の皮は剝げて、だぶだぶにたるんだナイロンストッキングをはいてるみたいにして、みんな黙あって、ぞろぞろぞろぞろ歩いて来るんですよ。

もう男の人か、女の人か、いくつぐらいかも判らないんですよねえ。ただ男の人はですねえ、そのう……そのう、まあ急所ですね、それが二〇倍くらいに腫れ上がってですね、ぼくは最初腰に提灯つけて歩いてるのかと思ったら、それがよく見ると男の人の急所なんですよ。

それからあのう、ぼくですねえ、今でも目に焼き付いてますけど、むこうから一〇人くらい、前掛けした人たちが来るんですよね。みんなそろって前掛けしてる、と思って近づいて来るのを見たら、それが前掛けじゃないんですよ。胸からおなかにかけての皮膚がベラッと剝げて、皮膚といっても一センチくらいの厚みがあるんですけど、それがバンドのところでとまって、裏返しになって、前掛けみたいにビラビラ垂れ下がってるんですよ。それが一〇人くらいそろって歩いてくるんですよ。そしてあのう、その人たちを見たらですねえ、心臓ですかねえ、肺ですかねえ、ピクピクピクピクピク動いてるのが見えるんですよ。それでも歩いて来るんですよねえ。

それからあのう、ほどけた帯を引きずってくるおばあさんがいたから、ぼくが思わず『おばあさん帯ひきずってるよ』って言ったら、おばあさんはだまあって通り過ぎて行きましたけど、よく見たらそれは帯じゃなくて、おばあさんの腸だったんですよね？　それをひきずって歩いていくんですよね。それから足のうらが剝げてスリッパみたいにピタピタふんでくる人とかね、屋根のそぎ板を踏んで、釘が足の裏に刺さって、そのそぎ板にまた釘が刺さって、高下駄はいたみたいになってる人とかね、目の玉が流れでて、頰の下までぶら下げている人とかね、それからあの、薪ですね？薪ざっぽうを額の真ん中に突き立てたままの人とかね、おなかが裂けて腸がとびだしてる人とかね、顔中ガラスの破片が突き刺さっている人とかね、首から上がなくなってる赤ちゃんをおんぶしてる女の人とかですねえ、とにかくその時のようすと言うのは、もう、話にならないんですよ。口では言えないですよ。もう、いくら言ってもですねえ。見たもんじゃないと、伝わらないんですよ。そういう人がじぇんぶですからね。

これだけ話してもほんとうにあったことの千分の一、万分の一しか話しきらないんですよ。だからですね、こんなことは、実際に原爆を受けてみないと判らないことなんですよ。落とした方には判らないことなんですよ。いま、その、こんどの水爆は広島・長崎型の何十倍とか、何百倍とか言ってますけど、ほんとうの原爆の恐ろしさは、そんな数字じゃ判らないんですよ。実際に受けてみないとですね、どんなことがおこるか、その恐ろしさというのは誰にも判らないんですよ。

ただそうなると、もう、子供でも、恐ろしいとか、こわいとか、そういう普通の気持も湧きましぇんですね？　無感覚というんですか、無感情というんですかねえ、もう、なんとも思わないんですよ。ただもう、事実がある、それだけですね？

それでとうとう、山里町の家のところにたどりついたんですけど、家は潰れて、めちゃくちゃにこわれてて、母がね、お母さんが家の下敷きになってもがいてるのが見えるんですよ。それでぼくが思わず『お母さーん』て呼んだら、母も気がついて『信ちゃん』、ぼく、信二っていいますからね、『信ちゃん、早く近所の人たち呼んで来て』って言うんですよ。だけど近所の家と言ったってみんな潰れてて、人影がじぇんじぇん無くて、もう火の手があがって燃えはじめてるんですよ。それでぼくも子供心に、青くなって、なんとかして母を助けようと思って、ちょっと倒れた屋根やら柱やらどけようとしたんですけど、ぼくは子供だし、チビの方でしょう？　びくともしましぇんよねぇ。気違いみたいになって、死に物狂いで、柱をどけようとするんですけど、どうにもこうにもなりましぇんよね。大工さんが何日もかけて運んで来た瓦とか柱とかが、めちゃくちゃに潰れて積み重なってるんですからね。それで近所の人がだれか居ないかと思って、そのへん、うろうろしてみたんですけど、だれもいなくて、火事がどんどん大きくなってて、熱くて熱くて、それ以上、もう近づけないんですよね。それでまた家の方に帰って来たんですけど、母は『助けてー、助けてー』って叫んでるんですよね。

そのころになるともう、火事の熱風がふきつけてきて、熱くて熱くて、髪の毛がちりちり焦げだすんですよね。それでもう、うろうろして、どうしようもなくて『お母さーん』『お母さーん』て呼ぶだけですよね。そしたらお母さんがね、『信ちゃん、あんた早よう逃げなさい、あんただけでも助かりなさい』って言うんだけど、自分のお母さんをおいて逃げられましぇんしねえ。
それでも、もう火が家にも燃え移ってきて、ぶすぶす音をたてて燃えはじめて、近所じゅういっせいに燃えだしてですねえ、地面じぇんたいが火を噴いて吠えてる、っていう感じですね。熱くてとてもその辺におられないんですよ。それで……あの、とうとう、……その、山の方にね、『経《きょう》の峰《みね》』っていうカトリックの墓地とか、『穴弘法《あなこうぼう》さん』っていうお寺がある、山の方に……とぼとぼ歩いていったんですけど……お母さんがね『助けてー』って叫んでる声はね……（泣き声になる）一生耳にこびりついて……（すすり泣く）忘れましぇんですよねえ。いまでも毎年八月九日になると、あの声が聞こえてくるようでね」（泣く）
津川「……」（厳しい表情で無言）
木村「逃げる途中でいまでも覚えてるのは、黒焦げの電車ですね。そのころは電車道が医大病院の前の方に来てましたけど、電車が真っ黒焦げになって、レールからはずれて立ってるんですけど、なかにいる人たちは、あのう、マネキン人形みたいにですね、チョコレート色ですね、こげて、そのまま席に座ったり立ったりして、黙あって、そのまま乗ってるんですよ。それから女学生が二〇人くらい、それがみんな火傷したり怪我したりして、それでも泣かずに、鉢巻して、歌をね、『わが大君に召されたる』っていう歌があったでしょう？　あの歌を歌いながら山の方に避難していくんですよ。
その時の記憶はもう、しぇいりして話せないですよね。頭にこびりついてるんだけど、口では言いあらわしぇないですよねえ。だいたいあのう、なにかの光景をながめるとか、そんなゆとりがあるわけじゃないんですよ。なにかを見物してるわけじゃないですからね？　無我夢中で、これがどんな爆弾だとか、どうしてこんなことになったのかとか、そんなこともね、ぼくが子供だったしぇいかも判りましぇんけど、考える訳じゃないんですよ。ふしぎにも思わないんですよ。ただもう、目の前がこんなになってる、それだけですね？　それからもうひとつ、忘れられないのは、アメリカの戦闘機が飛んでくるんですよ。あれはグラマンですかねえ、艦載機ですね、それともロッキードのP38だったかも知れましぇんけど、それが飛んできて、バリバリバリバリ機銃掃射するんですよ。低空でですね？　だからまた、みんな必死で、そのへんの溝とかね、防火用水のかげとかに隠れてね、避難しようとするんですけど。

とにかく『穴弘法さん』の山の上に登ったんですけど、あそこからは浦上一帯が目の下に見えますからね、医大病院はぼんぼん燃えてるし、大きな煙突が『く』の字におれまがったのが見えたし、家の方を見たら、ぼんぼん燃えてる最中ですね？　どうしたらいいか判らないでぼんやりしてるうちに、なんだか気分が悪うくなってきてですねえ、何かこう、こみあげてくるんですよ。そこでお堂のそばでげえげえやって吐いてたら、そこら辺に避難してきてた人が、みんなそろってげえげえやりはじめてねえ、さいごにもう、吐くものがなくなって、胃液ですかねえ、苦い、黄色いものまで吐いて、もう吐けるだけ吐いて、涙流して、それでもうぐったりして、そこらじゅう、倒れてるんですよ。あれはあとから判ったんですけど、放射能障害のひとつですね？

その時だれかが、ぼくが真っ裸だったもんだから、子供用の小さい浴衣みたいなものを見つけてきて、ぼくに着せてくれたんですよ。それまでは真っ裸ですね？　その浴衣はそれから三か月くらい着てたんですけど。

その夜はですねえ、『経の峰』の墓地の下にある、横穴式の防空壕の中ですごしたんですけど、壕の中は、怪我した人たちでいっぱいですよ。それが手当なんて、薬もないし、包帯もないし、医者も看護婦さんもいないしですからね、みんな唸って『お水ー』『水ー』って言ってるだけですよ。『痛ーい』『痛ーい』とか『お母さーん』『お母さーん』て言う人もいますしね、それが一晩中ですよ。で、ローソクもないし、中は真っ暗で、あのへんはカトリックの信者さんの多いところですからね？なにかぶつぶつぶつぶつカトリックのお祈りをしてる声がきこえてくるんですよ。それから何の臭いですか、肉が焦げた臭いですかねえ、血の臭いですかねえ、胸が悪くなるような臭いですよ。そして壕の中だから湿気がして暑いでしょう？　普通だったらもう五分もおられないですよねえ。それでも夜になっても敵機が飛んでくるでしょう？　それがこわくてねえ、誰も壕から出られないんですよ。夜じゅうドラム缶が爆発する音が聞こえてて、それが爆弾の音に聞こえるんですね？　恐ろしくて恐ろしくて誰も出ぇきらんわけですよ。

その時ですねえ、赤ちゃんが大きな声を出して泣いたんですよ。そしたら、そばにいた男の人が、『赤ちゃんを泣かせるな』、と言っておこるんですよ。『その赤ちゃんの声が敵機に聞こえる、敵は聴音器で聞いとっとやけん、そこにまた爆弾ば落とすとやけん』、て言っってですねえ。とにかくみんなおびえてしまって、ビクビクして、神経がどうかなってるんでしょうねえ。飛行機の爆音が少しでも聞こえると、もう『しーっ』て言ってですね、しばらくしーんとして、みんな息をころしてるんですよね。その時に赤ちゃんが泣きだしたもんだから、その男の人がおこって、『泣かせるな、泣きやまんなら出て行ってくれろ』、って言って、お母さんを責めるんですよ。それでも赤ちゃんですからねえ、どこか怪我してたのかも知れましぇんけど、火がついたみたいに大きな声だして泣くんですよ。そしたらそのお母さんがねえ、自分も泣きながらねえ、赤ちゃんを抱いて、壕から出て行きましたですねえ。だれもね、ひきとめなかったですねえ。そして赤ちゃんの泣き声がね、闇の中で、だんだん遠くなって、とうとう聞こえなくなりましたけどねえ。

その翌日、家のあとに行ってみたんだけど、まだぶすぶすくすぶってて、熱くてねえ、どこかで拾った下駄はいて行ったんですけど、すぐには手をつけられなかったですよねえ。その翌々日、八月一一日になりますか、焼け跡からお母さんの骨と、おばあちゃんの骨をひろったんですけど、母の頭蓋骨を手に持ってもなにも感じないんですよ。感情なんて動きませんね、もうああなると。ただ骨を入れる器がないでしょう?　しかたないから、瓶か壺みたいなものでもないかと思ってそこらの焼け跡を探してみたんですけど、ビール瓶なんかみんなぐにゃぐにゃに溶けてるんですよ。そのうち溶けてない、福神漬けの瓶がみつかったもんだから、それに母とおばあちゃんの骨をすこうし、拾って、いれたんですけどね。だからお骨を拾ったと言ってもほんのちょっぴりですよ。

大部分は野ざらしですよねえ。

そのまた翌日くらいから私が気分がほんとうに悪くなりましてねえ、ぐったりして、防空壕に寝てるだけですよ。炊き出しのおにぎりが一日一個くらい、配給で来てたんですけど、食欲がなくて、それも食べたくないんですよね。そのうち髪の毛が、髪の毛っていっても坊主頭ですけど、ぱらぱらぱらぱら抜けだしてね、さいごはつるつる坊主になりましたけど。それから歯茎から血が出だして、鼻血が出だして、それから血便ですね？　一日中下痢して、血便が出て、ぐたあっとなって気分が悪いんですよ。急性放射能障害ですね？　その、日にちがはっきり判らないんですけど、一四、五日でしょうかねえ、父の同僚の、近所だった深堀さんていう方がぼくを見つけだしてくれて、それで新興善小学校の救護所に連れていってくださったんですよ。そして深堀さんが父のお骨を木の箱に入れて、届けてくださったんですよね。幸町工場で焼け死んでいたらしいんですけど、ベルトのバックルで見分けがついたとか言ってね。その時も悲しいとかそんな気持ちがおこらないんですね？　ただぐったりして、気分が悪くて、なんの感情もおこらないんですよ。

敗戦ですか？　どこで聞いたか、覚えてないですよ。子供だったし戦争に勝つとか負けるとか、その段じゃないですよね。目の前にあるのがもう、敗戦の極みたいなもんでしょう？　いまさら負けて悔しいもなんもありましぇんですよねえ。

それから一六日ですね、これははっきり覚えてるんですけど、いちばん下の姉さんが、早苗姉さんていうんですけど、救護所にたずねて来て、ぼくを見つけ出してくれたんですよ。おばあちゃんと親がふたりとも死んだのは深堀さんから聞いて知ってて、ぼくがそこにいることが判って、たずねてきたんですよ。そのとき女学校の二年生で、大橋の兵器工場に動員されてたんですけど、あまり怪我はしてなくてね、腕に軽傷ていどですね、さんざん、ほかの兄弟をさがしたらしいんですけど、見つからなくて、ぼくだけ生きてることがわかったんですね？　そしてぼくが枕元に置いていた木の箱と福神漬けの瓶を胸に抱いて泣くんですよねえ。（涙声になる）それでもぼくはなんの感情もおこらないんですよ」

津川「他のお兄さんやお姉さんの消息は……」

木村「じぇんじぇん判かりましぇん。いまだに行方不明です。もし生きてたら、今でも飛んでいってとびつきたいくらいですよ」

●木村の部屋。後ろ手をついて立てひざをしてぐったりしている木村。マイクと録音機を片付けている津川。

（津川の声）「一日目の録音収録はこれでおわりました。弟さんの健康状態のこともその日に聞きました。原子爆弾後障害による無気力症候群、自律神経失調症、再生不良性貧血によるアレルギー疾患、出血性素因、副腎皮質機能障害、慢性肝機能障害など病名が一二、二五種類の薬を服んでいるということでした。弟さんが厚生大臣による、いわゆる『認定被爆者』であることも、この日認定証書を見せてもらって知りました」

津川「木村さん、お茶でも飲みましょうか。わたし、お湯わかしてきますよ」

腰を浮かしかける。

木村「いやあ、私、お茶飲みましぇんから」

津川きまり悪そうに座り直す。

津川（ふと将棋盤に目をとめる）「木村さん将棋やるんですか？　一局やってみましょうか？」

木村「いいえ。もうきつくて横になりたいくらいです。今夜はどうしぇ眠れないですよ。思い出したくないこと思い出したから」

津川「……」（粛然となる）

●津川のアパートの部屋。夜。
四畳半。粗末な独身者の部屋。本箱と自炊道具など。本箱の一隅にセピア色の可愛らしい少女・栗原百合子の写真の小さな額がおいてある。津川はテープレコーダーで録音を再生し、テープの箱カバーに録音の内容を書き込んでいる。（木村の録音の一部が流れる）
●木村の部屋。昼間。向かい合って語り、録音をとっている木村と津川。
（津川の声）「弟さんを二度目におたずねしたのはそれから五日ほどたってからの、相変わらず暑い日でした」

津川「新興善小学校の救護所が閉鎖されてから、大村市の海軍病院の救護所に移されて、それから長崎市内の公立病院に転院されて、八年間すごされたと。木村さんの病気はどんな状態だったんですか」

木村「完全《かんじぇん》に寝たきりですね。ベッドに釘付けの状態ですよ。自分で動かしぇるのは両手だけですね。『悪性貧血』といって、貧血がはげしくて、便に血が混じるし、歯茎からの出血はひどいし、……からだがだるくてだるくてですねえ、だるいばかりじゃなくて、あちこち痛いんですよねえ。ベッドの上に寝ていても自分でからだの向きをかえることさえできなくてね、一生懸命、姉さんにすがって、からだを横向きにさしぇてくれとか、こんどは逆向きにさしぇてくれとかなんとか言いつづけて、ずいぶん無理言ったと思うんですけどねえ。そういう状態が八年間続いたんですよ」

津川「お姉さんとおふたりで、どんな入院生活だったんですか?」

木村「あのう、姉さんはベッドの下にござを敷いて、病院からもらった毛布を一枚敷いて、そこに寝泊まりしてたんですね? 昼間は人に頼まれた編み物とか、刺繍とかしてね。なんか自宅のあった土地を人に買ってもらったって言ってましたけどね。今なら大金で売れたかも知れないけど、当時のことでしょう? たいしたお金にはならなかったと思うんですよね。それでいろいろアルバイトみたいなこととして、私の入院費用にあててたんですけどね。さいごはその病院の掃除婦に使ってもらってね」
津川「お姉さんがその時一三歳ですか？　一四歳？」
木村「一四ですね」
津川「お姉さんについては思い出がたくさんあるでしょうねえ？」
木村「それはもう語りつくしぇないですよ。入院して半年くらいたってからのことですけど、病院で出る、麦のお粥に、大豆滓と芋が入ってるんですよね。私はずいぶんわがまま言いましてね、こんなもの食べられない、米買ってこい、なんて言って、姉さんにしがみついて怒ったんですよね。姉さんはどうしようもなくてですねえ、それであのう、田舎の方に行ってからね、お米を買ってきたんですよ。自分で編んだ毛糸のセーターなんかと交換してね。そのお百姓さんがとても親切な方だったらしくて、ほんとうは一升くらいのところを、三升くらい分けてくれたらしいんですよ。で、姉さんは喜んで持って帰ってですねえ、そのお米を炊いてくれて、僕に食べさしぇてくれたんですね？　昔、『銀メシ』って言ってましたけど、その『銀メシ』ですね？　そのかわり姉さんはですねえ、芋食ってるんですよねえ。（涙声になる）その時の情景はですね、今でも胸にやきついてるんですけどねえ」
津川「それから二八年に亡くなられるまで、お姉さんは病院に泊まり込みで……」
木村「そうですねえ。病院で掃除の仕事で働かしぇてもらってね。ただ、私が機嫌が悪い場合とか、自分のからだの状態が悪い時とかは仕事も休むんですよ。そうすると一ヵ月に一五日か二〇日くらい働かれればいい方なんですよね。

そういうふうにして暮らしてたんですけど、あれは昭和二三年の一〇月ころですかね、姉さんもほんとにからだが悪くなって、一時、寝こんだ時期があるんですよ。で、姉さんが寝こんだんで、僕を看病する人がいないし、姉さんを看病する人もいないんですね？　だから同じベッドに、ふたり並んで寝かせられたんですよ。だからもう、姉弟でありながら、仲間割れしたようなことになってしまって、顔、見合わすことさえイヤでね、反対向きになって寝てたような状態が続いたこともあったんですね？　それが六か月続いてるんですよね。

姉さんはそれからだいぶ具合が良くなって、なにか一般の、ふつうの事務所のようなところに、いまで言えばパートですね？　パートのような仕事に行くようになったんですよ。僕はねえ、そのころ、姉さんが帰ってくるのが、もう、楽しみのひとつだったんですよ。で、姉さんが帰ってくると、すぐ、お土産のお菓子をですねえ、目の前にぶら下げて、ホラホラ、ホラホラ、じゃらしてですね、猫にさしぇるようなことを、僕にさしぇるんですね？　すると僕は手は両方とも動きますからね？そのお菓子をとろうとして、十分に手を上げることができないんだけども、それでもやっぱり、手を、一生懸命、こうこう、こうこう、伸ばしたりなんかしてからですね」

両腕を目の前で大きく動かして、お菓子に飛びつこうとするしぐさをして愉快そうに笑う。

木村「あの、こんなふうにして、姉さんのお菓子に飛びつこうとして、あのう……あのう（笑う）そうすると姉さんがですねえ、冗談半分に、犬に、ワン公に投げるみたいに、お菓子を袋から出して投げるんですよね。で、姉さんがポンと投げちゃ、僕がそれを口で受け止めようとして、口をこうこう、やってですね、(笑いながら口を開けて、顔を動かしてお菓子を口に受けようとするしぐさをする)そんなことずっとしながら、ふたりで生活してたんですけどもね」

津川「お姉さんに外《そと》のことを聞くのは木村さんにとっては随分楽しみだったでしょうね？　どんなことを話してくださったんですか？」

木村「そうですね、楽しみにしてたですねえ。僕にはもう、外のことはじぇんじぇん判らないですからね。昭和二〇年の八月半ば以降のことはですね？

姉さんの話で僕に印象的だったのは、焼け跡に、トタン屋根のバラックが一軒一軒たちはじめたこととか、占領軍が来て、焼け跡をブルドーザーという機械で片付けてしまったこととかですね、自分が働いてる事務所の中にも被爆した人がたくさんいて、ケロイドを見られないように、夏でも長いシャツを着ている人がいるとかね、そういう話をしてくれたりしたんですよ」

津川「おふたりでご両親とか、おばあちゃんとか、ほかのご兄弟のことを話されることはなかったんでしょうか？」

木村「いえ、それは一回だけなんですね。いちど、姉さんが、『みんながいればいいのにねえ』、というようなことを口にしたことがあったんですけどね。僕がすぐ、『やめろ』、とかなんとか言ったと思うんですよ。ほんとうに僕は肉親の話をすること自体がね、イヤだったし、だいいち帰ってこないものを、話したところでどうにもなりましぇんからね。だから『もう、そんな話するのやめとけ』、ってですね、言ったことがあるんですよ。今考えてみれば、姉さんにたいして残酷な言い方だったかもしれましぇんけど、あのころはね、僕自身、肉親の話されることがイヤでね、思い出すこと自体がイヤだったんですよ。

で、昭和二四年の春ごろから、あの、ベッドの横にカーテンをしてもらって、外が見えないようにしたんですよ。というのはですね、小学生とか中学生がね、歩いて登校してるのが見えるんですよね。病室の窓から。二四年ていうと、ふつうなら僕が中学に通学してる年ですからね？　その姿が見えるのがイヤでですね？　姉さんに怒って、カーテンをしろ、って言って、カーテンをつけさしぇたんですよ。そして昼のさなかでもカーテンをしめきって、外が見えないようにしたんですよ。それでもあの、外がどんなふうになってるだろうか、と思って、なつかしくて、姉さんがいない時に、カーテンをちょっと開けてじーっと見てたら、姉さんに見つかって、おこられちゃって、『あんたもやっぱり外のことが気になるんでしょう』って言われて（笑う）、笑われたこともあるんですよねえ。

そのころの僕はもう、すべてを諦めきった心境でね、自分はもうどうしようもない、っていう気持だったんですよ。それでもやっぱり、同じ歳の生徒達が元気に登校してる姿を見ると、諦めきれない気持がおこってきましてねえ（涙声になる）。僕はほんとうは学校に行きたいんですよね。行きたいんだけども、寝たきりの状態ではですねえ、……」

津川「いま思えばお姉さんにはずいぶんわがままを言ったり、困らせるようなことを……」

木村「ええ、ずいぶん言ったですねえ。姉さんには無理難題をおしつけたと思います。僕、甘いものの好きですからねえ、砂糖がないのに、砂糖買ってこい、なんて言ったりして、ずいぶん姉さんを困らせたと思うんですよ。それからあのう、長崎の郊外に枇杷の産地があるんですよ。ですから枇杷のシーズンでもないのに、枇杷買ってこい、なんて言うと、姉さんはただ黙って、涙ぐんでね、(涙声になる)なんにも言わなかったんですよね。『アンタ、あんまり姉さんに無理なこと言っちゃ駄目よ、姉さん外で泣いてたよ』って(涙声)、それを思うとですね、どうしたらいいか、判んないですよねえ。(すすり泣く)

姉さんはだいたい、学校の先生になりたかったんですよ。学校に行って、勉強して、先生になりたかったんだと思うんですけど、僕を置き去りにしては、行けなかったんだろうと思うんですよ。もし姉さんが先生になってたら、先生の保険の方の病院にもかかれただろうと思うし、姉さんは死ななくてもよかったと思うんですよね。ですけど僕は当時、姉さん学校に行っていいよ、なんて言えなかったし、僕はもう、姉さんにしがみついて生きてたんですよねえ。姉さんがいないと、不安でならなかったんですよ。

だいたい姉さんが外に働きに行くっていうこと自体にね、僕は反対だったんですよ。医療費なんかどうにかなるからね、ほっとけ、なんて言って、ずいぶん姉さんに無理言いましたからね?」

津川「それではお姉さんが亡くなられた、前後のことをお話しいただけますか」

木村「そうですね、それはあの、昭和二八年のことですね? 一月だったと思うんですけど、姉さんの顔色がすぐれないんですよ。僕から見ててもですね？　姉さん、具合が悪いんじゃないの？　って言ったんですけど、姉さんはただ黙って下むいていましたですよねえ。姉さん診断してもらったほうがいいよ、って言ったんですけど。それから三月のひな祭りの、三月三日のときに、姉さんが町から、菱餅ですね？　あれを買ってきて、それとおひなさんを買ってきて、ふたりで雛祭りをしたんですよね。そのときめまいがしたらしくて、ふらふらっとしたんですよ。それが始まりで、元気がみるみるなくなって、だるそうにだるそうに、してるんですよね。

それで僕が心配になってきて、『姉さん、先生に診てもらったほうがいいよ』って言ったんですけど、応じようとしないんですね？

『わたしが病気したら、だれがあんたの面倒見るの、あんたは木村の家をつがなきゃならないんだからね』、って言ってですね？

そして五月すぎたころだったと思うんですけど、急に姉さんの顔が黒ずんできて、茶褐色のような、どす黒い顔色になってきたんですよ。それから診察にこられた先生に、『あのう、私も診てください』、って頼んで診てもらったら、先生の顔色が変わりましたね？　そして『精密検査するから』って言って、姉さんは別の部屋に連れていかれたんですよ。結局、入院させられたんですね？

医者から、『君の姉さんは病気が重いからね、君もすこしはがまんするんだよ』、って言われましたからね。でも僕はなにをしようとしても、なにすることもできないでしょう？　だから、ま、とにかく姉さんの無事を願って、毎日毎日いのって、手を組んで泣いてたんですよねえ。

そしたらあのう、『姉さんの容体がどうもおかしいよ』って、看護婦さんが言ってきたんですね？　僕はねえ、『どうしても姉さんの顔見たいから』って、頼んで、担架に乗せてもらってですね、姉さんの部屋に連れていってもらったんですよ。

行ったら、姉さんは僕の名前を呼んでるんですよね、一生懸命ね。『姉さん、僕そばにいるよ』、って言ったんですけど、僕は担架の上から起きられましぇんからね？　だから、ただ横向くだけがしぇいいっぱいで、姉さんの手をとろうとしても、ちょっと担架のほうがベッドよりも高いんですよ。それで、手が届かなくて、も、あとちょっとのところで届かなくて、もどかしいんですよねえ。で、そうやってるうちに、一回だけですね、姉さんの手にさわったんですよ。そしたら姉さんの手が冷たいんですよねえ。もうびっくりしましたですよねえ。

その時から輸血がはじまったようですねえ。

そして昭和二八年の七月のですね、二一日ですか？　とうとう世を去ったんですけどねえ。遺骨は、僕のひざもとに抱いたんですけど、僕は起き上がることもできましぇんからね、姉さんを送ることもできなかったんですよ」

津川（木村をみつめる眼が深刻に光る）「亡くなられた、というのはどなたが知らせてこられたんですか？」

木村「それは先生が言ってこられましたです。『姉さんは亡くなりましたから』って。そして三時間くらいしてから、遺骨をもってこられたわけですね？　だから、それこそ簡単な葬儀だけだったんだろうと思うんですよね。僕の部屋で葬式やろうとしても、僕自身、起き得ましぇんからね。ただ、あとから僕の部屋に、看護婦さんが何人かきて、遺骨を拝んでくれましたけどね。そのほかにはなにもなかったように思うんですよねえ」

津川「お姉さんはその時おいくつですか？　二一か、二二くらい？」

木村「二二歳ですね」

津川「木村さん、お姉さんの生涯を考えて、いまどんなお気持を持たれますか。楽しいことの少ない、短いご生涯だったように思うんですけど……」

木村（こめかみがふくれ、怒りと後悔をおさえきれない表情）「その質問は残酷すぎます。……それはもう、なんとも言えないです。胸がね、しめつけられるような気持です。というのは僕はわがまま放題、姉さんに無理難題、言ってきたし、姉さんは学校にも行きたかっただろうに、友達とも遊びたかっただろうに、ただ僕のためだけにね、短い生涯を（涙声になる）……親もほかの兄弟もいなくなって……助けてくれる人もいないし……楽しいことは何もなくて、ただ僕のために尽くしてね、力つきて亡くなったわけですからね？　葬式にきてくれる人さえいなくてねえ……（絶句。すすり泣く）」

●津川の部屋。夜。テープを再生してテープ箱カバーに要旨を書き込んでいる津川。（録音の姉さんの死去の部分が流れる）津川、本箱の少女の写真を手にとってじっとながめる。

●少女（栗原百合子）セピア色になったモノカラー写真。一九歳。浦上天主堂をバックにニッコリ笑っているかわいらしい顔。

●写真をみつめる津川。

●荒川の源流の河原。昼。それぞれ石の上に横並びに座っている木村誠一と津川。（瀬の音。油蟬の声）

木村誠一、津川ともに前かがみの姿。顔は見合わせない。津川ナップザックから乾パンと缶ジュースを出して木村誠一にすすめる。木村缶ジュースだけ飲む。ふたりでしばらく沈黙しつつ飲食する。

●奥秩父の山並みと雲。

●木村信二の部屋。夏。昼間。マイクの前で語る木村と、うなずきながら聞いている津川。

（津川の声）「姉の死後、弟さんが長崎の大学病院の紹介で、東京大学の病院へ移されたこと。被爆後一五年目、ついに退院できたこと。しかし病弱な状態はかわらず、通院と入院を繰り返し、仕事場を見つけてはたちまち失業する状態のくりかえしだったこと。最後は生活保護を受けるようになったこと。そのあいだに原水爆禁止の運動にめぐりあい、熱心な活動家になっていったこと。そんな身の上を聞かせてもらいました」

●木村信二の部屋。夏。夕刻。

津川「うかがいたいことは大体、話していただいたと思うんですけど、月並みですけど、木村さんのいまの生きがいはなんでしょうか。これから生きて行く上で、どんな目標を持っておられますか？」

木村「ま、将来にたいする目標といったら、それこそ社会を、しぇいじをですね、根本的に変革すること以外にないですよねえ。

僕がこんな境遇になったのも、親兄弟が死んだのも、けっきょく戦争と平和の問題、つきつめれば社会の体しぇいの問題、政治の問題ですからね？　社会を根本的に変革すること、二度と戦争なんかはじめない世の中をつくること。生きがいといったらこれしかないですよ。

それともうひとつ、自分がですね、もういちど社会にでて、自分の力で働いて、人間らしい生活をするということですね。

というのはですねえ、最近、この押し入れのなかに、クモの巣ができてたんですね？　小さなクモなんですよ。で、クモの巣を僕がちょっと手でふれて、網をひっかいたら、そしたらそのちっちゃいクモですらですね、すぐにでてきて、巣をつくろいはじめるんですよ。一生懸命ね？　それを見てですねえ、クモが編んでゆくような、あの自力ですね？　なんで僕が、それができないんだろう。そう思ったですねえ。ほんとうに、そう思ったんですよ」

●JR高円寺駅。宵の口。
録音機を下げて階段をおりてくる津川。（「高円寺阿波踊り」の囃しの物音しだいに高くなる）
●駅前。
録音機を道路におろして呆然と阿波踊りをながめる津川。（そうぞうしいお囃子の音）
●踊り狂っている男。
●「○○連」のプラカード。
●同じく若い娘たち。
●ひらひらと動く娘たちの指先。
●「◎◎連」のプラカード。
●踊る男。
●踊る娘たちのうっとりした表情。
●「☆☆連」のプラカード。
●踊り狂う女の素足にはいた下駄。
●呆然とながめる津川。
●原爆ドーム。秋。（字幕「広島　一九六八年」）
●広島の慰霊碑。その前で頭をたれる津川。

●慰霊碑の碑文。（「安らかに眠って下さい　過ちはくり返しませんから」）
●慰霊碑の奥に見えるドーム。

（津川の声）「私がそれまで勤めていた小さな通信社をやめて、広島に転居したのは翌年秋のことです。東京での録音は百人になっていました」

●朝の町。新聞配達をしている津川。

（津川の声）「新聞広告でみつけた早朝、深夜のパート労働をしながら、録音機を下げて被爆者をたずねて歩きました。弟さんにお話をしてもらったことが、私にとっては大きな転機になりました。自分の作業の意味について、大きな示唆と励ましを受けたのです。

私がもっとも感動したのはお姉さんの生涯です。その気高い自己犠牲の心に打たれました。もし『無名戦士』という言葉があるのなら、このお姉さんのためにこそ、もっともふさわしい称号だと思いました。

私たち『被爆者の声を記録する会』は、それから七年かかって、結局一〇〇〇人の被爆者の録音を収録したのですが、お話の中にでてくる幾千人もの人々の中で、もっとも印象的な人物は、このお姉さんでした。

弟さんの録音を、いつの日かたくさんの人々に聞いてもらって、このような『無名戦士』がいたことを人々に知ってほしい。それが私の念願となりました」

●秋。被爆者A（女性）の家の屋内。語っているA（女性）と録音をとっている津川。

（Aの声）「救護所じゃあ、やけどぉしとりんさった人らの看護をしとったんじゃけどねぇ。『なんか背中がもぞもぞするけえ見てくれえ』、言うちゃったもんじゃけえ、ほいで見たらねえ、ウジがようけおって、傷口を出たり入ったりしとるんですよ。わたしゃあ、もう気の毒で気の毒でねえ、『いやあ、どうもなっとりゃあしませんよ』、言うんが精いっぱいでね」

●冬。被爆者B（男性）の家の屋内。語っているB（男性）と録音をとっている津川。

（Bの声）「顔中にやけどぉしとった人がねえ、なんべん、言うて、音楽が聞こえる、音楽が聞こえる、言うとりんさったんですよ。しまいにゃあ、のうなったんですが、そんときゃあ、耳の穴からうじゃうじゃウジが出てきて、たまげてしもうたよね。ウジが動くんが、音楽に聞こえたんじゃろう思うてね」

●小さな印刷工場の片隅。夜。デスクの上でゲラ刷りの校正をしている津川。
●被爆者C（女性）の家の玄関。追い払われてすごすご帰る津川。
（Cの声）「うちが被爆者じゃ言うこたあ、どこから聞いて来んさったんですか。もう来んで下さい。娘の縁談の最中じゃあ言うのに。この話がこわれてしもうたら、あんたらが責任とってくれんさるんですか」
●春。被爆者D（女性）の家の屋内。語っているDと録音をとっている津川。
（Dの声）「うちのを探して、広島中の救護所ゆう救護所を訪うて歩いたんですよ。あっちこっちに、のうなった人を山のように積んどったんを、これか、これか、思うて確かめて歩いとったんですが。そしたら、ありゃあどこの救護所じゃったかねえ、男の人が、ペンチで、もうのうなっとりんさる人の、金歯をね、あんた金歯を引っこ抜いて歩いとってんですよ。その人も血だらけじゃったがね。わたしゃあ、思わず、『そんな恐ろしいこたあ、やめてつかあさいや』、言うたんじゃけど、そしたらね、その男の人が、いびせえ顔して、わたしを睨みんさるんですよ」
●大衆キャバレーの厨房。皿洗いをしている津川。（キャバレーの騒音。ガンガン響いてくるレコードの歌「ブルー・ライト・ヨコハマ」）

●被爆者E（男性）の家の門前。追い払われてすごすごと帰る津川。

（Eの声）「あんたら、いつまでわしらを追っかけまわしゃ気がすむ言うんですか。もういい加減にしてつかあさい。ただもう、忘れりゃあええ思うてがんばっとるんじゃけえ」

●夏。被爆者F（男性）の家の屋内。語っているFと録音をとっている津川。

（Fの声）「毎朝のうなった人を大八車に乗せて、救護所から焼き場へ運ぶんでがんすよ。ほいじゃが、ある時、その大八車に積んどった死体の山から、子供の死体がすべり落ちたんでがんすよ。ほしたら、その運んどった人がでがんすよ、無造作に子供の頭をわしづかみにひっつかんで、ひょい、と死体の山の上にほっぽり上げるんでがんす。わしゃあ、あの子は焼き場に連れて行かれるまでにゃあ、なんべん転げ落ちるじゃろうか、思うてね」

●被爆者Gの家の玄関前。忌中の張り紙を見つけ、おどろいて録音機を玄関前に置き、中へ入って行く津川。うつむいて録音機をさげ、帰って行く津川。

●秋。被爆者H（男性）の家の玄関先。馬鹿にしたような顔のH。すごすごと帰る津川。

（Hの声）「『被爆者の声を記録する会』？　聞いたこたぁありまへんで。こがいなことぅしてから、一銭にもなりゃあすまあ。金はどっから貰ろうてやっとりんさるんかいのう。まあ、言やぁ、共産党系の会なんじゃろうがい」

●冬。被爆者Ｉ（女性）の家の玄関先。はげしく拒絶され、すごすご帰る津川。

（Ｉの声）「人言うんは、不幸じゃった過去を忘れて生きるいう権利があると思うとるんよ。ほいじゃがあんたらぁ、その権利いうんを踏みにじるみたいなことをしとりんさるんよ」

●春。被爆者Ｊ（男性）のいる組合事務所。さげすんだ表情のＪ。すごすご帰る津川。

（Ｊの声）「ほいで、団体との関係はどうなっとるんかいね。責任団体がはっきりしとらんのう。あんた、なんのこたあなあ、トロツキストなんじゃぁなあのかいや」

●春。場末のバー。開店前。激しく拒絶する被爆者Ｋ（ママさん）。すごすご帰る津川。

（Kの声）「わかったけえ、うるさいねえ。別に『声』みたいなもん、記録してもらわんでもええけえ。のうなった弟が帰ってくる訳じゃないけえねえ。はよう帰りんさいや」

●春。被爆者L（男性）の八百屋の店先。激しく罵るL。すごすごと帰る津川。

（Lの声）「うるさい！　いまものすごい忙しいんじゃ。わりゃあ、ぐちゃぐちゃぬかさずいにゃあええんじゃ。はよういねえ！　いなんかい！　しごうしたったろうかいや！」

●津川の部屋。

昼間から布団をかぶって寝ている津川。やおら立ち上がり、栗原百合子の写真の額を手にとってじっとながめる。

●栗原百合子のセピア色の写真のアップ。（ニコニコ笑っている）

●老人ホームの一室。語る被爆者M（女性）と津川。Mの頬に涙が伝わって流れる。

●夏。録音機をさげて太田川のほとりを歩く津川。

●太田川のほとり。

「原水爆禁止世界大会」のゼッケンをつけて、団扇を片手にキャンデーをしゃぶりながらぞろぞろ歩いている男女。サンダルばき。観光気分。津川、見向きもしない。

●秋。再び新聞配達をする津川。
●冬。被爆者N（おばあさん）の家の室内。語っているNと録音している津川。Nがしきりに涙をぬぐう。
●家の鴨居の上にかかげた家族の写真の額。旧制中学校の制服制帽の少年の顔の写真。旧制女学校の制服の少女の顔の写真。
●東北地方。冬。録音機を下げて雪の中をよちよち歩く津川。
●ストーブをたいた室内。語って居る被爆者O（男性）と録音をとっている津川。
●沖縄。夏。砂糖黍畑の道を汗を拭きながら録音機をさげて歩いて行く津川。
●沖縄の農家の室内。被爆者P（男性）の部屋。語っているPと録音をとっている津川。

（**右にかぶって津川の声**）「弟さんのお話に示唆をうけ、作業のなかで私にだんだん判ってきたことは次のようなことです。被爆者には『被爆体験』をきくのではなく、『被爆者体験』をきかなければならないということ。『被爆者体験』でもまだたりない。その人の『身の上話』をきかなければならないこと。その人の『身の上話』のなかで、被爆体験、被爆者体験がどんな意味を持っているかいないかを問わなければ、被爆者を理解できない、ということ。

被爆者を『原子爆弾被害者』としてだけ見るのはあやまりで、被爆者は『原子爆弾否定者』としても見なければならない。被爆者と原子爆弾との関係の主たる側面は、後者の方にこそある、ということ。

被爆者は限りなく異常な体験を強いられた、ごくふつうの人々である、ということ。被爆者の体験の異常性、非日常性と、被爆者の人間としての普通さ、当たり前さ、これをふたつながらに理解しないと、被爆者を正しく理解できない、ということ。

原子爆弾を投下したひとびとがしばしば使う、『原子爆弾の効果』という言葉のほんとうに正しい意味は、ひとびとに原子爆弾否定の意志と行動を生み出したところにこそある、ということ。その究極の表現として、弟さんが語った、『社会変革の意志』がある、ということ。

私はそれから広島を足場に沖縄、東北地方、北陸地方などの被爆者をたずねて歩き、福岡、横浜、長崎、と転居をくりかえしました。『被爆者の声を記録する会』に参加してくれた友人たちと協力しながら、けっきょく二一都府県、一〇〇〇人の被爆者の録音を収録することができました。

その間、弟さんと会ってから五年目の秋のことです。

そのころ私は福岡に住んで作業を続けていました」

●秋。福岡の津川のオンボロアパートの入り口。

録音機をさげて帰ってきた津川が郵便受けから自分あての郵便物を見つける。三二歳。ひっくりかえして差出人の名前を見る。

●郵便物の差出人名。「東京都被爆者問題研究会」

●津川の部屋。

薄い冊子のページをくる津川。突然驚愕した表情。食い入るように読みはじめる。
●冊子の表紙のアップ。『原爆被爆者の二七年　事例研究』
●ページのアップ。「研究事例三　木村信二さんの場合」
●読み続ける津川。

（「木村信二のテーマ」重く暗くフェードイン。以下にナレーターの声がかぶる）「木村信二さんは当時一一歳で、長崎市本原町に住んでいた。被爆当日は横穴壕の奥にいたため、奇跡的に無傷で助かった。しかし当時警察官だった父と、小学校教師だった母は重傷を負い、三年後と八年後、原子爆弾の後遺症で亡くなった。木村さんと、三つちがいの兄は、福岡県柳川市の親類の家にひきとられ、そこで成長した。木村さんは被爆直後から重い後遺症に苦しみ、入退院をくりかえし、高等学校も二年で中退した。農家でにわとりを飼う手伝いをするほかは働くことができず、いわゆる『原爆ぶらぶら病』の状態にあった。その後就職した兄とともに上京し、いっしょに生活していたが、木村さんの医療費のことで兄といさかいをおこし、兄と別居して現在は東京下町のアパートで一人で暮らすようになった。今は生活保護を受け、結婚もあきらめ、通院する毎日を送っている。木村さんは原水爆禁止運動に生きがいを見いだし、熱心な活動家に成長している。しかし兄とのおりあいはあいかわらず悪く、いまでも兄の家には出入りを禁じられている」

●津川の部屋。
あぜんとする津川。呆然と視線を宙になげる。

（「木村信二のテーマ」。かぶって津川の声）「この文章に接した私の驚きがお判りいただけるでしょうか。私はあぜんとして声をのみました。弟さんはどうしてこんな話をしたのでしょうか。いや、この話の方が本当なのでしょうか。そうだとすると、五年前、涙や笑いとともに語ったあの録音の話はいったいぜんたい何なのでしょうか。弟さんはこの冊子が私の目にふれ、私を驚かせる可能性を考えなかったのでしょうか」
●大きなレストラン。
ウエイターをしている津川。ぼんやりした表情。氷水のコップを置いたトレンチ（お盆）をひっくりかえし、あわててしゃがんで、割れたコップをひろい集める。
●レストランのマネージャー。
マネージャー「どうしたんだ、津川君。今日にかぎって」
●中洲の橋の上。

欄干に寄りかかり、川面をぼんやり眺めている津川。

（津川の声）「私はそれから弟さんに公正ではない行動をとりました。東京にいる友人に頼んで、墨田区の区役所に行ってもらい、弟さんの住民票の写しを取ってもらいました。弟さんの本籍地は、私がそのとき住んでいた福岡県の一角、筑豊地帯でした。弟さんのお話に感動し、将来、たくさんのひとびとに録音を聞いてもらいたい。その願いが強ければ強いほど、私は『事実』を確認したかったのです」

●福岡県筑豊地方。秋。青い空。
●ボタ山。（なかばくずれ裾野には灌木が生えかけている）
●遠賀川。
●ボタ山。（同じ）
●枝もたわわに実った柿の実。
●バスにゆられている津川。（きびしい表情）
●町役場の正面玄関。入って行く津川。
●町役場の戸籍課のカウンター。
戸籍謄本の申請書に記入する津川。

（津川の声）「戸籍に関する法律が改正される前で、私が本人か、本人の委任を受けた者であるという証明は求められませんでした」

女性職員「代金は向こうの出納の窓口でお支払いください」（筑豊なまり）

女性職員が津川に謄本を渡す。

●ボタ山を遠景に道端の石に座って謄本を読んでいる津川。（「木村信二のテーマ」）

●謄本のアップ。

（「**木村信二のテーマ**」つづく。**津川の声以下の画面にかぶりつつ**）「謄本を読んで、私は呆然自失でした。あなたは十分ご承知のことですが、おふたりの父上は昭和一三年に中国南部で戦死しておられました。母上は昭和一九年、飯塚市で亡くなっておられました。つまり原子爆弾が長崎に投下されたとき、おふたりはすでに故人でした。あなた、お兄さんがおられて、現存しておられました。私が驚いて倒れそうになったのは、私にとってあれほど感銘深い存在だったお姉さんが、戸籍のどこをさがしてもいないということでした。あの印象深いお姉さんとの病院生活は、ことごとく、弟さんの空想の産物だったのでしょうか。どうしてそんなことが弟さんにできたのでしょうか。

さらにふしぎに思ったのは、少なくとも戸籍上、ご一家が長崎におられたという痕跡がどこにもない、ということです。逆に、昭和二〇年七月三〇日、つまり原子爆弾が長崎に投下される一〇日前に、当時六歳だった下の弟の正三さんが亡くなっていて、死亡届けが飯塚市長に受理されています。つまりご兄弟はそのとき、長崎ではなく、飯塚市に住んでおられたらしいということが、少なくとも戸籍上からは強く推定できるのです。

私はそのときから、あなたを何らかの方法で捜しだし、訪ねていこうか、やめようかということを、長い長いあいだ迷いました」

●福岡市内。冬。被爆者を訪ね、録音を収録している津川。

●録音機を下げて道をたずねている津川。

●レストランで働いている津川。(ぼんやり考えこんでいる)

●録音機を下げて西鉄の電車の窓からぼんやり窓の外を見つめている津川。

●窓外にひろがる麦畑。

●被爆者から追い払われている津川。

●病院の個室で録音を収録している津川。

●津川の部屋。じっと考え込んでいる津川。

（津川の声）「ご兄弟が長崎に住んでいたことが、戸籍謄本に添付された付表で判りました。しかしそれは昭和二五年以降のことです。それ以前、とくに原子爆弾が長崎に投下された昭和二〇年八月に、長崎におられたらしい形跡は、謄本にはまったくありません」

●新聞販売店。早朝。外はまだ暗い。

朝刊にチラシを折りこんでいる津川。なれた手つき。

●福岡市内。春。

録音機を下げて町を歩いている津川。

（津川の声右にかぶりつつ）「けっきょく私は、あなたを捜すことをしないことに決めました。住民票や戸籍謄本をとって、弟さんの身辺を調べたこと自体、被爆者に対する信義則に反する行動です。弟さんが私に語った体験談の正体は私には今でも判りません。しかし、時期がくればいつか判るときがくるだろう。それより、私は弟さんにしてもらったお話に導かれて、自分の作業の意味について、被爆者をどのように理解するかということについて、いっそう確信を深めていったのです。

それより私には解決しなければならない緊急の課題がありました。

自分の生活を人間らしく、立てなおすことです。流浪の生活の間に、わずかの蓄えは使いはたしてしまいました。過労で何度か倒れました。私もまた、弟さんが語ったあのちいさなクモのように、自分の生活を人間らしく再建しなければなりません。

録音を収録した被爆者の数が、目標にしていた一〇〇〇人に達したのを機会に、私は東京に転居し、兄が作った小さな貿易の会社で働きはじめました」

●東京渋谷。夏のおわり。（字幕「東京　一九七三年」）ビルの一室の事務所。
電話をかけたり、ワープロを打ったりしている津川。三三歳。
●津川の杉並区永福町のアパート。以前のオンボロアパートよりは多少家具もそろっている。録音テープを収納したスチールロッカーが部屋を狭くしている。読書している津川。

（津川の声）「それから半月もしない夕暮れのことです」

●アパートの郵便受け。新聞配達が夕刊をなげこんでゆく。
●津川の部屋。
何げなく夕刊をひらいて読む津川。とつぜんどきり、とした表情。（「木村信二のテーマ」）
●夕刊のアップ。
●読む津川。

（ナレーターの声）「荒川で被爆者が自殺　二日午前一〇時ごろ、埼玉県秩父郡大滝村大滝の荒川の河原に男の死体があるのを近所の主婦が見つけ、秩父警察署に届け出た。調べたところ、持っていた診察券から東京都墨田区京島一丁目斎藤アパート、無職、木村信二さん三九歳と判った。死後一週間くらい。木村さんは長崎で被爆したのち昭和三五年ころ上京、被爆者手帳をもらい、生活保護を受けながら一人で暮らしていた。死体のそばに現金在中の手提げカバンや薬の袋がちらばっていたことなどから、同警察署は自殺とみて調べている」

●津川の部屋。（「木村信二のテーマ」重く暗くつづく）
ぼんやり考え込む津川。戸外は暗くなっている。

●夜。津川の部屋。

（津川の声）「それは皆既月食があった夜です」

●ガラス戸を開け、夜空をあおぐ津川。

●満月。じりじりと月食がはじまる。（「木村信二のテーマ」クレッシェンド）

●ぼうぜんとながめる津川。

●西武秩父線の車中。座っている津川。
●西武秩父駅。構内を歩く津川。（駅の雑音にまじり遠くでダイナマイトが爆発する音が聞こえる）
●秩父警察署の看板。
●秩父警察署のデカ部屋。
問答している若い刑事と津川。
●三峰神社ロープウエイの窓の下を流れる朱塗りの橋。
●三峰神社。
神社の神主や巫女と問答している津川。
●大滝村役場の看板。
●役場の前のキンモクセイの大木。
●役場の中。
役場の職員と問答している津川。
●荒川源流の河原。（瀬の音）
しきりにあちこち指さしながら説明している役場の職員。きびしい表情で聞いている津川。ふたりともゴム長靴をはいている。
●京島一丁目のアパート。
木村信二の部屋で問答しているアパートの管理人と津川。

●一五年後の荒川源流の河原。午後。

石の上に座っている木村誠一（六一歳）と津川（四八歳）。

津川「関係者に聞いて判ったのは、弟さんには遺書がなかったということです。それから弟さんが、全身にかなりの打撲傷をおっていたということです。

それと、奥秩父の山の中はいわば自殺の名所で、自殺者の変死体が見つかることは珍しくない、ということです。

『また自殺か』という先入観が、警察にも役場にもあったらしい、ということです。

もうひとつ、三峰神社を参詣した弟さんには、年上の同行者がいたらしいということです」

木村誠一「……」

相手がどこまで事実をつきとめたのか、はかりかねている。しかし表面、何食わぬ顔をしてとぼけている。

津川「もうひとつ判ったのは、あなた、お兄さんが、秩父には姿を現わさなかった。弟さんの遺骨は、墨田区の福祉事務所にとりにこられただけだった、ということです。私はあのとき弟さんのアパートの管理人にも、福祉事務所の係にも、名刺をわたして、お兄さんがこられたら、ぜひ私に連絡してくださるよう、伝言して帰りました。ご連絡はありませんでしたね？　ほんとうのご兄弟であれば、『弟が世話になった。どんな話をしたのか？　録音が残っているのなら聞かせてほしい。ダビングさせてほしい。記念にとっておきたい』、とでも言ってこられるのが人情だと思うんですが。

そこで私は最初の質問にかえりたいんです。弟さんは被爆者だったんですか。そうでなかったんですか。一五年前の夏、弟さんに同行していた、年上の人物とは何者だったんですか。あれから一五年目にあなたがここに来られた意味は何ですか」

●木村誠一。（両手で顔をおおっている。やおら手をおろして津川の方を向く。石の上においていた津川の名刺を手にとって見る）

木村「津川……さん、ですか。いったい被爆者でない者が、被爆者手帳を取得したり、厚生大臣の『認定被爆者』になったりすることは可能なんですか」

津川（口ごもる）「それは……不可能ではなかったと思います。

手帳の制度ができてから比較的早い時期、申請者がほんとうに被爆したかどうかを客観的に証拠づける資料は不十分でした。広島や長崎から遠く離れた地方ではとくにそうだったろうと思います。だいいち被爆者でない者が手帳を申請するということが当初は予想できませんでした。その人が被爆者だと信じる善意の被爆者が複数いれば、そして熱意ある医療機関があれば、被爆者でない者が手帳をとることは不可能ではなかったろう、というのが私の考えです。

そのひとが特定の病気の治療中で、それが被爆に起因するものだと『医療審議会』がみとめた場合、その人はいわゆる『認定被爆者』とみとめられます。

『原爆病』『原爆患者』などという不正確な言葉があるものですから、誤解している人が少なくないんですが、被爆者だけしか発病しない病気というのはこれまでのところ知られていないんですよ。分かっているのは被爆者が、被爆者でない者より、かかりやすい病気がいくつかある、ということだけです。

もっとも『医療審議会』の認定のカベは厚く、いわゆる『認定被爆者』は全被爆者の一パーセントもいないんですけどね」

木村誠一（下をむきながらぽつりぽつりと語りだす）「弟は……被爆者ではありませんでした。それは実の兄である、私が誰よりもよく、知っていることです。しかし弟は被爆者手帳はとっていました。

彼は私にとって、生涯の十字架でした。子供のときから病気ばかりして、ねじけた性格で……私を困らせるようなことばかりして……。

両親とも亡くなったあと、私たちは飯塚の親戚の家にひきとられて、そこで生活していたんですが、弟の病気のためにはずいぶん片身のせまい思いをしたものです。

弟は高校二年生のとき、とうとう通学できなくなって中途退学したんです。

私は苦学生で、奨学金をもらったり、アルバイトをしたりしながら東京の大学を卒業しました。さいわい、大手の銀行に就職できて、長崎支店に転勤になったとき、弟を親戚からひきとって、いっしょに長崎で暮らすようになったんです。昭和二五年、私が二三歳、弟が一六歳のときでした。

長崎の爆心地一帯はまだ被爆のあとがなまなましくのこっていて、一面の廃墟にバラックがぽつりぽつり、建っている状態でした。

長崎でも弟は入院と退院のくりかえしでした。爆心地近くにあった長崎医科大学が、長崎大学医学部として再発足し、元の場所で医療活動を再開すると、弟はさっそく大学病院に入院して、私が長崎支店に在勤していた六年間、ほとんど入院しどおしでした。今から四〇年近く前のことですよ」

●一九五〇年ころの長崎の爆心地。字幕「長崎　一九五〇年　秋」)
●長崎大学医学部付属病院の建物。
●大学病院の病室。男性患者の大部屋。春。(字幕「長崎大学医学部付属病院」)

(**木村誠一の声**)「当時のことですから、たくさんの被爆者が同じ部屋に入院していました」

●ベッドに横たわっている木村信二。一六歳。
むっつりした顔で木村誠一が見舞いに病室に入ってくる。二三歳。銀行員ながら当時の粗末な服装。

芋飴とコッペパンをだまって弟に手渡す。

誠一「どうだ」
信二「……」(そっぽを向く)

誠一「じゃまた来るから」
誠一室外に去る。

●病室。昼間。
自分のベッドからぬけだし、隣のベッドの老人の話に聞き入っている信二。

（誠一の声、以下の画面にかぶりつつ）「弟が被爆者の話をはじめて聞いたのは、おそらくその入院の時期だったと思います。勤務時間がおわったあと、祭日や日曜日、病院を訪ねると、弟はよく、近くのベッドの被爆者の話に聞き入っていました」

●ベッドの上で座って語っている被爆者R。顔にケロイドがある。
●熱心に話を聞いている信二。（目が光っている）
●病室。夜。
誠一室内に入ってくる。無言で洗濯物を風呂敷から出し、汚れた衣類を風呂敷に包む。相変わらず他の患者のベッドの横で話に聞きいっている信二。誠一そばに歩み寄る。

誠一「おい。いいかげんにしたらどうだ。ご迷惑だぞ」

信二（じろり、と兄を見るだけで無言）

被爆者の患者S（男性）「よかですよ。どうせ、おたがい退屈しとっとですけん。そいにしても弟さんは熱心かですなあ。毎日毎日ですけん。原爆んことなら、おったちよりくわしかっとじゃなかろか」

●病室。夏。昼間。

入ってくる誠一。隣のベッドが空になっているのに気が付く。

誠一「どうしたんだ？　このベッドの人は」

信二「……」（無言。白い目で兄を見る）

看護婦がベッドのかたわらにやってくる。

看護婦（若くうつくしいひと。水木かおり）「信二さん、お熱はかりましょうね」

体温計を信二の身体にあてがう。

信二、兄に対する態度とはうってかわっていそいそと応じる。

●水木かおりをみつめる信二。

目の色に憧憬とひそかな恋心が宿る。

体温計を水木に返す。

水木かおり（体温計を見て）「あらあ、やっぱり微熱がありますねえ。信二さん、ちゃんとおとなしくしてないといけませんよ」（やさしい声）
誠一「看護婦さん、このベッドの方はどうされたんですか？　退院されたんですか」
水木「ああ……亡くなりました。昨夜ですけどね。私も被爆者ですから、なんだかひとごとではないような気持がするんですよ」
　信二白い目で兄をにらんでいる。

●病室。秋。手振りをまじえて語る被爆者T（男性）。聞き入る信二。
●病室。信二のベッドのシーツをかえている水木看護婦。横で待っている誠一と信二。水木が笑いながらなにか冗談をいって信二の額を指でつつく。きまり悪そうに、嬉しそうに、にやにやしている信二。
●病室。横になったまま語る被爆者U（男性）。聞き入る信二。
●病室。手振りをまじえて語る被爆者V（男性）。聞き入る信二。
●別の場所の空のベッド。
●ベッドに横たわる信二。涙が頬を伝わって流れる。
●病室。冬。横になったまま語る被爆者W（男性）。聞き入る信二。
●病室。手振りをまじえて語る被爆者X（男性）。聞き入る信二。

●空のベッド。

●病室。春。ベッドに寝ている信二と枕元のベンチに腰掛けている誠一。

誠一（ふと思いついて）「そういえばあのきれいな看護婦さん、最近みかけないねえ。どこか他の病棟にかわったのかしら。（傍らの別の看護婦にむかって）あの、……水木さん……でしたか。あの看護婦さんはどうしたんですか？　最近いないけど。弟をずいぶん可愛がってくれてたんですよ」

看護婦（としかさの女）「ああ、水木さんは亡くなりました。一か月入院しただけでね」

誠一「えっ……」（おどろく）

　信二無言。そっぽを向いている。涙があふれて頬を伝わって流れる。

誠一「そうですかぁ……」（ためいきをつく）

（誠一の声）「大学病院に入院していた年月は、弟にとって、被爆者の体験を聞きつくした歳月でした。たくさんの知り合いの被爆者を見送った歳月でもありました。原子爆弾に対する弟の関心は、退院して大学病院に通院するようになったあとも続きました」

●焼け跡を歩く兄弟。前面に「く」の字に曲がった医大病院の煙突が見える。

●一本足鳥居のかたわらを歩く兄弟。

●浦上天主堂廃墟をたずねる兄弟。

（誠一の声右の画面にかぶって）「大学病院は爆心地の至近距離にあります。私たちの住んだ市営住宅も爆心地の一角にありました。通院の道すがら、目に触れるものはことごとく、今の言葉でいう、『被爆遺構』です。感受性のもっとも鋭い十代の後半から二十代のはじめにかけて、弟はそんな環境のなかで療養生活を送っていたのです。

ある年のことです……」

●浦上天主堂の廃墟。

廃墟のなかを見てあるく兄弟。

ふたりの米国人神父が坂を上がって廃墟の正面に立つ。どちらも三〇歳前後。

●こわれたレンガの壁のかげで様子をうかがう兄弟。

神父（ジャン・シャノン）「オー、ディアゴッド！　ファットンアース、ヘイヴウイダーン？」（字幕「おお神様。われわれはいったい何をしてしまったんだ」）

ひざまずいて祈る。もうひとりの神父（チャールス・リー）は突っ立ったまま。

リー「イッツナットアワーフォウルト　ウイヴオンリーダーン　ウワット　ウイハッドトゥドゥー

アズアメリカンズ」（字幕「われわれには責任はない　われわれは米国民としての義務を果たしただけだ」）

シャノン「ウィルガッド　フォーギヴアス？」（字幕「神はわれわれをお許しになるだろうか」）

リー「オフコース　ヒーウィル」（字幕「それは当然のことだ」）

シャノン「イヴンイフ　ジ・アトミックボム　イズユースタゲイン？」（字幕「もういちど原子爆弾が使われても？」）

リー「……」（無言）

ふとレンガの壁の陰に隠れている兄弟に気がつく。

シャノン「ヘロー。ハウドゥユドゥ」

壁の陰からおずおずと出てくる兄弟。

誠一「ハウドゥユドゥ」

シャノン「ワタシタチハ、テニアンニイタ、カトリックノ、ジュウグン、シンプデス。アナタタチハ、ヒバクシャデスカ？」

誠一「ノー、ウイアー、ノット、ヒバクシャズ」

シャノン（ちょっと安心した表情）「アメリカガ、ニホンニゲンシバクダンヲ、オトシタコトヲ、ドノヨウニ、アナタハ、カンガエマスカ？」

誠一「それは……戦争だから……しかたない、と思います。それより神父さん、どうしてそんなことを、お聞きになるのですか？」

シャノン「カレハ（身振りでリーを示す）、ナガサキニ、ゲンシバクダンヲ、トウカシタ、ヒコウキノ、ノリクミインニ、シュクフクヲアタエタ、シンプデス。ワタシモ、ニホンヲクウシュウスル、ヒコウキノ、ノリクミインニ、マイアサマイアサ、シュクフクヲアタエテイマシタ。アノアサ、ワタシガトウバンダッタラ、ワタシモ、オナジコトヲ、シテイタデショウ。ニホンニキテカラ、ナガサキノ、バクシンチガ、ニホンデイチバンオオキイ、カトリックシンジャノ、ブラクダッタ、トイウコトヲキキマシタ。イッツテリブル。オソロシイコトデス。ワタシタチハ、カミト、ニホンジンノマエニ、ツミヲ、オカシマシタ」

リー、つまらなそうな顔をして聞いている。

リー「ストップジャン、ウイヴオンリーダーン　ウワットウイハッドトゥドゥアズアメリカンズ」
（字幕「やめろジャン、われわれは米国民の義務を果したにすぎない」）

信二、黙って目を光らせて聞いている。

●大手銀行東京本店ビル。（字幕「東京　一九六六年」）
●銀行の看板。
●本店の店頭。役職者の席で電話をかけたり帳簿をつけたりして忙しそうに働いている木村誠一。三九歳。すこし太って中間管理者風。

（**木村誠一の声**）「長崎も含めた三つの支店勤務一七年を終え、私は東京の本店勤務となりました。日本経済の高度成長期で、銀行も一路、規模の拡大、量的拡大の路線をひた走っていました」

●誠一の自宅。夏。日曜日の朝。団地の一室のダイニングキッチン。

誠一の妻がコーヒーをいれて持ってくる。誠一、コーヒーをすすりながら朝刊を読んでいる。

（**誠一の声**）「若いころ苦労した私は、生活第一主義者でした。一男一女にめぐまれた家庭が、私の生活の中心でした。それだけに、勤務には励みましたし、銀行もそれにこたえてくれたと思います。悩みの種子は相変わらず病弱で、就職も結婚もしないで同居している弟のことでしたが……」

（息子・誠太郎〔高校生〕、娘・亜由美〔中学生〕よそ行き姿で現れる）

誠太郎「じゃ、いってきまーす」

ふたり、ダイニングキッチンから出て行く。

誠一「なんだ、あいつら今日は。いやにめかしこんで」

誠一の妻「ビートルズの公演なのよ。ふたりとも夢中なんだから」

誠一「ふーん」

（関心なさそうな顔。ふと新聞記事の一つに目をとめる。熱心に読みはじめる）

●新聞記事のアップ。見出し「原爆しょく罪の巡礼　米の元従軍神父、平和行進に来日　長崎への原爆投下機出撃時にミサ」。（一六歳年老いたシャノンの写真がついている）

●新聞を読む誠一。

（ナレーターの声）「長崎に原爆を投下するため、マリアナ諸島テニアン島から出撃したB29爆撃機『ボックス・カー』の乗組員らを祝福した、米国人神父が五日来日した。米アイオワ州在住のジャン・シャノン神父、四五歳。長崎にむけて歩いている平和行進に参加するのが目的。『広島、長崎で許しを乞う祈りをささげたい』と羽田空港で語り、念願だった『贖罪の巡礼』が二一年ぶりに実現する」

●穴の開くように記事を見つめる誠一。表情が不審そうに変わっている。

誠一「おい、信二を呼んできてくれ」

●誠一の自宅の書斎。向かいあって座っている信二と誠一。信二、三二歳。しかし四〇ちかくに老けて見える。

誠一「おまえどう思う？　原爆投下機にミサをしたのはこの神父じゃなかったんじゃないのか？　リーとかなんとかいう、もうひとり神父がいたろう？　あの人だったんじゃないのか？」
（信二に新聞を渡す。信二新聞記事を熱心に読む）

信二「ボク、おぼえてない……でもこの顔には見覚えがある」

誠一「この平和行進というのを見にいってみようか。どうでもいいようなことだけど、なんとなく気になるから」

●平和行進。（横断幕を先頭に行進するひとびと。シャノンが先頭にたっている。プラカードや労働組合、平和団体などの赤い旗。幟。黄色い衣を着た僧侶がうちわ太鼓をたたいている）

●隊列を見送る兄弟。

誠一（行進の列の人に話しかける）「あのう、みなさんは今日はどこに泊まられるのですか」

●夕刻のお寺。平和行進の一行が本堂にたむろしている。境内の片隅で問答しているシャノン神父と木村兄弟。

シャノン（苦しそうな表情）「タシカニ、ゲンバクヲトウカシタ、ヒコウキノ、ノリクミインニ、シュクフクヲアタエタノハ、ワタシデハナイ。ワタシノユウジンノ、リーシンプデス。シカシワタシモ、マイアサマイアサ、ニホンヲバクゲキスル、ヒコウキノノリクミインニ、カミノシュクフクヲ、イノッテ、ノリクミインヲハゲマシテイマシタ。ソノバクゲキキガ、ナンマンニンモノ、オンナ、コドモ、トシヨリヲヤキコロシテイルノヲ、シッテイマシタ。

ソレガ、セイ、アウグスチヌスノ、『セイギノタタカイノゲンソク』ニ、ハンシテイルコトニ、ワタシハキガツクベキデシタ。

ワタシタチアメリカジンハ、ゲンシバクダンヲ、ミンカンジンヲコロスタメニツカッタ。オソロシイツミヲオカシタ。

ダガダレモ、ニホンジンニタイシテ、シャザイシテ、イナイ。

リーハ、シャザイヲスルコトガデキナイママ、キョネンビョウキデナクナッタ。

ゲンシバクダンニ、コロサレタヒトタチニタイシテ、ダレカガアヤマラナケレバナラナイ。コロサレタヒトタチノタメニ、ダレカガ、コノジュウジカヲ、セオワナケレバナラナイ。シンダヒトタチガ、ワタシニ、ソレヲモトメテイル。

ワタシニハ、カレラノコエガ、キコエル」

●木村信二のアップ。目が光る。（「木村信二のテーマ」しだいに高まってゆく）

●誠一の自宅。冬。ダイニングキッチン。日曜日の午後。
誠一、テレビを見ている。妻が近づいてくる。

妻「あなた」
誠一「うん？　なんだ」（うるさそう）
妻「この前から気になってるんだけど、信二さん、なんだかおかしくない？」
誠一「うん？　どうして？」（テレビを見たまま）
妻「ちょっとこっちの話をきいてちょうだいよ。病院に行かない日にもへんに外出が多くなったと思ったら、最近はこんなものが郵便でくるのよ」
（手にもった数通の封筒を夫に見せる）
誠一「何だ、こりゃ」
（封筒をうけとり、裏返しにして発信人を見る）
誠一「東京都原爆被爆者手帳友愛会？　なんだ、これは」
（封筒の中身を確かめるが中身はからである）

●団地の誠一宅の別室。信二の四畳半の部屋。

部屋の中をひっかきまわして捜し物をしている誠一。やがて木村信二名義の被爆者手帳と数枚のタブロイド版の新聞を見つけ、タイトルを見る。

●タイトルのアップ。「被爆者だより」

●新聞のアップ。「新入会員紹介　木村信二さん（木村信二の写真がのっている）」愕然とする誠一。（「木村信二のテーマ」）

●誠一の自宅。夜。

被爆者手帳と新聞を机の上において、手を振り回して詰問している誠一。信二は薄ら笑いをうかべてなにも言わない。

誠一「とにかく、これだけ聞いてもお前が説明しないなら、これ以上お前をこのうちに置いとくわけにいかないからな。金は送ってやる。出て行ってくれ」

（信二薄ら笑いをしながら部屋から出てゆく）

誠一「おい、氷もってきてくれ」

妻「はあ？」

（皿に冷凍庫の氷を載せてもってくる）

誠一「バカ、飲むんだ」

（台所からウイスキーのボトルとコップをもってきて、氷を放りこみ、ウイスキーをそそぎグッとあおる）

●職場で忙しそうに仕事をしている木村誠一。管理職のデスク。電話をかけたり書類にハンコを捺したりする。絶えず部下や客が来て、応接にいとまがない。机上のプレートには「審査第一課課長代理　木村誠一」とある。

（**木村誠一の声**）「弟はアパートで一人暮らしをはじめました。最低の生活費は月に一回、とりに来させました。私はいっぱしのモーレツ社員、企業戦士のつもりでした。もういちど支店回りをして、本店での出世コースからはずれてゆくのか、課長、次長、部長への道がひらけてゆくのか、大事な時期にあることが、先輩の前例から、身にしみてわかっていました。そんなとき、弟は私にとって、これまで以上のもの、つまり『重荷』から、『恐怖の種子』にかわりました。実の弟がニセモノの被爆者になっている、などということが、世間体を極度に気にする銀行に判ってしまったら、サラリーマンとしての私の人生はそれこそ一巻のおわりです。月に一回の約束を破って、弟はなんども金をセビリにきました。どこでなにをやっているのか、問いただすのがおそろしく、私は言うなりに金を与えました。妻はおこって、夫婦仲までおかしくなりました。しかし目の前に開きかけた出世コースを前に、私は必死でした」（ふーっと溜め息をつく）

「それから七年間はとにもかくにも無事にすぎ、私は東京の郊外に一戸建の建て売り住宅を買って転居しましたが……」

●東京郊外の一戸建の住宅。夏の朝。
●玄関。「木村誠二」の表札。
●書斎で書類を見たりワープロを打ったりしている木村誠一。四六歳。でっぷりと太り、管理者風の貫禄がついている。豊かな家具、調度。

妻が入ってくる。以前より七つ歳をとり、部長夫人の貫禄。

妻「あなたあなた、たいへんよ。これ見てよ」
（新聞を手にもって誠一に見せる。誠一、一読して蒼くなる）
●新聞のアップ。「ひと　原水爆禁止世界大会で被爆者代表として証言した木村信二さん」（大きな写真がついている）

妻「見たでしょう？　信二さんが被爆者になって、『ひと』欄に出てるのよ。代表で被爆体験の証言をしたんですって。あなたどうなさるの？　銀行に判ったらたいへんよ。誠太郎だって、亜由美だって結婚前ですからね。叔父さんに被爆者がいるなんていわれたら、縁談にだっていいことないわよ」

誠一「……」（いよいよ来るものが来たという表情）

（誠一の声）「『恐怖』はすぐに現実のものになって私にせまって来ました」

●銀行の役員室。局長のデスク。「取締役審査局長　大山満雄」のプレート。

応接セットにかしこまって座っている木村誠一。大山、新聞を手にもって自席から応接セットに移って来る。大銀行役員のもったいぶった挙措。

大山「いやあ、忙しいとこどうも」

（新聞を木村に見せる）

大山「今朝ねえ、人事からちょっと話があってね。この人（新聞の一隅を指さす）君に関係ある人じゃないだろうね？　君、たしか弟さんがいたね？　いまどうしてるの？　人事じゃおんなじ名前だし、歳もおんなじだって言うんだよ。経歴も似てるって言うんだナ。まあ同姓同名の別人じゃないかって言っといたけどね。弟さんだとすると、被爆者だっていうのも初耳だし、それにこの原水禁大会とかいうのは、思想的にはナニの方じゃないの？　何しろ君は将来ある身だからね。身辺の問題の整理はよろしく頼むよ。修身斉家治国平天下だからなあ。ウワッハッハァ。（腕時計を見る）じゃこれから会議だから」

（大山自席にもどる。木村蒼くなって無言）

●固く組んでにぎった木村の両手。こまかくふるえている。

●銀座のバー。ウイスキーをロックであおる木村誠一。しきりに考え事をしている。

女が近づいてくる。

女「どうしたのよ、キーさん、今日にかぎってだまりこんじゃって。財布でもおっことしたの?」

木村「……」

女「ハハァ、ママにふられたんだナ」

(木村無言。女そばをはなれる)

●木村の書斎。深夜。腕組みして考えこんでいる木村誠一。

●午前〇時半をさしている置時計。

●木村の書斎。寝間着を着た木村の妻がドアをあけて室内をのぞき、無言でドアをしめて去る。

●木村。ふと書棚から一冊のガイドブックをぬきだしてページをめくる。

●本のアップ。『ガイドブック　東京近郊の一日ハイキングコース』

●しきりにページをくる木村。ふとあるページに目を止める。目が光りだす。

(ナレーターの声)「秩父多摩国立公園の一角に三峰神社がある。ヤマトタケルノミコトが、イザナギ、イザナミのふた柱の神を祭ったという伝承がある、古い神社で、ここから眺める荒川源流の渓流は絶景である。頂上まで東洋一をほこる三峰空中ケーブルが利用できる。帰りは林道を徒歩で歩く事もできる。しかし深山の森の中をたどる古い林道なので、地元の人でも道に迷うことがある。麓まで帰れず、変死体で見つかった観光客の例がある。帰りもケーブルを利用した方が安全である」

木村（声を出して読む）「帰りは林道を徒歩で歩く事もできる。しかし深山の森の中をたどる古い林道なので、地元の人でも道に迷うことがある。麓まで帰れず、変死体で見つかった観光客の例がある……」

●三峰空中ケーブルのゴンドラの中。八月下旬。ハイキング姿の誠一と信二。

●ケーブルから見える朱塗りの登竜橋。

●三峰神社正殿。参拝する兄弟。

ふたりでおみくじを引く。

●境内で弁当を食べる兄弟。

（誠一の声）「三峰神社へのハイキングを誘ったのは私です。しかし私は弟に手をかけたりはしていない。ただ……」

誠一「帰りは歩いてみないか？　森林浴すると気持ちがいいぞ」

信二だまってうなずく。

●深山の森の中。細い林道をたどる兄弟。

誠一（ふと立ち止まって）「おれ、なんだか腹具合がおかしくなってきた。おまえ、先に行っててくれないか？　下のケーブル駅で待ち合わせようじゃないか。そのへんで用をたしたら、あとを追ってゆくから」

信二だまってうなずく。しばらく兄を待つがなかなか姿を現さないので、待つのをやめ、ひとりで歩きだす。

●森の中をだんだん小さくなってゆく信二。たよりない足つき。

●大木の陰に隠れてじーっと見送る誠一。

●森の中で道を失い、きょろきょろ見回し、また歩きだす信二。

●こっそりとようすをうかがう誠一の後ろ姿。

●むささびが飛ぶ。ぎょっとしてあたりを見回す誠一。

●荒川源流の河原。夕暮れが近くなっている。沈黙して石に座っている木村誠一と津川健。（瀬の音。かなかな蟬の声）

津川「弟さんは全身に打撲傷をおっていました。警察では沢をおりるとき、すべったりころんだりしてできた傷だと判断したようです。なによりも彼らには『また自殺か』という先入観がありました。また、被爆者手帳や生活保護の受給証や、たくさんの薬袋が、自殺だという、彼らの心証を強めたようです。その怪我が、第三者によっておわされたという可能性はないのですか木村さん」

木村誠一「私は……弟を手にかけてはいない。……ただ」

津川「『未必の故意』はあったんではないですか？　最初から」（字幕「未必の故意」）

木村「私は弟を手にかけてはいない」

津川「それでは一五年間、ここに来られなかった理由はなんですか。一五年目を過ぎてからいらっしゃった理由はなんですか。私は弟さんの一周忌の時期にもここに来て、あなたが来られるのを待ったんですよ。あなたは来られませんでしたね？　用心深い方だ」

木村「……」

津川「まあ、私はあなたをこれ以上追及するような気持はありません。もちろん警察に告発するようなこともね。仮に私の疑いが悪い方に当たっているとしても、なにしろ時効が成立していますからね。

でも、私はここに来た主な目的は達しました」

木村「と、言うと?」

津川「あなたのお話をうかがって、私には弟さんが私に語った被爆体験の意味が判りました。あれを弟さんに語らせたのは、被爆して、体験を弟さんに語って、死んでいったたくさんの被爆者たちですよ。原子爆弾で死んだ人たちが、弟さんの口を借りて、私のマイクに語った。ゆくゆく録音を聞いてくれるかもしれない、たくさんのひとたちにみずからの体験を語ったんですよ。

弟さんは『被爆太郎』でした。ヤマトタケルノミコトがひとつの例ですよ。大和朝廷の発展期に幾度もおこなわれた、クマソやアズマエビスを征服する戦争をめぐるひとびとの集団的記憶が、ヤマトタケルという、ひとりの英雄の物語りを生み出したんですよ。そういう例は、他の民族にもいくらもあるでしょう?

原子爆弾被爆という、深刻な民族的体験が、ひとりの『被爆太郎』の物語りに凝縮されて語られたんだ、私にはそれが、あなたのお話を今日うかがってわかりました。

栄華をきわめた平家一門の没落と消滅という、ひとびとの目の前で演じられたショッキングな集団的体験が、やがて『平家物語』として琵琶法師によって語られ始めたように、原子爆弾被爆という深刻な民族的体験が、ひとりの『被爆太郎』の物語りに結晶化して語られはじめた。これが、弟さんが語った被爆者体験の正体ではないでしょうか。

シャノン神父ですか？　あの人は、原子爆弾を実際に投下した、アメリカ人の深刻な民族的体験が生み出した、『加爆ジャン』なんじゃないですか。

彼を『加爆ジャン』にしたのも、けっきょく、空襲や原子爆弾によって死んでいった人たちですよ。弟さんは鋭い直観力でそれを見抜いて、自分自身を『被爆太郎』に形作っていったんだろう。そのことによって、病気ばかりして、働くことも、結婚することもできない自分の人生に、大きな意味が与えられることを知ったんだ。自分の苦しみに意味付けをすることができないで、そのことにいちばん苦しんでいた弟さんが、死んだ被爆者に代わって『被爆者体験』を語ることによって、自分の人生に大きな意味が得られることを知ったんだ。今日、それが私には判りました」

木村「津川さん、私は小心翼々たる生活者です。昨年定年を迎えました。弟が死んで以来、私はだんだん仕事にうちこめなくなって、出世コースをすっかりはずれてしまいました。今は関連会社で使ってもらっていますが。銀行の経営方針にも、今は疑問だらけですよ。私には、とてもあなたのような生き方はできない。津川さん、あなたがそうやって、すべてをなげうって、被爆者の体験記録にはげまれた、そのエネルギーの根本は何なんですか？」

津川（大きな溜め息をつく。下をむき、それから空を見上げる。言おうか言うまいか、迷う）

●奥秩父の山々。
●森。

●荒川の渓谷。

津川「……私を動かしたのもけっきょく死んでしまった人なんです。死んでしまった娘です。

七年間、信念に燃え、確信に満ちてこの作業に励んできた。他人にはそう見えたかも知れませんが、それは事実ではありません。この作業の意味について、作業の将来について、絶えず動揺しながら、迷いながら、この作業から逃げ出すチャンスはないものかと、たえずうかがいながら、それでもどうしても、いったん始めたこの作業を途中でほうり出すことができないで続けてきた。というのがほんとうのところです。

自分の作業にとって、いちばんツラかったのは、録音をお願いしに行った被爆者から断られることでした。何日も何日も、録音をお願いに行った被爆者から厳しく断りを言われることが続く時は、次の被爆者を訪ねてゆく勇気がなかなか湧かず、昼間から布団をかぶって、悶々としながら一日をすごしたことがしばしばです。そんな時は、平凡な生活者の暮らしにほんとうに憧れをいだいたものですよ。

しかしそんなとき、わたしを支持し、励ましてくれたのは被爆して死んだ、ひとりの娘です。

私には許婚がいました。はたちの誕生日を前に、血液の病気で死んだんです。彼女は被爆者でした」（以下はモノカラー、セピア色、スローモーションの画面。「シューベルトのセレナーデ」のような、甘い、甘い、追憶の音楽がフェードインする）

●津川健、二五歳。栗原百合子、一九歳（かわいらしく、一七歳くらいにしか見えない）。笑いながら手をつないで野道を歩く。

（**津川の声**）「彼女は先祖代々のカトリック信者でした。聖母マリアをこよなく崇め、清らかな愛情をささげていました。」

●浦上のカトリック墓地を歩くふたり。

（**津川の声**）「彼女のはたちの誕生日がすぎたら、わたしたちは結婚する約束でした。その前に、わたしは洗礼を受け、カトリックに入信することになっていました」

●墓地の墓碑銘。（粗末な木の十字架。累々たる被爆死者の名前。ペトロ、シモン、トマスなどのクリスチャンネームがついている）

●墓地の墓碑銘。（「復活の日までわれらここに眠る」）

●墓地の墓碑銘。（「主よ永遠の安息を彼らに与えたまえ」）

●墓地の墓碑銘。（「哀れみ深き御母にましますマリア我らの霊魂を御手にまかせ奉る」）

●再建された浦上天主堂堂内のミサ。

●ベールをかぶって祈る百合子。

（津川の声）「ソロモンの　栄華もしかぬ野の花の　面影やどすひとありしとぞ」（画面に短歌がロールで流れる。以下の短歌についても同じ）

●花をつんで津川に手渡す百合子。ニコニコしている。

（津川の声）「野の花の　よそおいやどす面影の　むかしをいまになすよしもがな」

●小雨が降る寺町の通りを手をつないで歩くふたり。ニコニコしている百合子。

（津川の声）「唐寺の　楠の葉陰の石畳　雨に濡るるを濡れて歩みき」

●小雨の夜。カトリック墓地の一角。津川と百合子のキスシーン。百合子は和傘をさしている。

（津川の声）「春の夜の　若草色のさし傘の　闇に知りけり熱きくちびる」

●月の夜。「十字架山」の上。
歌う百合子。傍らに座って聞いている津川。

（津川の声）「彼女の声は鈴をころがすような、ほんとうに透き通ったきれいな声でした。彼女はクリスマスイヴ、浦上教会で毎年行われる『歌ミサ』のプリマドンナでした」
●歌う百合子。（アヴェ・マリアの歌声流れる）
●満月。
●百合子の顔アップ。涙が頬を伝わって流れる。
●南山手の石畳の道を手をつないで歩くふたり。百合子なにか元気がない。
●南山手の別の石畳の道を手をつないで歩くふたり。百合子なにか元気がない。
●東山手の石畳の道を歩くふたり。
百合子、めまいがしてふらふらと倒れそうになる。驚いて手を貸す津川。
（津川の声）「あてもなに　歩みしのみの秋の日の　いずくの坂ぞ無縁坂なる」

●病室。ベッドを見下ろす津川、百合子の母、医師、看護婦、司祭（仰角で病人の姿は画面に出さない。

（津川の声）「はたちの誕生日を迎える一月前、彼女は『顆粒球減少による敗血症』という、血液の病気で亡くなりました。苦しんで、亡くなったんです。

血の涙って言うでしょう？　あれはほんとうなんですよ。身体じゅうから出血して、さいごは目尻から血の涙、赤い色の涙を垂らして死んだんです。

歯を食いしばると舌を嚙むおそれがあって危ない、と言うので、割り箸を嚙ませたりしたんですが、唇の薄いすきまから、『アヴェマリス・ステッラ』という、聖母マリアを讃えるラテン語の歌がもれてくるんです」（かぶって百合子のかすかな歌声がフェードインしてくる。歌声「アヴェ　マリス　ステッラデイ　マテラルマ　アクェ　セムペルヴィルゴ　フェリクス　チェリポルタ……」）

●心臓の拍動、呼吸、瞳孔の拡散を調べ、臨終を告げる医師。

●「終油の秘跡」をさずける司祭。

●泣き伏す母親。

●祈る司祭。

●呆然と見下ろす津川。

（右にかぶって津川の声）「彼女が被爆したのは一歳未満の赤ん坊の時です。母親と、爆心地に近い、横穴壕の奥にいて助かったんです。父親は行方不明のままです。むろん、被爆当時のことなど彼女は覚えていません。原子爆弾の方が、彼女を覚えていたんです」

●呆然と見下ろす津川。

（津川の声）「彼女が亡くなった時、わたしの胸に浮かんできたのは『代受苦《だいじゅく》』という言葉です。代わりに苦しみを受ける、と書く。仏教の言葉だそうです（画面に字幕「代受苦」）。そのとき私が思ったのは、被爆した彼女が、被爆しなかった私の代わりに苦しみを受けて死んだ。と言うことです。被爆した彼女は、被爆しなかった私に代わって苦しみを受けて死んだ。被爆しなかったために生き残った私は、彼女のために、なにをしてやることができるだろう。彼女に代わって苦しみを受けながら生きることはできる。それだけしかできない。それだけは、できる。

ですからこの、被爆者の体験の、聞き取り録音による記録という作業は、私にとっては、私に代わって死んだ、彼女の墓前にささげる一輪の野の花のつもりなんです」

●カトリック墓地をひとりで歩く津川。

（津川の声）「幾歳《いくとせ》を　妹《いも》とあゆみしこの野道　いまひとりきて野芥子見てけり」

●西坂の丘。「日本二十六聖人」のレリーフの列像。

●列像のアップ。

●列像のアップ。

●列像の下に刻みこまれた文字。「人若し我に従はんと欲せば、己を捨て十字架をとりて我に従ふべし」

●じっと見つめる津川。（厳しい表情）

●稲佐山の展望台から五島灘に沈む夕陽をながめる津川。

●落日。

●冬の夜。原爆投下中心碑の前に頭をたれる津川。旅行カバンが横に置いてある。

（津川の声）「七万五千の　怨霊われに移れかし　爆心の天星な鎮みそ」

●満天の星。

（津川の声）「その時、私には、夜空の星のひとつひとつが、原子爆弾によって亡くなったひとたち、ひとりひとりの魂のように見えました。北極星が、彼女の霊魂です。私はそれまで五年間勤めていた長崎の民間放送局を辞め、上京しました。友人に呼びかけ、小さな『会』を作って録音をとりはじめたのはその翌年のことです」

●荒川源流の河原。夕刻。

●夕日をバックに浮かぶ、秩父のやまなみ、樹々の黒いシルエット。

津川「木村さん、私をここまでひきずってきたのも死んだ人たちですよ。シャノン神父を巡礼のため日本に呼んだのも、弟さんを『被爆太郎』にしたのも、けっきょく死んだ人たちです。死んだ人たちは私たちが生きているかぎり、けっして死んだりはしないんです。これから、亡くなった弟さんとどう向き合って生きてゆかれるか、それはあなたの問題です。私は何も申しません。ただあなたに一つ、詩を贈りたいと思います。こういう詩です。

『死者を死せりと言うなかれ。

生者のあらんかぎり、死者は生きん。

生者のあらんかぎり、死者は生きん。』」

津川立ち去る。(テーマ音楽フェードイン)

●呆然と見送る木村誠一。

誠一（口の中でちいさくつぶやく）「死者を死せりと言うなかれ。生者のあらんかぎり、死者は生きん。生者のあらんかぎり、死者は生きん」

●夕闇せまる道をだんだん小さくなって行く津川の背中。（右の詩が字幕で流れる）

●『終』の字幕。（テーマ音楽クレッシェンド）

（おわり）

『被爆を語る』寄贈先一覧

みなさんが次ページ以降に記載の資料館や図書館を訪問されると、被爆者が自らの身の上話を語った録音テープを、被爆者自身の肉声でお聴きになることができます。

この『声』がひとりでも多くの人々に聴かれ、核兵器の非人間性と、その惨禍をのりこえて生きた人間の強さが伝えられることが、著者を含め、この録音・普及作業に参加した者たちの願いです。

＊八二～九二年　☆はオープンリール版『被爆を語る』もあわせ寄贈

北海道　北海道立図書館、☆札幌市教育文化会館、札幌市中央図書館、稚内市立図書館、苫小牧市立中央図書館、旭川市立図書館、市立小樽図書館、美唄市立図書館、常呂郡留辺蘂町中央公民館図書室、枝幸郡枝幸町立図書館、北海道大学教養部附属図書館、北海道釧路江南高等学校図書館、北海道旭川商業高等学校図書館、北海道八雲高等学校図書館、北海道広島西高等学校図書館、北海道奈井江商業高等学校図書館、北海道紋別南高等学校図書館、北海道浦幌高等学校図書館、札幌大谷高等学校・附属中学校図書館、北海道北見工業高等学校図書館、旭川藤女子高等学校・中学校図書館、北海道釧路北高等学校図書館、北海道本別高等学校図書館、稚内大谷高等学校図書館、北海道北見緑陵高等学校図書館、北海道札幌平岸高等学校図書館、北海道函館東高等学校図書館、北海道音威子府高等学校図書館、函館工業高等専門学校図書館、北海道枝幸高等学校図書館、北海道栗山高等学校図書館、遺愛女子高等学校図書館、旭川竜谷高等学校図書館、北海道遠軽郁凌高等学校図書館、函館大谷高等学校図書館。

青森県　青森県立図書館、弘前市立弘前図書館、青森県立田名部高等学校図書館、青森県立青森北高等学校図書館、青森県立大湊高等学校図書館、青森県立十和田工業高等学校図書館、青森県立平内高等学校図書館、青森県立十和田高等学校図書館。

秋田県　秋田県立秋田図書館、秋田県立男鹿高等学校図書館、秋田県立六郷高等学校図書館、秋田県立大館商業高等学校図書館、秋田県立米内沢高等学校図書館、秋田県立増田高等学校図書館。

岩手県　岩手県立図書館、陸前高田市立図書館、向中野学園高等学校図書館、岩手県立盛岡第四高等学校図書館、水沢第一高等学校図書館、盛岡大学附属高等学校図書館、麻布一関高等学校図書館。

山形県　山形県立図書館、鶴岡市立図書館、山形県立谷地高等学校図書館、山形県立左沢高等学校図書館、山形県立酒田北高等学校図書館、山形県立新庄工業高等学校図書館、山形県立寒河江高等学校図書館、山形県立新庄北高等学校図書館、山形県立遊佐高等学校図書館。

宮城県　宮城県立図書館、☆仙台市戦災復興記念館、仙台市宮城野図書館、宮城教育大学附属図書館、宮城県塩釜女子高等学校図書館、宮城県松島高等学校図書館、宮城県矢本高等学校図書館、仙台市立仙台商業高等学校図書館、宮城県鹿島台商業高等学校図書館、宮城県塩釜高等学校図書館、宮城県白石女子高等学校図書館、宮城県角田高等学校図書館、宮城県白石工業高等学校図書館、宮城県古川工業高等学校図書館、宮城県柴田高等学校図書館、宮城県第二女子高等学校図書館、宮城県女川高等学校図書館、宮城県名取高等学校図書館、宮城県田尻高等学校図書館、宮城県一迫商業高等学校図書館、宮城県仙台西高等学校図書館、宮城県黒川高等学校大里分校図書館、宮城県亘理高等学校図書館、黒川郡大和町立宮床中学校図書館、仙台市立宮城野中学校図書館、仙台市立西山中学校図書館。

福島県　福島県立図書館、会津若松市立会津図書館、二本松市立図書館、安達郡東和町太田公民館、福島大学教育実践研究指導センター、福島県立郡山商業高等学校図書館、福島県立若松商業高等学校図書館、福島県立相馬女子高等学校図書館、緑が丘高等学校図書館、郡山女子大学附属高等学校図書館、福島県立郡山女子高等学校図書館、福島成蹊女子高等学校図書館、福島県立福島農蚕高等学校図書館、福島県立安積高等学校図書館、福島県立遠野高等学校図書館、福島県立塙工業高等学校図書館、石川高等学校図書館、福島県立須賀川高等学校図書館、聖光学院高等学校図書館、福島県立喜多方女子高等学校図書館、双葉郡浪江町立浪江中学校図書館。

茨城県　茨城県立図書館、日立市立記念図書館、稲敷郡阿見町図書館、筑波大学附属図書館、茨城大学附属図書館、茨城キリスト教短期大学図書館、茨城高等学校図書館、東洋大学附属牛久高等学校図書館、茨城県立水戸第二高等学校図書館、茨城県立鹿島高等学校図書館、茨城県立松丘高等学校図書館、茨城県立神栖高等学校図書館、茨城県立笠間高等学校図書館、茨城県立大宮高等学校図書館、茨城県立下妻第二高等学校図書館。

栃木県　栃木県立図書館、栃木県立足利図書館、宇都宮市立図書館、下都賀郡大平町立図書館、足利工業大学附属図書館、栃木県立烏山高等学校図書館、栃木県立宇都宮女子高等学校図書館、栃木県立田沼高等学校図書館、栃木県立小山南高等学校図書館、栃木県立真岡女子高等学校図書館、栃木県立佐野女子高等学校図書館、栃木県立宇都宮南高等学校図書館、栃木県立宇都宮北高等学校図書館。

群馬県　群馬県立図書館、高崎市立図書館、桐生市立図書館、群馬県立高崎高等学校図書館、群馬県立高崎東高等学校図書館、群馬県立館林高等学校図書館、群馬県立館林商工高等学校図書館、群馬県立高崎工業高等学校図書館、群馬県立太田西女子高等学校図書館、群馬県立吉井高等学校図書館、群馬県立太田工業高等学校図書館、群馬県立前橋工業高等学校図書館、共愛学園高等学校図書館、東京農業大学第二高等学校図書館、沼田市立沼田南中学校図書館、館林市立第四中学校図書館、群馬朝鮮初中級学校図書館。

埼玉県　埼玉平和資料館、埼玉県立浦和図書館、浦和市立図書館、川口市立中央図書館、上福岡市立図書館、埼玉大学教育学部障害児学科図書室、獨協大学図書室、東洋大学図書館朝霞分館、埼玉県立本庄高等学校図書館、埼玉県立与野高等学校図書館、埼玉県立入間向陽高等学校図書館、埼玉県立小鹿野高等学校図書館、埼玉県立富士見高等学校図書館、埼玉県立浦和北高等学校図書館、埼玉県立上尾南高等学校図書館、埼玉県立川越工業高等学校図書館、埼玉県立大宮商業高等学校図書館、埼玉県立小川高等学校図書館、埼玉県立川越高等学校図書館、埼玉県立新座北高等学校図書館、埼玉県立狭山清陵高等学校図書館、埼玉県立上尾沼南高等学校図書館、自由の森学園図書館、埼玉県大宮北高等学校図書館、埼玉県立鴻巣高等学校図書館、埼玉県立草加高等学校図書館、埼玉県立深谷商業高等学校図書館、埼玉県立寄居高等学校図書館、埼玉県立栗橋高等学校図書館、埼玉県立鳩ケ谷高等学校図書館、埼玉県立所沢緑ケ丘高等学校図書館、埼玉県立妻沼高等学校図書館、埼玉県立児玉高等学校図書館、埼玉県立吹上高等学校図書館、埼玉県立深谷第一高等学校図書館、埼玉県立熊谷高等学校図書館、埼玉県立吉見高等学校図書館、埼玉県立飯能高等学校図書館、越生学園越生高等学校図書館、埼玉県立新座総合技術高等学校図書館、埼玉県立蕨高等学校図書館、埼玉県立庄和高等学校図書館、埼玉県立上尾橋高等学校図書館、埼玉県立川口高等学校図書館、埼玉県立幸手商業高等学校図書館、埼玉県立和光高等学校図書館、埼玉県立狭山高等学校図書館、埼玉県立杉戸高等学校図書館、埼玉県立川越商業高等学校図書館、埼玉県立日高高等学校図書館、埼玉県立坂戸ろう学校図書館、熊谷市立女子高等学校図書館、星野女子高等学校図書館、埼玉県立浦和商業高等学校図書館、埼玉県立豊岡高等学校図書館、埼玉県立岩槻高等学校図書館、聖望学園中学校・高等学校図書館、東野高等学校図書館、埼玉県立坂戸高等学校図書館、埼玉県立毛呂山高等学校図書館、埼玉県立羽生実業高等学校図書館、埼玉県立蓮田養護学校図書館、埼玉県立大宮武蔵高等学校図書館、秋草学園高等学校図書館、入間市立東金子中学校図書館、上尾市立東中学校図書館。

千葉県　千葉県立中央図書館、習志野市立大久保図書館、千葉大学附属図書館、千葉県立千葉高等学校図書館、千葉県立小金高等学校図書館、千葉県立柏北高等学校図書館、千葉県立千葉工業高等学校図書館、柏市立柏高等学校図書館、千葉県立柏中央高等学校図書館、千葉県立千葉商業高等学校図書館、千葉県立松戸六実高等学校図書館、昭和学院高等学校図書館、東海大学付属浦安中学校・高等学校図書館、千葉県立千葉東高等学校（通信制）図書館、千葉県立安房南高等学校図書館、千葉県立野田高等学校図書館、千葉県立成田国際高等学校図書館、千葉県立布佐高等学校図書館、千葉県立野田北高等学校図書館、千葉県立八千代東高等学校図書館、千葉県立鎌ケ谷高等学校図書館、渋谷教育学園幕張高等学校図書館、千葉県立柏西高等学校図書館、八日市場敬愛高等学校図書館、国府台女子学院図書館、千葉市立稲毛高等学校図書館、千葉県立薬園台高等学校図書館、千葉県立松戸高等学校図書館、市川市立第七中学校図書館。

東京都　（社）日本図書館協会事務局、国立国会図書館、日本点字図書館、日本盲人文化協会、☆東京都立第五福龍丸展示館、☆東京都立中央図書館、東京都立多摩図書館、東京都立日比谷図書館、江東区立深川図書館、江東区立東陽図書館、墨田区立八広図書館、杉並区立中央図書館、杉並区立郷土博物館、江戸川区立小岩図書館、世田谷区立中央図書館、中野区立中野図書館、新宿区立中央図書館、文京区立鷗外記念本郷図書館、品川区立品川図書館、葛飾区立葛飾図書館、荒川区立荒川図書館、大田区立馬込図書館、板橋区立高島平図書館、目黒区立目黒区民センター図書館、台東区立石浜図書館、千代田区立千代田図書館、町田市立町田図書館、保谷市下保谷図書館原爆小文庫、昭島市民図書館、清瀬市立中央図書館、立川市立中央図書館、府中市立中央図書館、くにたち中央図書館、調布市立図書館、三鷹市立三鷹図書館、小金井市立図書館、武蔵野市立吉祥寺図書館、八王子市立中央図書館、西多摩郡羽村町立羽村図書館、（財）お茶の水図書館、東京大学附属総合図書館、東京大学教養学部図書館、東京藝術大学附属図書館、東京農工大学附属図書館工学部分館、お茶の水女子大学附属図書館、一橋大学附属図書館、東京都立大学付属図書館、青山学院大学図書館、立教大学図書館、東洋大学図書館、明治大学和泉視聴覚センター、法政大学図書館、法政大学大原社会問題研究所、中央大学図書館、日本大学法学部図書館、津田塾大学視聴覚センター、国際基督教大学図書館、和光大学附属梅根記念図書館、☆早稲田大学図書館、東京経済大学図書館、共立女子大学・短期大学図書館、女子美術大学図書館、立正大学図書館、日本ルーテル神学大学図書館、上智大学図書館、東京女子大学図書館、昭和薬科大学図書館、武蔵美術大学美術資料図書館、亜細亜大学図書館、多摩美術大学図書館、専修大学図書館、自由学園図書館、女子聖学院中学校・高等学校図書館、東京都立港工業高等学校図書館、東京都立狛江高等学校図書館、国民教育文化総合研究所図書館、日本教職員組合高等学校部資料室、原水爆禁止日本協議会資料室、東京都立南多摩高等学校図書館、女子学院中学校・高等学校図書館、日本学園高等学校図書館、桐朋中学校・高等学校図書館、東京都立町田高等学校図書館、恵泉女学園中学校・高等学校図書館、東京都立王子工業高等学校図書館、東京都立本所高等学校図書館、東京都立片倉高等学校図書館、東京都立墨田川高等学校堤校舎図書館、東京都立武蔵村山東高等学校図書館、麹町学園女子高等学校・中学校図書館、東京都立神代高等学校図書館、京北学園高等学校図書館、東京都立八王子高陵高等学校図書館、東京都立府中西高等学校図書館、保善高等学校図書館、東京都立小川高等学校図書館、東京都立立川高等学校図書館、東京都立田無高等学校図書館、東京都立久留米高等学校図書館、藤村女子高等学校・中学校図書館、成城学園中学校・高等学校図書館、町田学園女子高等学校図書館、東京都立牛込商業高等学校図書館、東京都立八潮高等学校図書館、関東国際高等学校図書館、東京都立墨田川高等学校図書館、青蘭学院高等学校図書館、東京都立川養護学校図書館、高輪商業高等学校図書館、東京都立田柄高等学校図書館、東京都立誠明学園高等部図書館、東京都立篠崎高等学校・盲学校図書館、東京都立駒場高等学校図書館、東京都立鷺宮高等学校図書館、都立大学附属高等学校図書館、大東学園高等学校図書館、東京都立江戸川高等学校図書館、東京都立成瀬高等学校図書館、成女高等学校図書館、正則高等学校図書館、東京都立農産高等学校図書館、京北商業高等学校図書館、嘉悦学園高等学校図書館、科学技術学園高等学校(定時制)図書館、お茶の水女子大学附属高等学校図書館、東京都立井草高等学校図書館、宝仙学園中学校・高等学校図書館、東京都立石神井高等学校図書館、東京都立東高等学校図書館、東京都立八王子東高等学校図書館、東京都立日野高等学校図書館、玉川聖学院中等部・高等部図書館、東京都立葛飾商業高等学校(定時制)図書館、東京都立葛西工業高等学校図書館、東京都立烏山工業高等学校図書館、桐朋女子高等学校図書館、豊島岡女子学園高等学校図書館、日本大学豊山女子高等学校図書館、聖学院高等学校・中学校図書館、東京都立竹早高等学校図書館、東京学芸大学附属小・中・高等学校図書館、東京都立福生高等学校図書館、東京都立赤羽商業高等学校(定時制)図書館、東京都立目黒高等学校図書館、東京立正中学校・高等学校図書館、日本大学豊山高等学校図書館、東京都立葛飾養護学校図書館、佼成学園女子高等学校図書館、東京都立昭和高等学校図書館、東京都立小松川高等学校図書館、東亜学園高等学校図書館、台東区立忍岡中学校図書館、立川市立立川第九中学校図書館、杉並区立高円寺中学校図書館、北区立滝野川中学校図書館、稲城市立稲城第五中学校図書館。

神奈川県　かながわ国際平和館(仮称)、川崎市平和館、神奈川県立図書館、横浜市図書館、川崎市立幸図書館、鎌倉市立中央図書館、平塚市図書館、藤沢市総合市民図書館、伊勢原市立図書館、横須賀市立中央図書館、慶応義塾大学日吉図書館、明治学院大学国際平和研究所、神奈川大学図書館、鶴見大学図書館、関東学院大学図書館、東洋和英女学院大学・短期大学図書館、相模女子大学附属図書館、フェリス女学院大学図書館、神奈川県立大清水高等学校図書館、関東学院中学校・高等学校図書館、神奈川県立相模原高等学校図書館、高木女子商業高等学校図書館、神奈川県立新磯高等学校図書館、神奈川県立上溝高等学校図書館、神奈川県立海老名高等学校図書館、神奈川県立弥栄東高等学校図書館、神奈川県立鎌倉高等学校図書館、神奈川県立住吉高等学校図書館、神奈川県立上鶴間高等学校図書館、神奈川県立和泉高等学校図書館、神奈川県立川崎南高等学校図書館、藤沢商業高等学校図書館、神奈川県立生田東高等学校図書館、神奈川県立大和西高等学校図書館、横須賀学院高等学校・中学校図書館、湘南学園高等学校図書室、神奈川県立秦野南が丘高等学校図書館、清心女子高等学校図書館、神奈川県立大和高等学校図書館、神奈川県立二宮高等学校図書館、川崎市立橘高等学校図書館、神奈川県立岡津高等学校図書館、サレジオ学院高等学校図書館、立花学園高等学校図書館、神奈川県立平塚江南高等学校図書館、神奈川県立城山高等学校図書館、白鵬女子高等学校図書館、神奈川県立藤沢高等学校図書館、神奈川県立三崎高等学校図書館、新名学園旭丘高等学校図書館、神奈川県立白百合高等学校図書館、神奈川県立新羽高等学校図書館、神奈川県立有馬高等学校図書館、神奈川県立中沢高等学校図書館、法政大学女子高等学校図書視聴覚室、神奈川県立相模大野高等学校図書館、神奈川県立小田原城内高等学校図書館、神奈川県立津久井高等学校図書館、神奈川学園高等学校図書館、神奈川県立大岡高等学校図書館、相模原市立旭中学校図書館、相模原市立清新小学校図書室。

山梨県　山梨県立図書館、山梨県立峡北高等学校図書館、市立大月短期大学附属高等学校図書館、山梨県立甲府昭和高等学校図書館、山梨県立上野原高等学校図書館、山梨県立市川高等学校図書館、山梨和英高等学校図書館。

長野県　県立長野図書館、茅野市図書館、市立岡谷図書館、市立飯田図書館、諏訪郡下諏訪町立図書館、上伊那郡高遠町図書館、信州大学附属図書館、上田女子短期大学付属図書館、長野県上伊那農業高等学校図書館、長野県箕輪工業高等学校図書館、長野県長野西高等学校図書館、長野県諏訪二葉高等学校図書館、長野県高遠高等学校図書館、長野県須坂園芸高等学校図書館、長野県中野西高等学校図書館、長野県諏訪清陵高等学校図書館、長野県松川高等学校図書館、長野県岡谷東高等学校図書館、長野県松本盲学校図書館、長野県長野高等学校図書館、長野県飯山北高等学校図書館、長野県駒ヶ根工業高等学校図書館、長野県須坂東高等学校図書館、長野県松本蟻ケ崎高等学校図書館、長野県赤穂高等学校図書館、長野県小諸高等学校図書館、長野県長野工業高等学校図書館、長野県田川高等学校図書館、飯田市立竜東中学校図書館。

新潟県　県立新潟図書館、長岡市立中央図書館、新潟大学法学部資料室、新潟県立吉田商業高等学校図書館、新潟県立柏崎常盤高等学校図書館、新潟県立佐渡農業高等学校図書館、新潟県立新潟東工業高等学校図書館、新潟県立豊栄高等学校図書館、新潟県立新潟向陽高等学校図書館、新潟県立新発田南高等学校図書館、敬和学園高等学校図書館、上越高等学校図書館、新潟県立小千谷西高等学校図書館、新潟県立新津高等学校図書館、新潟県立安塚高等学校図書館、新潟県立有恒高等学校図書館、新潟県立十日町実業高等学校図書館、新潟県立西越高等学校図書館、新潟県立羽茂高等学校赤泊分校図書館、新潟県立興農高等学校図書館、新潟県立三条東高等学校図書館、新潟県立西新発田高等学校図書館、新潟県立湯沢高等学校図書館、新潟県立与板高等学校図書館、新潟県立小出高等学校図書館、新潟県立高田北城高等学校図書館、新潟県立柏崎養護学校高等部図書館、新潟県立糸魚川高等学校図書館、新潟県立糸魚川商工高等学校図書館、新潟県立燕高等学校図書館、新潟国際情報学院図書館。

石川県　☆石川県立図書館、松任市中央図書館、金沢大学附属図書館、北陸学院短期大学ヘッセル記念図書館、石川県立宝達高等学校図書館。

福井県　福井県立図書館、福井県立図書館若狭分館、鯖江市図書館、福井県立足羽高等学校図書館。

富山県　富山県立図書館、富山市立図書館、富山県立桜井高等学校図書館、富山第一高等学校図書館、富山県立上市高等学校図書館、神通学館高朋高等学校図書館、富山県立高岡南高等学校図書館。

静岡県　静岡県立中央図書館、静岡市立追手町図書館、焼津市立焼津図書館、沼津市立駿河図書館、富士宮市立中央図書館、引佐郡細江町立図書館、静岡県立韮山高等学校図書館、静岡和洋学園静岡女子高等学校図書館、静岡県立清水東高等学校図書館、静岡精華高等学校図書館、沼津精華高等学校図書館、静岡県立藤枝北高等学校図書館、静岡県立静岡城北高等学校（通信制）図書館、静岡県立中央養護学校図書館、静岡県西遠女子学園高等学校図書館、浜松女子高等学校図書館、静岡県立磐田東高等学校図書館、静岡県立周智高等学校図書館、静岡県立浜名高等学校図書館、静岡県立修善寺工業高等学校図書館、静岡県立二俣高等学校図書館。

愛知県　愛知県文化会館・愛知図書館、☆名古屋市鶴舞中央図書館、名古屋市南図書館、東海市立中央図書館、名古屋大学教養部総合言語センター、愛知教育大学附属図書館、名古屋学院大学附属図書館、愛知大学豊橋図書館、日本福祉大学付属図書館、中京大学図書館、中京大学図書館豊田分館、名古屋経済大学・市邨学園短期大学図書館、名古屋短期大学附属図書館、東海学園女子短期大学図書館、桜丘高等学校図書館、愛知県立星南工業高等学校図書館、愛知県立知立高等学校図書館、愛知県立一宮商業高等学校図書館、愛知県立名古屋西高等学校図書館、愛知県立熱田高等学校図書館、愛知県立一宮工業高等学校図書館、愛知県立豊橋商業高等学校図書館、豊川高等学校図書館、日本福祉大学付属高等学校図書館、愛知県立豊橋西高等学校図書館、愛知県立鳴海高等学校図書館、愛知県立愛知工業高等学校図書館、愛知教育大学附属高等学校図書館、愛知県立西春高等学校図書館、瑞穂高等学校図書館、愛知県立津島高等学校図書館、愛知県立刈谷高等学校図書館、西尾高等家政専門学校図書館、岡崎市立葵中学校図書館、金城学院中学校図書館、丹羽郡大口町立大口中学校図書館、名古屋市立則武小学校図書館。

岐阜県　岐阜県立図書館、美濃加茂市立図書館、岐阜訓盲協会点字図書館、岐阜県立土岐商業高等学校図書館、岐阜県立中津商業高等学校図書館、岐阜県立益田南高等学校図書館、岐阜女子高等学校図書館、岐阜県立可児高等学校図書館、岐阜県立郡上北高等学校図書館、岐阜県立坂下女子高等学校図書館、岐阜県立船津高等学校図書館、岐阜県立大垣北高等学校図書館、岐阜県立東濃高等学校図書館、富田学園図書館、麗澤瑞浪高等学校・中学校図書館、岐阜県立岐阜西工業高等学校図書館、大垣日本大学高等学校図書室、岐阜県立中濃高等学校図書館、岐阜県立高山高等学校図書館、瑞浪市立明世小学校図書室。

三重県　三重県立図書館、津市図書館、三重県立水産高等学校図書館、三重県立飯南高等学校図書館、三重県立志摩高等学校図書館、三重県立四日市南高等学校図書館、松阪女子高等学校図書館、梅村学園三重高等学校図書館、三重県立名張西高等学校図書館、三重県立津工業高等学校図書館、愛農学園農業高等学校図書館、三重県立相可高等学校図書館、松阪市立中部中学校図書館、一志郡白山町立白山中学校図書館、津市立西郊中学校図書館、四日市市立三滝中学校図書館、鈴鹿市立白子中学校図書館、鈴鹿市立神戸中学校図書館。

京都府　京都府立図書館、京都府立総合資料館、京都市中央図書館、八幡市立八幡市民図書館、宇治市立中央図書館、京都大学教育学部図書室、京都大学農学部図書室、京都教育大学附属図書館、京都市立芸術大学附属図書館、立命館大学図書館、立命館大学国際平和ミュウジアム、同志社大学図書館、同志社高等学校図書館、聖ヨゼフ学園日星高等学校図書館、京都府立加悦谷高等学校図書館、京都府立西乙訓高等学校図書館、京都府立亀岡高等学校図書館、京都成章高等学校図書館、宇治市立広野中学校図書館。

滋賀県　滋賀県立図書館、栗太郡栗東町立図書館、甲賀郡石部町立図書館、滋賀大学附属図書館教育学部分館、滋賀県立膳所高等学校図書館、滋賀県立草津東高等学校図書館、滋賀県立八日市高等学校図書館、滋賀県立伊香高等学校図書館。

大阪府　☆大阪国際平和センター、大阪府立中之島図書館、大阪府立夕陽丘図書館、大阪市立中央図書館、箕面市立東図書館、枚方市立枚方図書館、豊中市立千里図書館、茨木市立図書館、吹田市立中央図書館、堺市立中央図書館、堺市平和と人権資料室、東大阪市立図書館、東大阪市人権啓発室、高槻市立天神山図書館、日本ライトハウス盲人情報文化センター、大阪教育大学附属図書館、大阪府立大学図書館、大阪女子大学図書館、大阪芸術大学図書館、関西大学総合図書館、桃山学院大学図書館、大阪キリスト教短期大学図書館、大阪女学院図書館、近畿情報高等専修学校図書館、大阪府立布施高等学校図書館、大阪市立盲学校図書館、愛泉学園堺女子高等学校図書館、大阪金光中学校・金光第一高等学校図書館、大阪府立盲学校図書館、大阪府立門真西高等学校図書館、大阪府立久米田高等学校図書館、大阪府立北千里高等学校図書館、大阪府立金岡高等学校図書館、大阪府立美木多高等学校図書館、大阪府立長野北高等学校図書館、大阪府立登美丘高等学校図書館、同志社香里中学校・高等学校図書館、大阪府立柴島高等学校図書館、大阪府立牧野高等学校図書館、大阪府立大塚高等学校図書館、村上学園東大阪高等学校図書館、四條畷学園高等学校図書館、大阪信愛女学院高等学校図書館、大阪府立大手前高等学校図書館、大阪府立刀根山高等学校図書館、大阪府立信太高等学校図書館、東大阪市立楯津中学校図書館、枚方市立中宮中学校図書館。

兵庫県　兵庫県立図書館、神戸市立中央図書館、芦屋市立図書館、尼崎市立図書館、姫路市立城内図書館、伊丹市立図書館、神戸大学図書館教育学部分館、大手前女子大学図書館、関西学院大学図書館、甲南大学図書館、親和女子高等学校・中学校図書館、兵庫県立北須磨高等学校図書館、兵庫県立尼崎北高等学校図書館、園田学園中学校・高等学校図書館、西宮市立西宮高等学校図書館、兵庫県立川西緑台高等学校図書館、兵庫県立神戸高等学校図書館、甲南高等学校・中学校図書館、兵庫県立和田山商業高等学校図書館、神戸市立西代中学校図書館、加古川市立平岡南中学校図書館、加古川市立中部中学校図書館。

奈良県　奈良県立図書館、奈良市立中央図書館、奈良県立御所高等学校図書館、奈良県立榛原高等学校図書館、東大寺学園中学校・高等学校図書館、奈良県立平城高等学校図書館、奈良市立辰市小学校図書室。

和歌山県　和歌山県立図書館、田辺市立図書館、和歌山県立星林高等学校図書館、和歌山県立田辺高等学校図書館、和歌山県立田辺商業高等学校図書館、和歌山県立耐久高等学校図書館、和歌山県立紀北高等学校図書館。

鳥取県　鳥取県立鳥取図書館、鳥取県立米子図書館、鳥取県立米子東高等学校（通信制）図書館。

島根県　島根県立図書館、島根大学附属図書館、島根県立松江工業高等学校図書館。

岡山県　岡山県総合文化会館、岡山市立中央図書館、浅口郡金光図書館、岡山県立津山商業高等学校図書館、高梁市立宇治高等学校図書館。

広島県　☆広島平和文化センター（広島平和記念館）、広島県立図書館、広島市立中央図書館、同、呉市中央図書館、三次市立図書館、大竹市立図書館、福山市民図書館、☆広島平和教育研究所、広島大学附属図書館、広島県立大学附属図書館、広島女子大学附属図書館、広島文教女子大学図書館、広島修道大学図書館、広島女学院大学図書館、福山大学図書館、安田女子大学・短期大学図書館、鈴峯女子短期大学図書館、広島県立広島国泰寺高等学校図書館、修道中学校・高等学校図書館、広島県立広島皆実高等学校図書館、呉港高等学校図書館、崇徳学園中学校・高等学校図書館、広島県立可部高等学校図書館、広島県立高陽東高等学校図書館、広島県立海田高等学校図書館、広島県立広島観音高等学校図書館、広島県立広島ろう学校図書館、広島女学院中学校・高等学校図書館、広島県立盲学校図書館、安田女子高等学校図書館、広島三育学院図書館、山中学園広島県三原工業高等学校図書館、盈進高等学校図書館、福山市立福山高等学校図書館、世羅郡甲山町立甲山中学校図書館、福山市立東朋中学校図書館、広島市立本川小学校図書室、広島市立袋町小学校図書室、廿日市市立阿品台東小学校図書室。

山口県　山口県立山口図書館、岩国市立岩国図書館、下関市立下関図書館、玖珂郡周東町立周東図書館、山口大学図書館、山口県立岩国工業高等学校図書館、阿武郡阿東町立生雲中学校図書館。

香川県　香川県立図書館、高松市立図書館、善通寺市立図書館、四国学院大学図書館、香川県明善高等学校図書館。

徳島県　徳島県立図書館、板野郡土成町立図書館、麻植郡川島町立川島中学校図書館。

愛媛県　愛媛県立図書館、松山市立中央図書館、愛媛県立川之江高等学校図書館、松山東雲高等学校図書館。

高知県　高知県立図書館、高知市立市民図書館、高知県立宿毛工業高等学校図書館、高知県立高知丸の内高等学校図書館、高知県立安芸工業高等学校図書館、高知県立高知北高等学校図書館、高知県立窪川高等学校図書館、高知県立盲学校図書館。

福岡県　☆福岡県立図書館、福岡市民図書館、北九州市立中央図書館、大牟田市立図書館、飯塚市立図書館、久留米市民図書館、太宰府市民図書館、九州大学教養部図書館、福岡教育大学附属図書館、西南学院大学図書館、福岡大学図書館、福岡県立筑紫中央高等学校図書館、福岡県立八女農業高等学校図書館、福岡県立朝倉東高等学校図書館、福岡県立福岡盲学校図書館、福岡県立香椎高等学校図書館、福岡市立梅林中学校図書館、北九州市立広徳中学校図書館、飯塚市立幸袋中学校図書館、宗像市立日の里中学校図書館、宗像市立河東中学校図書館、朝倉郡朝倉町立比良松中学校図書館。

佐賀県　佐賀県立図書館、伊万里市立図書館、佐賀大学附属図書館、佐賀県立唐津西高等学校図書館、佐賀県立鳥栖工業高等学校図書館、佐賀県立三養基高等学校図書館、佐賀県立佐賀商業高等学校図書館。

長崎県　☆長崎国際文化会館（長崎原爆資料館）、長崎県立長崎図書館、長崎市図書センター、佐世保市立図書館、松浦市立図書館、大村市立図書館、諫早市立諫早図書館、島原図書館、西彼杵郡長与町図書館、西彼杵郡香焼町立香焼図書館、長崎大学附属図書館、長崎大学附属図書館経済学部分館、長崎大学附属図書館医学部分館、長崎県立国際経済大学附属図書館、長崎県立女子短期大学図書館、活水女子大学・短期大学図書館、長崎総合科学大学平和文化研究所、純心女子短期大学平和文庫、長崎県立上五島高等学校図書館、長崎県立佐世保工業高等学校図書館、長崎県立大村園芸高等学校図書館、長崎県立島原南高等学校図書館、長崎県立大村高等学校図書館、長崎県立大崎高等学校図書館、長崎県立長崎水産高等学校図書館、長崎市立長崎商業高等学校図書館、長崎県立長崎工業高等学校図書館、長崎県立北陽台高等学校図書館、長崎県立長崎東高等学校図書館、長崎県立長崎西高等学校図書館、島原市立第二中学校図書館、長崎市立城山小学校図書室、長崎市立山里小学校図書室。

熊本県　熊本県立図書館、熊本県立球磨商業高等学校図書館、熊本県立大津高等学校図書館、熊本市立高等学校図書館、熊本県立甲佐高等学校図書館、熊本県立多良木高等学校図書館、熊本県立球磨農業高等学校図書館、熊本県立松島商業高等学校図書館、天草郡河浦町立富津中学校図書館。

大分県　大分県立図書館、別府市立図書館、大分県立三重農業高等学校図書館、大分県立大野高等学校図書館。

宮崎県　宮崎県立図書館、宮崎県立都城商業高等学校図書館、宮崎県立延岡第二高等学校図書館、宮崎県立富島高等学校図書館、延岡市立西階中学校図書館。

鹿児島県　鹿児島県立図書館、鹿児島大学図書館、鹿児島県立阿久根高等学校図書館、加世田市立万世中学校図書館。

沖縄県　☆沖縄県立図書館、那覇市立中央図書館、浦添市立図書館、宜野湾市立図書館、平良市立図書館、琉球大学附属図書館、沖縄県教育文化資料センター、同。

（順不同）

全国計（トータル九四四施設、一万三六六〇巻）

◎公立平和資料館・平和資料センター　一三

◎国公立図書館（公立資料館・博物館・教育文化会館・センター・人権資料室等を含む）　二〇二

◎大学図書館・研究所等　一一二

◎国公私立高等学校（盲・ろう学校、専門学校等）図書館（同系中学校との併設図書館含む）　五五〇

◎中学校図書館・図書室　四五

◎小学校図書室　九

◎その他の私立図書館・点字図書館・盲人資料施設・公民館・団体資料室等　一三

以上

編集者から読者へ

西 浩孝

1

伊藤明彦（一九三六―二〇〇九）は元長崎放送記者。被爆者の「声」を聴き、伝えることに人生をかけた。本シリーズ「伊藤明彦の仕事」は、彼の著作復刊および音声作品の活字化を目的とするものである。

構成はつぎのとおり――。

1 『未来からの遺言――ある被爆者体験の伝記』『シナリオ 被爆太郎伝説』（第一著作、一九八〇年／第三著作、一九九九年）

2 『原子野の『ヨブ記』――かつて核戦争があった』（第二著作、一九九三年）

3 『夏のことば――ヒロシマ ナガサキ れくいえむ』（第四著作、二〇〇七年）

4 『幾萬の黒こげのひと歩みゆく』（未刊歌集）

5 『ヒロシマ ナガサキ 私たちは忘れない』（音声作品、二〇〇六年）

6 『カセットテープ版 被爆を語る』（音声作品、一九八九年）

以下、伊藤の歩み、作業、本書について記す。「編集者から読者へ」(各巻末にそれぞれの内容で付載)を書くにあたっては、伊藤の著書、伊藤が残した文書、私信、新聞記事、関係者への取材などで得られた情報を利用した。

2

伊藤明彦は一九三六年、東京・杉並生まれ。八人きょうだいの末っ子(すぐ上の兄とは双子)。一九四四年、銀行員だった父の仕事の関係で、長崎に転居。一九四五年八月九日、米国による原子爆弾投下時は、山口県に縁故疎開していたが、両親や姉たちは長崎市内で被爆。一〇日後、母に連れられて自宅に戻り、自身も入市被爆した。

中学・高校は、フランス系のカトリック団体「マリア会」が経営する男子校、私立海星《かいせい》学園(現在は共学)。一級上に、日本におけるシンガーソングライターの元祖、美輪明宏(丸山臣吾)がいた。早稲田大学第一文学部(西洋史専修)卒業。一九六〇年、長崎放送に就職する。

一九六八年、「被爆者の声」の収録とその長期的な保存、一部の放送を目的とするラジオ番組『被爆を語る』を企画・提案。同年一一月スタート(三二歳)。初代の担当者となるが、半年後、佐世保支局への転勤を命じられる。一九七〇年七月、退職。東京へ出て、日本電波ニュース社に勤務(無給の嘱託期間をふくめて一九七二年九月初めまで)。在職中の一九七一年七月、主として民間放送関係者数人によびかけて、「被爆者の声を記録する会」を結成。被爆者への聞きとり録音を独自に開始した（作業の詳細は後述）。

夜警や皿洗いなど早朝・深夜のパート労働に従事しながら、重さ一三キロの録音機（オープンリール式）をさげて、青森県の津軽地方から沖縄県の宮古島まで計二一都府県の被爆者およそ二〇〇〇人を訪問、一九七九年六月までの八年間で約一〇〇〇人の「声」を収録（半数には断られた）。その後、定職に就き（兄が設立した会社、経営コンサルティング（株）信研）、録音テープの置き場所の確保、長期保存のためのテープの手入れ、巻きなおし、文字資料の書きなおしなどに費やす。

一九八二年から、代表的な録音をおおまかに編集して複製したオープンリール版『被爆を語る』（五一人分・五二巻、約七〇時間）を全国一三か所の平和資料館、図書館などへ寄贈（一四か所としている記録もあったが、伊藤の著書ではすべて一三か所となっている）。一九八九年、今度は本式の編集をおこないナレーションをつけた音声作品、カセットテープ版『被爆を語る』（一四人分・一四巻、約一八時間三〇分）を制作。一九九二年までに全国九四四か所の平和資料館、国公私立図書館、大学図書館、高等学校図書館などへ寄贈した（トータル一万三六六〇巻）。

二〇〇〇年、原テープ九五一巻と『被爆を語る』シリーズのマザーテープ八二巻、あわせて一〇三三巻を国立長崎原爆死没者追悼平和祈念館準備室へ寄贈（同館は二〇〇三年にオープン）。

二〇〇六年、被爆者二八四人が語った三九四話の肉声をつづって被爆の実相を時系列で再現した音声作品『ヒロシマ ナガサキ 私たちは忘れない』(CD九枚組、約八時間四〇分)を制作。複製七六四組を全国の平和運動団体、平和資料館、大学平和研究所、図書館、平和教育・平和運動を実践している大学・高校・中学・小学校の教員、市民運動家など五四七の団体・施設・個人へ寄贈・贈呈した(トータル六八七六枚)。同年、協力者の手によってインターネットでも聴取可能になる(ウェブサイト「被爆者の声」http://s20hibaku.g3.xrea.com/)。

二〇〇六年一一月、新たにビデオカメラによる取材を開始(七〇歳)。五〇〇〇人を目標とし、広島、東京、長崎を拠点に、二年余りで三四九人を撮影したが、二〇〇九年一月、体調不良で一時中断。同年三月二日、部屋でもうろうとしているのを発見され、救急搬送。駆けつけた姉に、「やり残したことがあるのでまだ死にたくない」と伝えたが、翌日、肺炎で死去。七二歳。遺志で葬儀は営まれず、献体された。

著書に、『未来からの遺言――ある被爆者体験の伝記』(青木書店、一九八〇年/岩波現代文庫、二〇一二年、解説=今野日出晴)、『原子野の『ヨブ記』――かつて核戦争があった』(径書房、一九九三年)、『シナリオ 被爆太郎伝説』(窓社、一九九九年)、『夏のことば――ヒロシマ ナガサキ れくいえむ』(私家版、二〇〇七年)。

二〇〇一年、平和・協同ジャーナリスト基金賞、「シチズン・オブ・ザ・イヤー」。二〇〇六年、日本ジャーナリスト会議賞(JCJ賞)特別賞。二〇〇七年、放送人グランプリ特別賞。二〇〇八年、吉川英治文化賞。

3

伊藤明彦が、一連の作業の出発点となったラジオ番組『被爆を語る』を企画するにいたった経緯は、下記のようなものであった。

一九六一年、入社翌年の早春、長崎市の北部浦上《うらかみ》でひとりのおばあさんを取材。江戸時代の二五〇余年間、全村民が潜伏キリシタンとして禁制の信仰を守っていた浦上では、四たびの信仰露見と迫害事件が起こったが、なかでも慶応年間から明治初年にかけての「浦上四番崩れ」がもっとも苛烈で、全村民およそ三四〇〇人が西国二〇藩へ総流罪（棄教を強いる拷問によって六〇〇人以上が殉教）。おばあさんは幼児のころ親に抱かれてこの「旅」へ行った、最後の生きのこりだった。取材から数年をへずして亡くなった。

「（ふたたび核兵器がつかわれないというあやうい前提にたってのことですが）さいごの被爆者が地上を去る日がいつかはくる。その日のために被爆者の体験を本人自身の肉声で録音に収録して、後代へ伝承する必要があるのではないか。被爆地放送関係者の歴史にたいして負うた責務ではないか」（『原子野の『ヨブ記』』、「「被爆」を聴く――まえがきに代えて」）

最初に示唆をあたえたのは、おばあさんの死だった。

伊藤はその後、いくつかのヒントを得る。

夏休みに一家がそろうのを機に「家族座談会」をひらいて被爆当時のことを語りあい、録音にのこして孫子《まごこ》の代まで語り伝えるつもりだ、そう教えてくれた被爆者に会ったこと。のちに日本政府に国立の「原水爆被災資料センター」を設立するよう勧告することになる日本学術会議の学者たちが長崎へやってきて、被爆関連資料の収集と保存をよびかけたこと。長崎市の婦人会がじっさいに「被爆者座談会」をひらいて録音に収録したが、聞きとりの技術、録音の技術という点では難点が多すぎ、このような作業をしろうとにさせているのは自分たちの怠慢ではないかと感じたこと。

そして個人的に大きかったのは、爆心地から五〇〇メートルほどの距離にある家に住み、被爆して亡くなった人びとの白骨のうえで自分が寝起きしているという意識をもちながら暮らしていたこと。

「被爆した都市の土のうえ、いわば死者たちの白骨のうえで、彼らが想像もつかないような、便利な、安穏な、地域では比較的にめぐまれた経済生活を送りながら、彼らについて、彼らがおちいった運命について、たいして関心もいだかないとすれば、私はどこかしら、人間らしくありません」(『未来からの遺言』)

伊藤は番組の準備にとりかかるが、課題は多かった。放送の時間枠はとれるのか。ひとり何時間くらい語るのか。テープ代はいくらあったら足りるのか。インタビュー番組なのか、構成番組なのか。取材費用、対象の発見方法、被爆者の協力の有無、テープの長期保存のための方法など――。

さまざまな障害を乗りこえ、番組の取材を開始したのが一九六八年一〇月。第一回放送は、同年一一月五日火曜日。偶然にも、この日は伊藤の三二歳の誕生日だった。

『被爆を語る』は早朝の六分間、週三回のちいさな番組だったが、大きな意味のある仕事だということに、伊藤は最初から気がついていた。しかし、自分で取り組めたのはわずか六か月。労働組合活動がさしさわりであったらしく、担当をおろされ、佐世保支局に転勤となる。「マラソンのつもりで走りはじめたところを、二〇〇メートルくらいでやめさせられた」。伊藤は、佐世保での記者生活に意義を見いだせず、ほどなく退職した。

(『被爆を語る』は、一九七六年四月に『長崎は証言する』とタイトルを変え、週一回の放送になったが、現在もつづいており、放送素材はすべて保存、デジタル化されている。)

4

伊藤は作業を継続するべく、退職金で録音機を購入。少数の仲間と「被爆者の声を記録する会」を発足。目標をつぎのとおり定めた(「「被爆者の声を記録する会」の作業について」『平和教育』第一一号、一九八〇年三月)。

「(1) 被爆者をおたずねし、それぞれの被爆体験――いっそう正確には被爆者体験――お気持やご意見を聞かせていただき、録音に収録すること」

「(2)　収録テープは無編集のまま、将来設立が望まれる、国立の「原水爆被災資料センター」、またはこれにかわる公の性格を持った施設・機関へ寄贈させていただき、公的な力で保存・公開・活用をはかっていただくこと」

そのうえで、こう付け加えている。

「この作業は被爆者の「調査」を本来の目標としたものではありません。また「文章化・活字化」を当然の前提としたものでもありません。「史実」を明らかにすることを、もともとの目標としたものでもありません。この作業は被爆者という人間の存在、その内面、原子爆弾とそれを受けた人間との関係を、その人自身の言葉と音声という方法によって、記録し表現しようとしたものです」

最初の録音は一九七一年七月一〇日土曜日。訪問したのは東京都三鷹市に住む、長崎で被爆し、家族五人をなくした七〇歳の女性。この日を皮切りに、伊藤は東京、広島、東京、福岡、長崎と転居をくりかえし、そこを足場に東北、北陸、神奈川、備後、呉、筑豊・筑後地方、長崎県北、五島列島、沖縄本島、伊江島、宮古島などを訪ね歩いた。すべて自費である。この間、夜具はなく、寝袋で寝て、座布団を二つに折って枕がわりにするような生活をおくった。冬も暖房なしで過ごした。「さしあたりの生活において、自分より貧乏な被爆者にあったことが私はありませんでした」。

伊藤は、最初は手ぶらで被爆者に会いにいき、了承を得られたら今度は録音機をもって訪れ、ひざをつきあわせ、正対して話に耳をかたむけた。感情をこめて語ってもらえるように、「ぶっつけ本番」「ぶっつけオンリー」の収録方法をとった。また、将来制作される音声作品の素材となるように、相手がものを言っているあいだは絶対に声を出して相づちを打たない、話がどんなに脱線してもさえぎらない、話しおわるまで我慢づよく待つ、これらを徹底した。持ち運びが大変な、大型で重いオープンリールのテープレコーダー(一三キロ)を用いたのも、なるべく良い音質を確保するためであった。

八年間で約二〇〇〇人の被爆者を訪問。三六五日×八＝二九二〇日。平均すると、三日に二人という凄まじいペースである。このうち半数には録音を断られた。『被爆太郎伝説』にそのときの様子が描かれている(本書二七一〜二七四ページ)。実際にこうした言葉を投げつけられた。

一九七二年七月一八日、一〇〇人めの「声」を東京・世田谷区で収録。
一九七三年三月二八日、二〇〇人めの「声」を広島市内で収録。
同年一〇月三日、三〇〇人めの「声」を広島市内で収録。
一九七四年七月二八日、四〇〇人めの「声」を沖縄県宮古島で収録。
一九七五年二月五日、五〇〇人めの「声」を宮城県石巻市で収録。
一九七七年一月三〇日、六〇〇人めの「声」を福岡市内で収録。
同年一〇月二日、七〇〇人めの「声」を福岡県那珂川町で収録。

一九七八年五月一五日、八〇〇〇人めの「声」を長崎市内で収録。

同年一二月六日、九〇〇〇人めの「声」を松浦市内で収録。

一九七九年六月六日、一〇〇〇〇人めの「声」を長崎市内で収録。

同年六月二六日、一〇〇二人めの「声」を大阪市内で収録。


ここで作業は終了するが、その後、一九九〇年代に一名が聞きとりを希望したため、収録者数は最終的に一〇〇三人となった。内わけは、広島での被爆者五七二人、長崎での被爆者四〇七人、二重被爆者三人、両地での記録関係者、被爆者の家族それぞれ一人、ビキニ水爆実験被災者一九人。このうち、マーシャル群島在住の被爆者一七人分は、長崎放送の元同僚でジャーナリストの前田哲男が提供した。また、「会」のメンバーもそれぞれの勤務地・居住地で作業に参加したが、ごく限られており、ほとんどの録音は伊藤による。


「つきぬけ、やり通せ／何を措いても生《いのち》を得よ、たつた一つの生《いのち》を得よ」

「冬は鉄碪《かなしき》を打つて又叫ぶ、／一生を棒にふつて人生に関与せよと。」

伊藤をくりかえし励ました、高村光太郎の詩（「冬の詩」「冬の言葉」）の一節である。

5

一九七〇年代の収録作業を終えたあと、伊藤が真っ先に取りかかったのが『未来からの遺言

――ある被爆者体験の伝記』の執筆であった。みかん箱のうえで、えんぴつで書いた。約三か月で脱稿。一九八〇年四月、青木書店から刊行。第一著作。初版五〇〇〇部。定価九八〇円。本シリーズでは、第三著作の『シナリオ被爆太郎伝説』(窓社、一九九九年)とあわせて一冊にした。合本にしたのは、前者をベースにして後者が創作されたことが明白だからである(シナリオは映画化を企図したものだったが、実現しなかった。事情は不明)。

わたしが『未来からの遺言』という本に出会ったのは、二〇一七年三月一二日、日曜の夕方。長崎市銅座町の、いわゆる新古書店内。郷土本コーナーに、岩波現代文庫が面出しにしてあったのが目に入った。

伊藤明彦。知らない名前だった。「被爆者体験」という変わった言葉が気になり、手に取った。カバー袖の著者略歴を見て、裏に載っている内容紹介文を読んだ。

「千人を超える原爆被爆者の肉声を録音し記録してきた著者にとって、長崎で被爆した吉野さん(仮名)が辿った半生ほど心を打つ証言はなかった。だが感動的なその語りに、無視できない謎が含まれていることが判明した。吉野さんは幻を語ったのだろうか。終生にわたって被爆者の声を記録し続けた著者が、被爆者とはだれであるのか、被爆体験とは何なのかを根底から問い続けて記した入魂の一冊」

五〇〇〇円か。そろそろ帰ろうと思っていたわたしは、とりあえずこれも、といった感じで、すでに抱えていた何冊かといっしょに、レジにもっていった。

驚いたのは、早くも帰りのバスのなかであった。この本はふつうじゃない。最初の数ページで、わたしにはそれがわかった。家に着いて、その日のうちに読みきった。心は震えていた。こんな人がいたのか。こんな本があったのか。買ってよかった。心の底からそう思った。わたしの〈伊藤明彦の日々〉のはじまりだった。

『未来からの遺言』の奥付に、「©特定非営利活動法人・被爆者の声」とあった。ネットで検索し、ウェブサイトを見つけた。問い合わせフォームがあったので、必要事項を入力し、簡単な自己紹介と伊藤について話を聞きたい旨を記し、送信した。約一時間後、携帯が鳴った。管理人の古川義久からだった。すばやい応答に、わたしはびっくりしたが、古川もわたしからの連絡に対し、びっくりしている様子であった。運がよいことに、古川は長崎市在住だった。わたしは面会の約束をとりつけた。

当日、古川の自宅ちかくのロイヤルホスト。二〇分前に到着した。待ち合わせだと店員に告げ、入口が見える席に座り、緊張していた。古川と思われる人が来た。立ち上がってあいさつをした。

「西さんは編集者ですか。長崎ではめずらしいですね。へー、おひとりで?」

そのあとは、八割はわたしがしゃべった。『未来からの遺言』にいかに感動したか。伊藤の生き方にどれだけ胸を打たれたか。本を読んでいらい、興奮状態がつづいていた。

「伊藤さんが生きていたら、よろこんだでしょう」

古川によれば、いま伊藤の存在(業績)を知る人は、ここ被爆地長崎でさえ、マスコミ関係者をふくめて、ほとんどいないということだった。

それならば、とわたしは思った。それならば、わたしが全部ひっくるめて、伊藤がのこした仕事を新たなかたちでふたたび世に送りだそう。これはわたしの編集者人生でもっとも大きな仕事になる。二〇一七年一二月二〇日、わたしは本シリーズの原型となる企画書を、古川にメールで送った。

伊藤のことを、一日たりとも忘れたことはない。しかし、目の前の仕事に追われ、時間ばかりが過ぎていった。今年(二〇二四年)一月、古川はがんで亡くなった。遅すぎたが、ようやくここまでこぎつけた。

6

『未来からの遺言』を非凡なものにしているのは、第五章「被爆太郎の誕生」である。

この章では、伊藤が、本書の主人公である吉野啓二(仮名)の「被爆者体験」について、事実の探求をはなれて、さまざまな「空想」にふける様子が描かれている。

吉野さんは、自己の人生に大きな挫折と絶望を感じ、自分の苦悩の意味づけを死に物狂いで求めていた。

原子爆弾は、「あまりに残虐で、犯罪的で、人類の未来にたいして破滅的状況を与える無気味な可能性を持っている」ために、原子爆弾は、「それに反対し、それを廃絶させ、使用を阻止させようとする人間の営みにたいして、かぎりなく大きな意味を付与」する。

吉野さんは、そのことに気がついたのではないだろうか。それゆえに彼は、原子爆弾とのかかわりのなかで、原子爆弾を否定する活動とのかかわりのなかで、生の意味を回復しようとしたのではないだろうか。

吉野さんの話は、くりかえし語られる過程で、不必要な部分は削られ、必要な部分はいっそう鋭く形づくられ、複数の人間の体験がひとりの人間の体験へと凝縮されたものなのではないだろうか。そうだとすれば、吉野さんの話は、日本人の被爆体験が結晶化してうまれた、「被爆民話」なのではないだろうか。

伊藤は、胸のなかの「吉野啓二像」を、「被爆太郎」としてとらえた。「被爆太郎」としてつくりだした。逆に言えば、伊藤がいなければ、「被爆太郎」はうまれなかった。

ところで、自分の人生の意味づけを必死に求めていたのは、吉野だけだったろうか。

伊藤はあるところで、「人は他人の心事を忖度する過程において、もっともよく自己の内面の秘奥を暴露する」と書いている。つまり、ここでは、「吉野の心事」を忖度する過程において、伊藤は「自己の内面の秘奥を暴露した」ということになる。

「八年間、執念にもえ、不動の信念のもとにこの作業をつづけてきた、といえばまったくの嘘になりましょう。自分の無謀な選択の当否を疑い、自分のこの作業の意味を疑い、その未来を疑い、迷いながら、動揺しながら、この作業から逃げだす機会をうかがいながら、しかしこの作業を途中で放りだすことにはなにかしら自分の人間らしさを傷つけるものがあると感じながら、原子爆弾が、この行為をつうじて、私の人生にもなにかの意味づけを与えているように感じながら、私は作業をつづけてきました」

「このような作業にとりこめられなければ、自分にもあったかもしれないとしきりに考えられる、人生の他の可能性にたいする未練の前に動揺しました。何日も何日も、録音をおねがいにいった被爆者からきびしい拒絶にあうことが続くときは、次の被爆者を訪ねていく勇気がなかなかわかず、昼間からふとんをかぶって、当の被爆者からさえ支持されないことに心身をけずっている、自分の愚かさを哀れみました。ときには鬱症状におちいりました。そのとき、かつてはそれからの脱出をあれほどに願った、平凡な、当り前の、人々と同じような、日常的な生活にどれほどの憧れを抱いたでしょうか」(傍点はともに西による)

しかし、そのようなとき、自分を支持してくれたのは、ほかならぬ、原子爆弾で死んだ人びとだった、と伊藤は言う。彼らは、どんな場合でも、確信をもって告げてくれた。「私たちは、お前を支持する」と。

被爆体験を結晶化したかたちで語った吉野啓二が、そのまま「被爆太郎」だったということではない。吉野とおなじく、自己の生の意味づけを求めていた伊藤のもとで、初めて被爆太郎は「誕生」したのである。

「私はこの〔吉野の〕録音テープを、それがどんな由来をもった録音であるかを承知していただいたうえで、なおかつ人々にきいてもらいたいような気持がします」（傍点は西、〔 〕は補足）

後代の人間が、「どんな由来をもった録音であるかを承知」したうえで、これを聴く。みなが真剣に、息をひそめて、耳をかたむける。ここまでが、伊藤明彦にとっての「被爆太郎の物語」だったのではないか。わたしは、そう「空想」するのである。

7

最後に、タイトルの「未来からの遺言」という言葉について述べておく。

被爆者が語る被爆体験、それは「未来からの遺言」だ、と伊藤は言う。

本書からの引用——。

「被爆者は一九四五（昭和二〇）年八月のある日のこと、そのご自分の身の上に起こったことを語ってくれたはずなのですが、一九八X年、九X年のある日、その日以後に、私たちの身の上に起こった体験をも、同時に語っているのかもしれません」

「彼らが語ってくれたことは、ありありとした細部を持った、私と私の肉親の未来の運命そのものではないと、私は自信を持っては断言できないのです。八月六日、九日を語ってやまない被爆者の切迫した眼の光や息づかいにふれるたびに、彼らは過去の記憶を語っているのではなく、彼らにはありありとみえているらしい、未来のある情景を語っているのだという気持に、私はくりかえしおそわれるのです」

被爆者は、核戦争時代の全人類の悪夢を予兆的に体験させられた人びとであり、人類に自滅の時が迫っていることを告げる「時代の伝令」であり、他の人にはけっして果たすことのできない歴史的な役割をになった存在である。

伊藤は、友人への手紙などで、同様のことを何度も書いている。

「もし被爆体験（正確には被爆者体験）の記録に充分な関心を払う人々が、今それほど多くないとすれば、それは「あれからもう30年」「もうおそすぎる」からではなくて、「あれからまだ30年」「まだ早すぎる」からではないでしょうか」（一九七七年一月三〇日付、船山忠弘宛の私信）

一九四五年八月、米国が広島・長崎に対しておこなった原子爆弾の投下は、それ以前とそれ以後の歴史を確然と分ける人類史的な大事件であった。原爆投下が人類史的な出来事である以上、伊藤がのこした「被爆者の声」は、かけがえのない「人類の遺産」である。

「私はそれまで、いわば刑事のつもりでした。原子爆弾投下の犯罪行為を裁く歴史の公判廷維持に必要な、被害者の調書をとって歩く、よれよれのレインコートにどた靴をはいた刑事です。これからは放火犯になりたいと思いました。いまも被爆者の胸のうちにメラメラと燃えつづける悲しみ、怒り、叫びの炎。それをいく百千の人々の胸のうちに燃えうつらせる放火犯に」（『未来からの遺言』）

わたしは伊藤の〈共犯者〉になりたい。ゆえに本シリーズの刊行は、伊藤の〈共犯者〉をふやそうとする試みでもある。

伊藤明彦の仕事が輝きを放つのは、これからだ。

（二〇二四年九月五日）

【付記】

岩波現代文庫版『未来からの遺言』には、今野日出晴（現岩手大学名誉教授）による、すぐれた「解説」（「被爆者とは誰か」）が収められている。居住地の図書館等に所蔵されている場合は、一読を推奨する。

また、今野には「「被爆者の声」、その力――「口述資料」と文書資料」（『飯田市歴史研究所年報』第一三号、二〇一五年）もある。つぎのＵＲＬにアクセスすれば、ＰＤＦファイルをダウンロードすることができる（二〇二四年九月現在）。https://www.jstage.jst.go.jp/article/iihrab/13/0/13_8/_article/-char/ja/

本シリーズの刊行にあたっては、とりわけ左記の方々のお世話になった。感謝の意を表したい。

古川義久（コピーライター、ＮＰＯ法人「被爆者の声」初代理事長。故人）
前田哲男（元長崎放送記者、ジャーナリスト）
船山忠弘（元長崎放送記者、ラジオ番組『被爆を語る』二代め担当者）
関口達夫（元長崎放送記者）
難波稔典（映像制作者、ＮＰＯ法人「被爆者の声」現理事長）
今野日出晴（岩手大学名誉教授）

著　者

伊藤明彦（1936-2009）

元長崎放送記者。被爆者の「声」を聴き、伝えることに人生をかけた。1960年、早稲田大学第一文学部卒業、就職。68年、ラジオ番組『被爆を語る』を企画・提案、初代担当者。70年、退職。71年、東京で「被爆者の声を記録する会」を結成。早朝・深夜のパート労働に従事しながら、79年までの8年間で全国21都府県の被爆者およそ2000人を訪問、半数には断られ、約1000人の「声」を聞きとり録音。これらをもとに、音声作品『被爆を語る』（オープンリール版／カセットテープ版）を制作、全国の平和資料館・図書館等へ寄贈（13か所／944か所）。2006年、被爆者284人が語った394話の肉声をつづって被爆の実相を時系列で再現した音声作品『ヒロシマ ナガサキ 私たちは忘れない』（CD9枚組、約8時間40分）を制作、複製764組を547の団体・施設・個人へ寄贈・贈呈。以上の作業はすべて自費でおこなった。晩年はビデオカメラにより、ふたたび被爆者を取材。08年、吉川英治文化賞受賞。主著『原子野の『ヨブ記』―― かつて核戦争があった』。

ウェブサイト「被爆者の声」http://s20hibaku.g3.xrea.com/

伊藤明彦《いとうあきひこ》の仕事《しごと》 1
未来《みらい》からの遺言《ゆいごん》　ある被爆者体験《ひばくしゃたいけん》の伝記《でんき》
シナリオ　被爆太郎伝説《ひばくたろうでんせつ》
2024年12月10日　第1刷発行

著　者――――――伊藤明彦
発行者――――――西　浩孝
発行所――――――編集室 水平線
〒852-8065　長崎県長崎市横尾1丁目7-19
電話095-807-3999　https://suiheisen2017.jp/
装丁・組版―――design POOL（北里俊明＋田中智子）
印刷・製本―――株式会社 昭和堂

ISBN 978-4-909291-07-3　C0036

伊藤明彦の仕事

全6巻

1*

未来からの遺言――ある被爆者体験の伝記

シナリオ 被爆太郎伝説

2

原子野の『ヨブ記』――かつて核戦争があった

3

夏のことば――ヒロシマ　ナガサキ　れくいえむ

4

歌集 幾萬の黒こげのひと歩みゆく

5

ヒロシマ ナガサキ 私たちは忘れない

6

カセットテープ版 被爆を語る

（＊は既刊、2024年12月現在）